DELIUS KLASING

WILFRIED ERDMANN

EIN UNMÖGLICHER TÖRN

TRANSATLANTIK MIT »GATSBY« UND GEWINNERN

DELIUS KLASING VERLAG

Von Wilfried Erdmann sind noch folgende Titel erschienen:

Der blaue Traum, Köln, 1980
Gegenwind im Paradies, Köln, 1980
Tausend Tage Robinson, Köln, 1983
Mein Schicksal heißt »Kathena«, Hamburg, 1986
Der blaue Traum, Berlin, 1987
Segeln auf See, Bielefeld, 1992
Die magische Route, Bielefeld, 1993
Ostsee-Blicke, Bielefeld, 1994
Segeln mit Wilfried Erdmann, Hamburg, 1995
Mein grenzenloses Seestück, Bielefeld, 1997
Nordsee-Blicke, Bielefeld, 1997

Die Deutsche Bibliothek – CIP-Einheitsaufnahme

Erdmann, Wilfried:
Ein unmöglicher Törn: Transatlantik mit »Gatsby« und Gewinnern/Wilfried Erdmann. – 2. Aufl. – Bielefeld: Delius Klasing, 1997
(Segeln & Abenteuer)
ISBN 3-7688-0924-2

2. Auflage
ISBN 3-7688-0924-2

Fotos: Seite 30, 204 oben Hanns-Jörg Anders;
1. Farbseite und letzte Farbseite unten, 204 unten Kym Erdmann;
Seite 18 Ortwin Fink; Seite 44 Diana Müller;
Seite 230 Paul Schneider; 15. Farbseite unten Willy Park;
10. und 11. Farbseite Giorgio Palmisano; 2. Farbseite Heide Voigt
Alle anderen Aufnahmen inkl. Umschlag: Wilfried Erdmann
Karten: Kym Erdmann
Umschlaggestaltung: Buchholz/Hinsch/Hensinger, Hamburg
Druck und Bindung: Clausen & Bosse, Leck
Printed in Germany 1997

Gewidmet den 47992 Nichtgewinnern,
wem sonst?

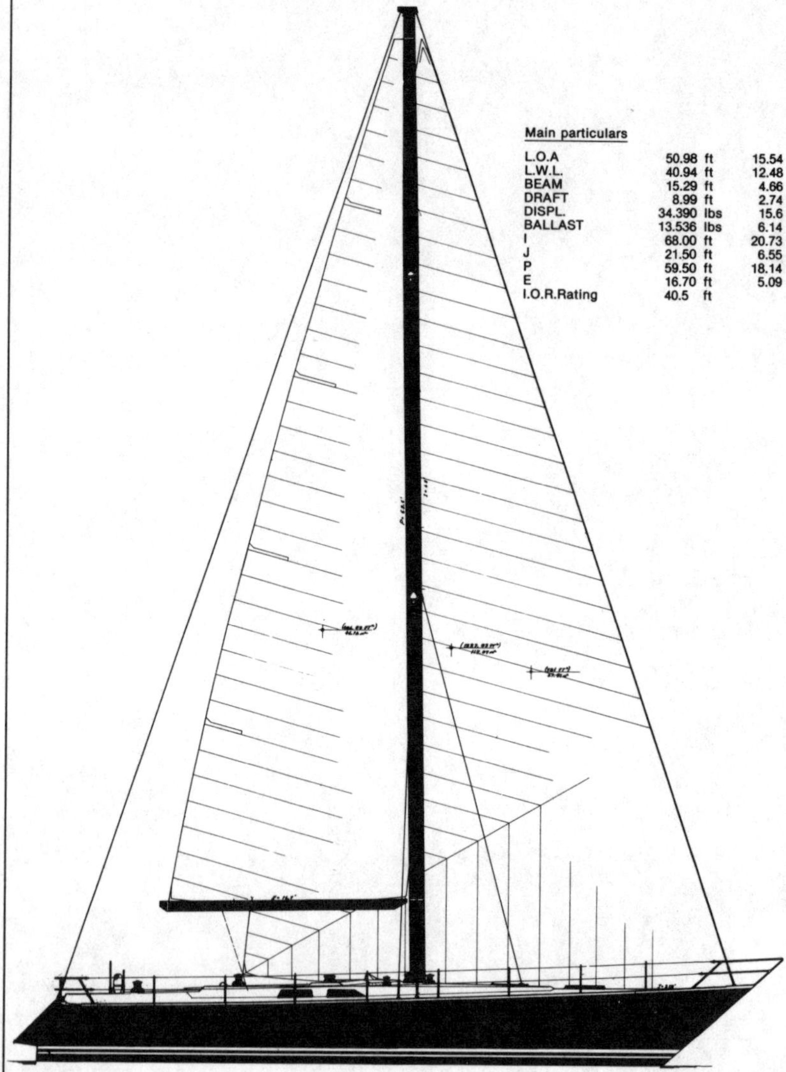

Main particulars

L.O.A	50.98	ft	15.54	m
L.W.L.	40.94	ft	12.48	m
BEAM	15.29	ft	4.66	m
DRAFT	8.99	ft	2.74	m
DISPL.	34.390	lbs	15.6	tons
BALLAST	13.536	lbs	6.14	tons
I	68.00	ft	20.73	m
J	21.50	ft	6.55	m
P	59.50	ft	18.14	m
E	16.70	ft	5.09	m
I.O.R.Rating	40.5	ft		

INHALT

1

Einleitung

WARUM NICHT?

Was mich an der Reise sofort fasziniert, ist die einmalige Kombination: ich als – meist – Einhandsegler und acht Gewinner eines Preisausschreibens.

Die Sache hörte sich verlockend an – nach seglerischer Herausforderung, nach Reklame für mich selbst und Geldverdienen zugleich. Vor allem nach: Das hat's noch nie gegeben!

Es begann mit einem Anruf im Januar 1988: Ein STERN-Reporter fragte telefonisch an, ob ich Lust hätte, Gewinner eines Preisausschreibens über den Atlantik zu schippern. Dieser Segeltörn sollte einer der Preise sein, die Leser zum 40jährigen Bestehen des Hamburger Magazins gewinnen konnten.

Wenn es wenigstens die laue Passatroute gewesen wäre, mit Kurs Karibik! Aber es sollte die Nordatlantikroute sein, gegen die vorherrschende Windrichtung. Wagnis oder Größenwahn? Redakteure haben häufig so spinnerte Ideen. Ich versuchte spontan, andere Segelgebiete vorzuschlagen, weniger strapaziöse, weniger riskante, wie Mittelmeer, Südsee, England. Vergeblich. Nichts da, die Redaktion wollte partout keine Palmenkreuzfahrt, keinen Ostsee-Biertörn. Ihr schwebte die klassische Segelroute nach New York vor. Als ich unvorsichtigerweise bemerkte, man könne in Manhattan sozusagen an der Wall Street anlegen, war der verantwortliche Redakteur erst recht von seiner Idee nicht mehr abzubringen.

Warum nicht eine Sache wagen, die es noch nie gegeben hatte – einen unmöglichen Segeltörn? Was mich an der Reise, die man in keinem Reisebüro buchen konnte, sofort faszinierte, war die ungewöhnliche, ja einmalige Kombination: Ich als – meist – Einhandsegler und dazu je acht Gewinner eines Preisausschreibens. Das war nun mal keine Crew, die ihren Törn bezahlte und sich infolgedessen dafür zerriß, sondern die mehr zufällig dabei war, weil sie gewonnen hatte. Eben Gewinner mit gewissem Zwang. Denn wer verzichtete, bekam überhaupt nichts. Dabei beinhaltete der Gewinn sämtliche Kosten inklusive einiger Tage New York und der kompletten Wetterkleidung.

Ein paar unbedachte Worte bei diesem Telefonat – und ich war im Handumdrehen eine Verpflichtung eingegangen, die mir noch viel Kopfzerbrechen bereiten sollte. Um ein wenig Aufregung abzureagieren und mir das Gespräch nochmals durch den Kopf gehen zu lassen, joggte ich erst mal zur Schlei – zum Goltofter Hafen. Mir wurde deutlich, daß dieses Vorhaben keine leichte Aufgabe sein würde. Eine innere Notwendigkeit, die Fahrt zu machen, bestand nicht, auch nicht des Geldes wegen. Nur meine Veranlagung, angestrengten Bemühungen nachzugehen, lockte mich. Meine Leidenschaft fürs Meer treibt mich.

Ein paar Tage später sagte ich mir dann doch: „Das ist Quatsch! Lehn' ab."

Wagnis oder Größenwahn? 48000 Einsender des Preisrätsels waren willens, ihre persönliche Antwort auf diese Frage zu finden. Acht bekamen die Möglichkeit. Jeder durfte außerdem eine Begleitperson seiner Wahl mitnehmen. Insgesamt also 16. Acht von Cuxhaven nach New York, die anderen acht über Neufundland zurück.

Heute, in der Erinnerung, möchte ich das Erlebnis und die Erfahrungen in ihrer Vielfalt nicht missen. Nicht die Gefahren, die der Atlantik mit sich bringt, nicht die kaum vorstellbaren Tücken – die seglerischen und psychischen – und auch nicht die Anstrengungen, denen wir wegen des harten stürmischen Wetters auf beiden Routen ausgesetzt waren.

Eigentlich habe ich bei dieser Fahrt lange nicht daran gedacht, ein Buch darüber zu schreiben. Doch als ich Tage- und Logbücher durchblätterte, war ich seltsam berührt und hatte plötzlich den Wunsch, das ungewöhnliche Abenteuer aufzuschreiben: nachfühlbar, präzise, gespannt, sprunghaft, so wie die schnellen Wechsel der Segelsituationen auf dem Meer.

Dabei soll die Fahrt keineswegs nur als sportliche oder seemännische Leistung dastehen, sondern in der gemeinsamen Willenskraft und im Eroberungsgeist beeindrucken. Auch die lockere Atmosphäre an Bord – die es trotz allem gab – werde ich einbringen. Eine Gewinnerin schrieb mir Monate später: „Was war ich manchmal bescheuert." Bei anderen ist seither die Leidenschaft für die See erwacht. Ich hoffe, die Mehrzahl meiner Mitsegler hat vielseitige und ganz persönliche Erkenntnisse und Einblicke mit nach Hause genommen.

Dieses Buch besteht aus verschiedenen Elementen, mit denen ich versuchen will, die Fahrt dem Leser näherzubringen – aus verschiedenen Formen, um der tatsächlichen Reise und ihrer Besonderheit nahe zu kommen: dem Schiffslogbuch, meinem Tagebuch, den Tagebüchern einiger Gewinner, Fotos von unterwegs.

Es geht mir dabei sehr um die Sinnzusammenhänge von äußeren Vorgängen und innerem Erleben. Ohne die Aufzeichnungen meiner Teilnehmer hätte ich dies nicht bewerkstelligen können. Mit Hilfe dieser wertvollen Informationsquellen hatte ich die Möglichkeit, die wirklichen Situationen zurückzuholen, so daß es nicht nur meine Version ist, die Sie auf den folgenden Seiten lesen. Für ihre zur Verfügung gestellten kompletten Tagebücher danke ich Barbara Gawenda-Park, Ulrike Koch, Diana Müller, Jürgen Müller, Willy Park, Heike Richter.

Für das Wagnis, ein solch einzigartiges, aber auch risikoreiches Unternehmen auszuschreiben, geht mein Dank an den STERN.

W.E.

2

Vorbereitungen
Jan. '88 bis Mai '89

DIE KLASSISCHE SEGELROUTE

Die Logistik liegt in meinen Händen: von der Schiffssuche über Ausrüstung bis zum Einstimmen der Teilnehmer.

Den maritimen Bedenkenträgern gehen die Prinz-Heinrich-Mützen hoch, als sie von meinem Vorhaben hören: mit jeweils acht Gewinnern, vier Paaren, die nichts voneinander und wohl wenig von der See wissen, über den Nordatlantik zu segeln. Ziel: New York.

Ich steige also ein in das Abenteuer. Ich erwarte Fabelhaftes von der Reise. Kaufe mir sogleich ein Tagebuch, schreibe auf den grünen Deckel „Challenge '89“ und auf die Innenseite: „Die schlimmste Fracht ist der Mensch“. Das Zitat von Joseph Conrad soll meine Aufzeichnungen begleiten, doch es stört mich bald, unterstützt es doch die Bedenkenträger. Ich radiere es weg und setze dagegen: „Was wird mein Tagebuch dazu sagen?“

„Ihr Reisevorhaben muß mit mittleren bis schweren Tragödien enden“, schreibt mir ein Lübecker Psychologe. Überall Zeigefinger, die nachdrücklich gegen Stirnen tippen. Wetten werden mir angeboten. „Du wirst sehen, in Dover gehen deine ersten Gewinner von Bord.“ Von „lächerlich“ wird gesprochen und sogar von „Vergewaltigung des Meeres“. Kurz: so was sei ein Affront. Die Krönung ist die spontane Reaktion eines vermeintlichen Kenners der Szene auf meinen Trip: „Zweimal acht Affen.“

Ja, wenn es die Passatroute wäre, Richtung Karibik! Aber der Nordatlantik? Das kann sich nur ein Vermessener ausdenken. Als Zugabe noch: ohne erfahrene Deckshand. Ich soll Kapitän und Steuermann in einer Person sein. Außerdem Koch und Zahlmeister und vieles mehr. Irre! Wird das gutgehen?

Einmal will ich es selbst erleben, will beobachten, wie sich Menschen verhalten, wenn sie Gefahr spüren und zum anderen meine Neigung zum Unorthodoxen und die Lust am Segeln teilen. Zudem stören mich vorgefaßte Meinungen. Wäre ich sonst je zum Seesegeln gekommen? Vier große, langjährige Reisen mit kleinen, einfachen Booten und einem Minimum an Ausrüstung liegen in meinem Kielwasser.

Ich zitiere aus meinem letzten Buch: „Mit der Segelei habe ich 1965 begonnen. An Bord meines eigenen Sieben-Meter-Kielschwerters, der ersten KATHENA, die ich für den Zweck einer Weltumsegelung angeschafft hatte. Als gerade Mittzwanziger mar-

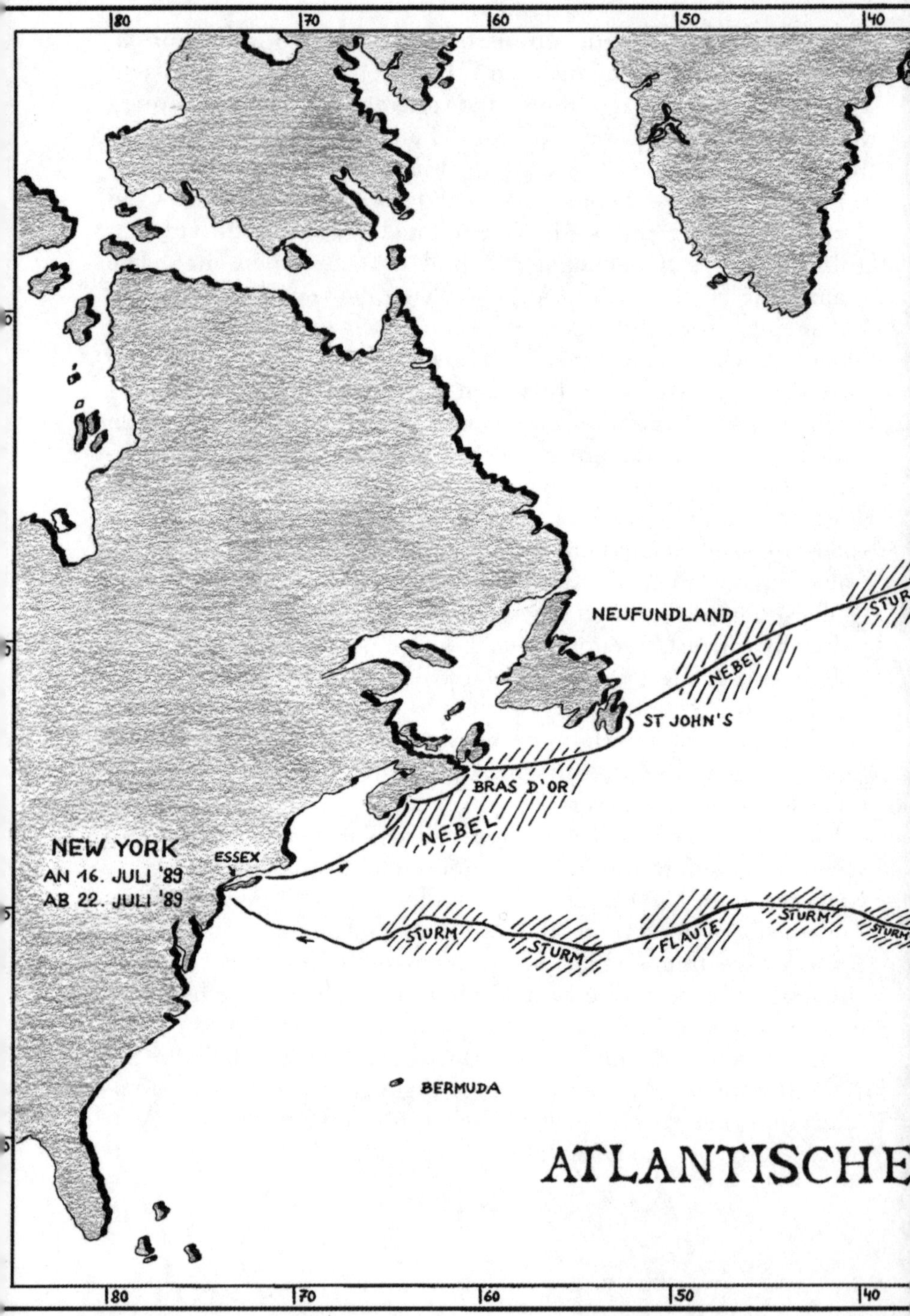

80
70
60
50
40
NEUFUNDLAND
STURM
NEBEL
ST JOHN'S
BRAS D'OR
NEBEL
NEW YORK
AN 16. JULI '89
AB 22. JULI '89
ESSEX
STURM
STURM
FLAUTE
STURM
STURM
BERMUDA
ATLANTISCHE
80
70
60
50
40

30
20
10
0
10
ST KILDA
WICK
ROCKALL
STURM
STURM
ORKAN
STURM
CUXHAVEN
AB 11. JUNI '89
AN 19. AUG. '89
POOLE
PLYMOUTH
NE - WIND
ACIOSA
AZOREN
HORTA
ZEAN
SEGELROUTE
GATSBY
4085 + 3632 sm
KE

schierte ich dann auch direkt durch – 30 223 Seemeilen –, als erster Deutscher, der die Welt allein umrundete. Zu einer Zeit, als Weltumsegeln in Deutschland überhaupt nicht populär war. Ich unternahm die Fahrt damals mit sehr wenig Geld und mit einem Boot, das weder für eine solche Reise konstruiert noch gebaut war. Ja, selbst das Segeln und Navigieren habe ich mit dem Boot erst gelernt.

Das Motiv dieser ersten Fahrt: Ich tu' es einfach. Genauso plante und führte ich eine weitere Reise durch. Diesmal war es eine Weltumsegelung zu zweit. Frisch verheiratet mit Astrid, stürzte ich mich erneut in die Wogen. 1 022 Tage, von 1969 bis 1972, war die KATHENA 2 auf der Passatroute unser Zuhause.

Es folgte ein unvergleichlicher, dreieinhalbjähriger Südseetörn mit Astrid und unserem Sohn Kym, der zu Beginn drei Jahre alt war. Im April 1976 ging es von Neuseeland aus los, mit einer zehn Meter langen und knapp drei Meter breiten Slup aus Kunststoff. Mit der KATHENA FAA hatten wir uns vorgenommen, die Hinterpfade der Südsee auszufurchen. Im Zick-Zack-Kurs kreuzten wir durch viele Archipele: Fidschi, Tuvalu, Kiribati, Nukumanu, Salomonen, Neu-Guinea, Borneo und beendeten den Törn im Juli 1979 in Südfrankreich. 144 Inseln lagen in unserem Kielwasser.

Danach reizte es mich ungemein, mit einem kleinen Boot, überschaubarem Aufwand und begrenzten Mitteln eine in jeder Hinsicht extreme Blauwasserfahrt zu machen. Es folgte die – für mich – phantastische Nonstopfahrt rund um die Welt. Von Kiel nach Kiel in 271 Tagen. Allein durch die stürmischsten Seegebiete der Erde. 271 Tage in Bewegung – mich und mein Schiff vorantreibend. Kaum mehr als ein Dutzend Menschen haben dieses gewaltige Unternehmen gewagt. Ich war der erste Deutsche."

All diese Fahrten habe ich ohne ernstliche Havarien bewältigt. Und schon gar nicht fremde Hilfe auf dem Meer benötigt. Ich kenne mich aus mit Flauten in den Doldrums und Stürmen in den „Schreienden Fünfzigern", ich weiß, wie man Einsamkeit und Erschöpfung übersteht. Aber kann ich auch Gruppendynamik abwettern? Seekranke trösten? Verzagte aufrichten? Was wird, wenn einer ausflippt, einen Seekoller kriegt?

Ich weiß wohl, daß das keine leichte Aufgabe ist. Grob skizziere ich die Route: gegen Wind und Strom hinüber nach New York. Zurück via Neufundland und Schottland. Schwierigkeiten sind auf diesen Strecken unvermeidlich. Wir werden mit allen denkbaren Windverhältnissen rechnen müssen.

Ein Schiffbruch oder ernstlicher Unfall an Bord würde großen Anstoß erregen. Wenn Organisation und Vorbereitungen schlecht wären, müßte ich Vorwürfe einstecken. Ich kenne die Gefahr, und die Teilnehmer kennen – hoffentlich – das Risiko.

STERN-Reporter Jürgen Steinhoff zerfließt fast vor Freude, als er mir den Auftrag erteilt, selbständig ein Schiff zu suchen. Hätte ich ihm nicht zugetraut – soviel Begeisterung für eine Sache, von der er „null Ahnung" hat. „Größten Wert legen wir auf die Sicherheit. Eher darf unser Chefredakteur über Bord fallen als ein Gewinner." Er setzt volles Vertrauen in mich: „Einhandsegler sind die härtesten."

Noch 15 Monate bis zum Start

Sorgfältig und methodisch gehe ich an meine Aufgabe, eine passende Yacht zu finden.

Rennen, schieben, drängeln, schwitzen, schnacken. Das ist die Düsseldorfer Bootsmesse. An einigen Ausstellern muß ich mich vorbeidrücken. Dort möchte ich nicht aufgehalten werden. Immer dieselben Fragen und Reaktionen – alte Kamellen.

Ich fühle mich gut mit meinem 70-Tage-Charterauftrag: „Bitte ein Schiff von etwa 16 Metern Länge." Hauptaugenmerk liegt auf Sicherheit. Ferner soll es schnell, hübsch und sportlich sein. Und die Kojenzahl! Die soll so ausgelegt sein, daß niemand im Salon schlafen muß. Mit diesen Vorgaben rase ich über die Messe. Gespräche, Besichtigungen, Verabredungen, Kaffeetrinken, Neugierde befriedigen, Telefonate.

Nicht einfach, die Suche nach dem bestmöglichen Schiff. Das eine ist zu klein, das andere zu sportlich, ein hölzerner Quertreiber ist dabei, ein stählerner Dwarslöper. Am Ende habe ich Unterlagen von 20 Schiffen. Mal will der Eigner mitfahren (wegen der komplizierten Technik), aber nicht umsonst: „120 Mark am Tag plus Essen und so weiter“. Mal will mir einer gar zehn Mille auf die Hand geben, damit ich seinen Eigenbau, der schlecht im Chartergeschäft läuft, nehme. Kann ich nicht machen. Will ich auch nicht. Segler schwätzen gerne.

Der Vercharterer mit seiner finnischen Yacht ist zum Schießen: 120000 Mark, die weitaus höchste Forderung für die geplanten 70 Tage. Er will das große Geld machen, dazu als Extra einen Bericht in der Zeitschrift über sein Charterunternehmen – „wenn es geht, möglichst kurz vor Weihnachten, bitte schön“. Für das nackte Boot ohne Versicherung, ohne Kopfkissen, Bettwäsche, Decken und so weiter.

Hellauf begeistert ist der Importeur der finnischen Swan-Yachten. Er will uns mit Hilfe der Werft eine schöne Swan verpassen. Ihn reizt meine Aufgabe, meine „Expedition“. Aber das Vorhaben scheitert. Die Werft ist nicht interessiert. Weitere Swans fallen gleichfalls aus. Sie sind nur mit Deckshand zu haben. Zugegeben: Die neuen Schiffe sind auch technisch kompliziert, verwirrend und allesamt in der Innenaufteilung nicht geeignet.

Als Nonstop-Einhand-Weltumsegler habe ich mit der KATHENA NUI *alle erdenklichen Stürme abgewettert. Würde ich auch dieses Vorhaben packen?*

Noch 12 Monate

Über einen Yachtredakteur fliegt uns ein Charterangebot ohne offenkundige Schwächen ins Haus. Das Schiff liegt in Glücksburg, bei der Hanseatischen Yachtschule. Fährt dort das ganze Jahr über in Charter. Soll ich mir anschauen. Mit Astrid fahre ich hin.

Das neue Schiff sieht fabelhaft aus. Die Ausstattung ist, auf meine KATHENA NUI bezogen, komfortabel und geschmackvoll. Die Stehhöhe unter Deck beträgt knapp zwei Meter. Matt lackiertes Teakholz. Ausbau? Verarbeitung? Vorzüglich. Macken? Fehlanzeige. Das Schiff kommt gerade vom ersten richtigen Seetörn zu den Azoren zurück. Mit Ruderschaden.

Es ist für unseren Zweck zu gebrauchen. Ich mache eine Auflistung für Steinhoff, meinen Auftraggeber.

Vorteile: neu, schnell, tolle Linien und Segeleigenschaften, wenig Elektronik (nur Echolot, Log, Anzeige für Windrichtung und Windstärke), gutes Einrichtungskonzept. Zweier- und Viererkabinen, Teakdeck, drei Bindereffs im Groß, Charterpreis.

Nachteile: Relingshöhe 60 cm, Heckkorb gar nur 58 cm, kein Spritzschutz überm Niedergang, Beiboot fehlt, Haltegriffe zwischen Mittel- und Rudercockpit nicht vorhanden, keine Strecktaue, geringe Wasserkapazität (nur 600 Liter), keine Seekarten und Handbücher.

Name: GATSBY, Bremen, steht in blauen Buchstaben, zweizeilig, am Heck. GATSBY hatte schon vor der Besichtigung meine Sympathien. Wegen des subtilen Namens. „Der große Gatsby", ein Roman von Scott Fitzgerald, gehört zur Weltliteratur. Er handelt von Liebe und Leidenschaft eines jungen Mannes aus der Unterschicht, der als Emporkömmling den amerikanischen Traum verwirklicht. Das alles spielt auch noch in New York. Also, da kann ich, der ein Faible für Literatur hat, nicht daran vorbei. Mein Hang zur Literatur ist diesmal stärker als mein Aberglaube, denn der große Gatsby starb auf einer Luftmatratze im Swimmingpool.

Der Vercharterer weiß nichts mit dem Namen anzufangen. „Ich glaube, der Eigner hat ein Rennpferd, das so heißt." Dafür ist der Charterpreis akzeptabel. Und ich als Schiffsführer werde akzeptiert. Auch wenn leichte Zweifel anklingen. „Wissen Sie, Herr Erdmann, so ein Schiff leidet ja doch sehr auf einer doppelten Atlantiküberquerung." Ich will schon antworten: „Wenn es dafür gebaut ist, mit Sicherheit nicht." Sage aber im Brustton der Überzeugung: „Das Material wird weniger beansprucht als in der Ostsee. Beispielsweise holen wir nur einmal das Großsegel hoch, und dann geht's hinüber." Damals sah ich es wirklich so. Heute sehe ich die Sache anders, halte seine Bedenken für berechtigt.

Steinhoff ruft an. Ich war gerade im Garten, nehme mit voll geklumpten Gummistiefeln den Hörer ab. Er wünscht meine Lohnvorstellungen zu hören. Ja, wieviel soll ich nehmen? Hätte er mich gleich bei den ersten Gesprächen gebunden, wäre ich günstiger zu haben gewesen. Ich antworte – etwas zurückhaltend: „Neben der eigentlichen Zeit an Bord kommt noch die Vor- und Nachbereitung dazu. Insgesamt 100 Tage müßte ich kalkulieren. Mindestens." Und dann: „Hm, vier STERN-Redakteurs-Gehälter."

Er: „Da machen Sie sich aber wohl falsche Vorstellungen von unserem Einkommen."

Ich: „Na, für einen gestandenen Redakteur doch an die 10000 Mark im Monat."

Er: „Ja, das stimmt."

Ich spüre sofort, daß ich höher hätte gehen können, denn er ist ohne Zögern einverstanden. Ich ärgere mich. Offenbar wäre mehr drin gewesen.

Und dann die Zeit, die Zeit, die Zeit! „Der ärgste Feind des Seemanns", wie Schenk immer sagt. Schon ein Jahr vor der Abfahrt stehe ich vor diesem Problem. Der Zeitplan muß festgelegt werden. Die Leute haben ihren Urlaub zu beantragen, das Schiff wird uns nur für diese Zeit zur Verfügung stehen, und es sollen Hotels und Flüge gebucht werden. Das einfachste ist das Abfahrtsdatum. Ich lege es willkürlich auf Sonntag, den 11. Juni, fest. Ich muß Stürme (selbst in den Sommermonaten nicht ungewöhnlich), Starkwind, Flauten und Nebel berücksichtigen. Bei der Wahl der richtigen Route ist von größter Wichtigkeit: einen Weg zu nehmen, auf dem die Wetterverhältnisse so günstig sind, daß trotz eines Umwegs eine schnellstmögliche Reise gemacht wird.

Westwärts der Hinweg: Theoretisch gibt es drei Routen. Die Orthodrome oder Großkreis-Route ist am kürzesten, hat aber die härtesten Gegenwinde und Strömungen. Sie machen die Überquerung zu einer „Bergauf-Strecke“. Die Loxodrome, eine gerade Linie nur auf der Mercatorkarte, ist eine unwesentlich längere Verbindung, gleichfalls mit fast ausschließlich Gegenwind. Der Weg über die Azoren führt südlich an den Zugbahnen der Tiefs vorbei. Diese Route ist zwar weitaus länger, man kann aber schon mal mit halbem Wind segeln. Der Nachteil ist, daß man häufig Flauten antrifft und manchmal schwere Sturmseen, die von den Ausläufern der Karibikhurrikane aufgepeitscht werden.

Mit Hilfe der britischen Seekarte 4011 und vor allem der Monatskarten (Pilot Charts) – darin ist alles enthalten, was ein Ozeansegler in dem betreffenden Seegebiet zum Thema Wetterbedingungen wissen muß – errechne ich sorgfältig, wieviel Zeit ich benötigen werde. Für 4 180 Seemeilen kalkuliere ich 35 Tage. Geplante Ankunft New York also am 16. Juli.

Ostwärts der Rückweg: Die Route sollte kaum Gegenwinde bringen, ist daher also leicht auszurechnen. Zumal der Golfstrom schiebt. Ich lege als Abfahrtsdatum den 21. Juli fest, zirkle und veranschlage für die 3 700 Seemeilen 29 Tage. Die Zeitspanne ist knapp bemessen. Viel Spielraum bleibt uns nicht. Wir sind keine eingespielte Crew. Die tatsächliche Segelzeit hängt sehr von den Steuerkünsten der Mitsegler ab.

Ich bin stolz, die klassische Route zu segeln. Die Nordamerikaroute! Möchte sie daher nicht abrasen. Im Gegenteil, sie erhalten – in Notizen und Bild. Sehen, erleben, genießen.

Der erste, der diese Route segelte, war Giovanni Cabot 1497, als Kolumbus bereits seine dritte Reise in die Neue Welt unternommen hatte. Nach 52 Seetagen sichtete Cabot, von Bristol/England kommend, Land. Es waren die Küsten Neufundlands und später die Neuschottlands. Fest steht, daß die Wikinger hier schon ein halbes Jahrtausend vorher auf abenteuerliche Beutezüge gingen. Im darauffolgenden Jahr entdeckte Cabot weiter südlich die heutige Boston Bay. Der Venezianer erkundete im Auftrag des englischen Königs die Ostküste Nordamerikas.

Zeitplan – erstellt, um genaue Termine für ALLE zu ermitteln. Eine Schätzung mit Hilfe der amerikanischen PILOTS CHARTS

CUXHAVEN – NEW YORK via Azorenroute etwa 4100 Seemeilen + Gegenstrom! (ca. 1/4 Knoten).

Gegenwind	– 6 Tage	à 96 sm	= 576 sm
Sturm (ungünstig)	– 3 "	" 36 "	= 108 "
Starkwind (günstig)	– 5 "	" 200 "	= 1000 "
ideale Wind	– 12 "	" 168 "	= 2016 "
schwache Wind	– 4 "	" 84 "	= 336 "
Flaute	– 2 "	" 48 "	= 96 "
	32 Tage		4132 sm

Also 32 Seetage – plus 1½ Hafentag a.d. engl. Südküste, 1½ Hafentag Horta/Azoren und ½ Ankertag vor Sandy Hook

NEW YORK – CUXHAVEN via Neufundland + und Schottland etwa 3600 Seemeilen + günstig setz. Strom (ca. 1/4 Knoten)

Gegenwind	– 4 Tage	à 96 sm	= 384 sm
Sturm (ungünstig)	– 1 "	" 36 "	= 36 "
Starkwind (günstig)	– 8 "	" 200 "	= 1600 "
ideale Wind	– 8 "	" 168 "	= 1344 "
schwache Wind	– 2 "	" 84 "	= 168 "
Flaute	– 1 "	" 48 "	= 48 "
	24 Tage		3580 sm

24 Seetage – plus STOPS im Long Island Sound 1 Tag, Nova Scotia 1 Tag, Neufundland 1½ Tag, Schottland 1½ Tag

Der Monate zuvor aufgestellte Zeitplan entpuppt sich für die Hinfahrt als zutreffend – für die Rückfahrt nahezu.

Auf Cabot folgte Verrazano. Er wagte sich bis in die Mündung des Hudson River. Auf die Entdecker folgte die Welle der Besiedelungsschiffe, die nach 50 bis 60 Tagen die Menschen in bejammernswertem Zustand ausspuckten. Dann kamen die rassigen Klipper, meist Frachtsegler, die die klassische Route bis ins 19. Jahrhundert beherrschten.

Heutzutage sind es nur noch die Yachties, die diese Route seglerisch nutzen. Von den Pionieren mit kleinen Yachten war es vor allem der Franzose Alain Gerbault. Er segelte 1923 in 101 Tagen allein gegen den vorherrschenden Wind in Ost-West-Richtung über den Nordatlantik. Einer der ersten Nachfolger war 1936 der Hamburger Hein Garbers. Am Ende des Zweiten Weltkriegs folgte der Schweizer Hans de Meiss-Teuffen mit 58 Tagen. Seit den 60er Jahren wird die Route regelmäßig unter Regattabedingungen abgesegelt: Plymouth – Newport. Der erfolgreichste deutsche Teilnehmer war 1988 Wolfgang Quix mit 26 Tagen auf der direkten Route.

Noch sieben Monate

Inzwischen stehen die Gewinner fest, gleich nach Ben Johnsons Dopingfall in Seoul. Der STERN hat das Preisrätsel gut verkauft. Es war kein Rätsel von der Art, bei der oben auf der Seite die Antwort steht, die man unten auf die Postkarte schreiben soll. Ich brauche für die Lösung zwei Stunden. Aber ich bin kein Rätselfachmann. Neben Segeln kann man auch Skilaufen mit Rosi Mittermaier gewinnen, Tennis mit Pilic, Bergsteigen mit Messner, Joggen, Autorennfahren, Urlaub auf einer Schönheitsfarm am Tegernsee und eine europäische Museumsfahrt mit Henri Nannen. Meine Atlantikfahrt ist allemal nach Nannen der teuerste und in jeder Hinsicht aufwendigste Gewinn. Ich denke, aufgrund der Zeit (fünf Wochen) und der Anforderungen beschränkt sich von vornherein die Zahl der Bewerber auf ein Minimum, aber da habe ich mich mächtig geirrt. Offenbar ist es ein Traum vieler Deutscher, per Segelboot den Atlantik zu überqueren. Jedenfalls landet mein Unternehmen bei der Endauszählung mit 12,5 Prozent weit vor Tennis, Bergsteigen und einigen anderen Preisen. Nur Bachmairs Schönheitsfarm und vor allem Henri Nannen mit seinem Museums-Sonderzug schneiden besser ab.

Die Teilnahmebedingungen am Segeltörn sind ziemlich weit gesteckt. Alter: 18 bis 65 Jahre. Erfahrungen müssen nicht vorhanden sein. Unbedingt notwendige Voraussetzung ist nur ein umfangreicher Gesundheits-Check beim eigenen Hausarzt.

Noch fünf Monate

In mehreren Rundschreiben werden die Gewinner per Skizzen, Fotos und Text mit Boot und Reise vertraut und neugierig gemacht.

Die Reise rückt unaufhaltsam näher. Das ist genau der Umstand, der meiner zukünftigen Crew reichlich Kopfschmerzen bereitet. Einige wollen mich bewegen, uns vor der Abfahrt ein Wochenende lang kennenzulernen. Ich gehe nicht darauf ein. Es würde nichts bringen, gar gegenteilig wirken, wenn man sich monatelang mit dem Gedanken trägt: „Mit *dem* Typ übern Atlantik – ich weiß nicht..."

Außerdem verhalten sich Menschen auf See doch häufig total anders. Also, wir springen in Cuxhaven an Bord und werfen die Leinen los. In einem Rundschreiben steht klar und deutlich, daß ich die einzige Autorität an Bord bin, daß wir alle Aufgaben an und unter Deck gemeinsam lösen, also das Schiff segeln; und rund um die Uhr Wache gehen und steuern, da keine Selbststeueranlage vorhanden ist. Auf die Liste der Dinge, die mitzubringen sind, schreibe ich ganz oben: Arbeitshandschuhe – damit niemand, absolut niemand, auf den Gedanken kommt, er habe eine Traumschiffreise gewonnen. Dem Rundschreiben wird noch eine Kleiderliste beigefügt, darin sollen die Teilnehmer ihre Größen angeben für die Wetterkleidung, die ich ihnen besorge: Ölzeug, Parka, Windjacken, Pullover, Gummistiefel und dergleichen – kostenlos. Als die ausgefüllten Kleiderlisten zurückkommen, sind wir, Astrid und ich, baff. Die Mehrzahl schickt mir die Zettel ohne Gruß. Nur aus Berlin und München gibt's herzflimmernde Grüße. Astrid und ich schauen dumm drein. Das darf doch nicht wahr sein! So unpersönlich nach einem sieben Seiten langen Info-Brief und: „Liebe Segelfreunde"? Haben wir etwas verkehrt gemacht? Wir stöbern den langen

Brief noch einmal sorgfältig durch, können aber nichts finden.

Mein Engagement bröckelt. Doch nur kurz. Den Unhöflichen werden wir beibringen, was es heißt, gleichgültig zu sein. Ich bin der Kapitän! Nur: Die Rolle liegt mir nicht sonderlich. „Chef" will ich eigentlich nicht sein, weil ich schon vom Naturell her nicht die Voraussetzungen dazu habe. Wie soll ich mich unterwegs anreden lassen? „Skipper" ist hierzulande unheimlich populär. Ich aber mag den Begriff überhaupt nicht. Mochte ihn noch nie. Wilfried – liegt nahe; Willi – bloß nicht! „Schiffer" hört sich so nach Flußfahrt an; „Kapitän" – o Gott, geht auch nicht, das gilt in der Berufsschiffahrt. „Shipman" wäre mal was Neues. Eine gewisse Abstufung muß her. Aber welche? Sympathisch klingen soll es auch. Doch „Skipper"? Das ist für mich gleichbedeutend mit Druck und Streß. Mag ich nicht. Sind nicht meine Ausdrücke.

Ich möchte meine Segler selbständig machen. Möchte keinesfalls den Obersegler darstellen, der auf die Schotenreißer niederbrüllt. Jedoch vor Eiferern muß ich mich hüten, die dauernd Dynamitstangen mit glimmender Lunte in die Runde werfen: „Bei ein wenig mehr Wind, wo wir da schon wären... Wenn bloß nicht dieser Gegenwind wäre... Eine leichte Drehung nach Süd, und wie die

Fleischkonserven sind ja meistens von geringer Qualität, deshalb wird von Astrid ordentlich eingekocht.

Post abgegangen wäre…" In solchen Augenblicken muß ich cool bleiben, eine Mischung aus Philosoph, Psychologe und Schlitzohr. Sicher werde ich auf See agieren und reagieren. Segeln mit unbekannten Gewinnern über den Nordatlantik, das ist in dieser Form weit mehr, als zweimal 4000 Meilen absegeln.

Ich setze die Gedankenspielerei fort: Ja, wie soll ich mich nun anreden lassen? „Skip" etwa? Hoffentlich bleibt dieses nicht ganz ernst gemeinte Problem unser einziges. Grundsätzlich habe ich mir vorgenommen, nicht nur auf Fehler und Schwächen meiner Segler zu schauen und zu sagen: Das mußt du so und so machen. Ich werde ihre Stärken ausbauen und vermeiden, sie in Situationen zu bringen, wo sie ihre Schwächen zeigen müssen. Und keine Ausflüchte, wenn ich selber Mist baue! Das nehme ich mir fest vor, weiß aber, die Umsetzung wird schwierig werden.

Noch einen Monat

Unsere Freundin Schippy besucht uns und macht sich viele Gedanken um meine Fahrt. Sie ist kompetent, denn die Kielerin hat viele Crewfahrten auf dem Buckel. Sie schlägt vor, das Problem Stauraum mit Netzen über den Kojen und Taschen aus Segeltuch zu beheben. Weiter bläut sie mir ein: „Ordnung an Bord halten! Ganz wesentlich sind heiße Mahlzeiten. Nicht viel quasseln. Du hast das Kommando. Denk' daran, du hast die Erfahrung. Das Wetter spielt selbstverständlich eine ganz ausschlaggebende Rolle. Du wirst es schaffen – ohne Probleme." Sie ist immer voll Tatendrang, die liebe Schippy, voller Ideen und Optimismus. Am liebsten käme sie mit hinüber. Auch Astrid macht sich viele Gedanken. Wohin etwa mit dem Abfall an Bord? Was geht über Bord, was muß gesammelt werden? Wir wollen und müssen mit bestem Beispiel vorangehen. Astrid kalkuliert den Proviant. Astrid sterilisiert Fleisch und Gemüse in Gläsern. Astrid kocht Marmelade. Besorgt einen Wantenschneider (16 mm), Kissen fürs Deck, Küchentücher und, und… Sie sorgt sich sehr, um vieles. Zu vieles? Als ob sie die Verantwortung hätte. Schließlich sage ich zu ihr: „Du machst dir weitaus mehr Gedanken und Mühe als damals bei der Vorbereitung meiner Nonstopfahrt." Das hätte ich nicht sagen sollen.

Ich beschäftige mich ununterbrochen mit der Route. Seekarten und Handbücher blockieren unsere Tische. Ich möchte furchtbar gern auf der Rückfahrt Nova Scotia besuchen und als Bonbon den Bras d'Or Lake – den goldenen See auf der Insel Cape Breton: 30 Seemeilen mit Buchten, lichten Sandstränden und mediterranem Klima. Wild, dünn besiedelt. Lobsterlokale. Was mir Sorge bereitet, ist der Nebel (30 Prozent im Monat) und unsere knappe Zeit. Werde ich in der Lage sein, während der Küstensegelei ständig seemännisch und navigatorisch fit zu bleiben? Vorteilhaft an den kanadischen Küsten: normale Windstärken.

Fast täglich werde ich jetzt an die Atlantikfahrt erinnert. Zubehör stapelt sich in der Garage: Tauwerk, Sextant, Werkzeug, Schlepplog, Dingi, Kanister, Spinnaker, Medikamente. Ich trainiere noch 14 Tage an der Côte d'Azur und vor Korsika. Mit sieben Nichtseglern mache ich dort zweimal eine Rundreise an Bord einer 16 Meter langen Slup. Dabei wird mir deutlich bewußt, daß ich jede Mark Honorar auf dem Atlantik verdienen werde.

Dann die Überraschung: Einen Monat vor dem Start springt ein Gewinnerpärchen ab. Muffensausen? Ersatzgewinner müssen her. Nur: Die sind schwer ausfindig zu machen. Sie verbringen nämlich ihren Urlaub auf einem Campingplatz in der Toskana. Doch mit dem Apparat der Redaktion und dem Engagement des betreuenden Redakteurs gelingt es, sie aufzutreiben.

Zu einem letzten Vorbereitungsgespräch werde ich nochmals ins STERN-Haus an der Alster gebeten. Steinhoff präsentiert sich mit grimmiger Sachlichkeit. Frage: „Welche Voraussetzungen haben Sie, daß die Fahrt gelingt?" Und ich blöder Kerl antworte noch darauf: „Alle Segelscheine, Erfahrung, monatelang trainiert, um körperlich fit zu sein." Offenbar sind im Verlag Zweifel an dem Unternehmen Atlantiktörn aufgekommen. Schlimmer noch: Der renommierte Reporter und überaus erfolgreiche „Rätselonkel" entpuppt sich nun als Finanzbuchhalter. Er scheint zu fürchten, daß ich mit dem Reisegeld nicht umgehen kann. Impft mir indirekt Sorgfalt und Sparsamkeit ein. Verständlich: Er wurde gerade bös' von manchen Schönheitsfarm-Gewinnerinnen reingelegt. „Einige Damen haben in der Woche 1600 Mark vertelefoniert. Und jeden

Abend Champagner..." Nun, genau genommen ist zwischen uns alles abgesprochen. Die Fahrt wird unter dem Aspekt „Fahrtensegeln mit normalen Ansprüchen" betrieben. Keine Bange: Wir schmeißen schon nicht mit dem Geld um uns. Grundsätzlich bezahlt der Veranstalter neben der Bordverpflegung auch alle Landgänge, vom Caféhaus bis zum Taxi.

Zum Abschied bekomme ich noch ein Paket Fotofilme mit. Ich soll neben Notizen für das Blatt auch Bilder mitbringen. Für die „Story" hinterher. Das wird schwierig werden, denn Schiffe und Segelreisen sind doch ausfotografiert. Neues zu bringen, ist mühsam.

Noch vier Tage

Nach eineinviertel Stunde Einweisung wird mir GATSBY in Marina Minde (Dänemark) von der Charterfirma übergeben. Der Clou: Ich habe ein 1,2-Millionen-Mark-Schiff und keine Schiffspapiere, die ich zum Einklarieren brauche. Daran hat man nicht gedacht. Per Kurier bekomme ich sie nachgereicht.

Ich steuere GATSBY aus dem kleinen Hafen. Merkwürdig, das Ruderrad bewegt sich schwer und ruckartig. Haben die den Ruderschaden vom letzten Jahr nicht in den Griff bekommen?

Über Missunde, wo wir Proviant und zusätzliche Ausrüstung stauen, und den Nord-Ostsee-Kanal überführen Astrid, mein Freund Rolf und ich das Schiff nach Cuxhaven. Von dort soll die große Fahrt starten.

Nächster Schreck am anderen Morgen beim Kaffeekochen: Der Hauptbrenner des Herdes ist defekt, das Aluminium verschmolzen. Rolf gleich: „Da könnte leicht Gas entweichen." Wie auch immer, die Flamme brennt schlecht, flackert enorm. Wir rufen in der Charterfirma an. Erstaunlich, wie die reagieren: „Kann nicht sein, über diese Brücke gehe ich nicht. Gas kann Alu nicht schmelzen."

Rolf stellt uns für die Fahrt den Bügelanker zur Verfügung, den er entwickelt hat. Das kommt mir sehr gelegen, da die beiden Anker von GATSBY mit 15 und 18 Kilogramm viel zu schwach sind. Seinen 26-Kilo-Haken – eine starre Konstruktion, einem antiken Pflug mit Überrollbügel ähnlich – soll ich mit dem 15-Tonnen-Schiff testen. Er sucht immer wieder Leute (und ich bin nicht das erste Mal dabei), die den Anker ausprobieren, obschon er sich längst bewährt hat. Offensichtlich gehört Rolf zu denjenigen, die, wenn sie etwas Neues schaffen, wenig Befriedigung in ihrer Leistung finden, auch wenn ihre Produkte erfolgreich scheinen und hundertfach verkauft werden.

Die Zwischenstation Cuxhaven erreichen wir am Abend vor der Einschiffung der Gewinner. Im Clubhaus am Hafen des Seglervereins bestellen Astrid und ich Kartoffelsalat. Rolf ordert Steak und Bier. Für ihn beginnt der Tag am Abend. Er möchte unterhalten. Ich sitze am Fenster und schaue auf die Schiffahrtsstraße Elbe. Ich möchte mich nicht unterhalten. Mir ist mulmig zumute: Ärger mit dem Herd, und für die meisten Beteiligten ist es die erste Bekanntschaft mit Salzwasser. Wie das „Gewinnspiel“ laufen wird, das ist meine bange Frage. Ganz plötzlich geht mir das mysteriöse Apollonia-Ereignis durch den Kopf.

Zwei Tote kostete das Drama an Bord der deutschen Segelyacht Apollonia, ein Crewmitglied wurde durch einen Schuß in die Brust schwer verletzt. Das passierte 1981 während einer Atlantiküberquerung. Der Eigner und seine Freundin starteten zusammen mit vier weiteren Crewmitgliedern, die sie einige Tage vor der Abfahrt von Gran Canaria kennengelernt hatten, in Richtung Karibik. Zwei Wochen nach dem Auslaufen, also auf hoher See, ereignete sich diese menschliche Tragödie. Wegen sinnloser, gefährlicher Segelmanöver und Proviantproblemen kam es zu Auseinandersetzungen. Woraufhin ein unbeherrschter, streitsüchtiger Mitsegler Eigner und Freundin mit seinem Revolver erschoß und einen Mann, der die Tat verhindern wollte, schwer verletzte. Der Täter wurde später festgenommen und in Bremen zu zehn Jahren Freiheitsstrafe verurteilt.

Na, ich habe jedenfalls alles optimal vorbereitet. Aber kann man sich auf so etwas überhaupt vorbereiten? Egal, jetzt hat die Fahrt endgültig und unwiderruflich begonnen.

3

Cuxhaven – New York
11. Juni bis 16. Juli

NACH NEW YORK, NACH NEW YORK!

Die Neugierde ist riesengroß.
Mit Hilfe der Seekarte erläutere ich den geplanten Kurs über den Atlantik.

Cuxhaven am Mittag: wolkenlos. Windstill. Ein (fast) mediterraner Sonnentag. Das ist die Überraschung am Samstag, dem 10. Juni, als das Einschiffen beginnt.

Ich liege mit GATSBY am Tiefwassersteg im Yachthafen. Gleich gegenüber fließt die Elbe. Am Steg ist viel Betrieb. Andere rüsten zur Wochenendfahrt. Kurgäste flanieren und beobachten. An Deck bei mir herrscht enormer Auftrieb: Freunde. STERN-Leute. Presse. Eigentlich will ich die Gewinner ruhig und entspannt empfangen. Doch schon ohne Frühstück, ohne eine Tasse Kaffee hat heute früh für mich der Tag begonnen: per Taxi auf Einkaufsfahrt – Kartoffeln, Eier, Gemüse, Obst, Brot, Kuchen. Dann noch Gasflaschen, Werkzeug. Eine Fettpresse muß her (für die Ruderanlage). Deutsche Flagge und Vaseline vom Schiffshändler. Montage neuer Relingstützen – 75 Zentimeter hoch. Und letztlich muß GATSBY mit Diesel für den Hilfsmotor vollgetankt werden. Dafür sind 30 Mark extra für Überstunden fällig, denn es ist Samstag (Cuxhaven – „Tor zur Welt"?).

Zwischendurch das große Problem: der Kochherd. Die Ersatzteile kommen zuerst nicht, dann sind es nicht die richtigen. Am Ende muß noch Minuten vor Ladenschluß ein neuer Herd besorgt werden. Und der paßt nicht in die alte Halterung, die Gasanschlüsse machen Schwierigkeiten. Freunde bohren und feilen. Astrid handlangert.

In diesem Chaos trudeln langsam die Gewinner ein. Während ich von Deck aus zuschaue, erfahre ich schon einiges über sie. Schuhe mit Metalldekor, dazu Schlips und Kragen – die ersten. Mit insgesamt neun Gepäckstücken, als ob sie eine QUEEN-ELIZABETH-Reise und nicht einen Segeltörn über den Atlantik gewonnen hätten. Astrid zeigt ihnen die Kajüte, wo sie mangels Stauraum einen Großteil ihres Gepäcks am Kojenfußende abstellen müssen. Beweglich wie eine Gazelle packt ein anderer mit Hilfe der Familie all seine Sachen in die Kajüte. Eilig, als gäbe es was zu verstecken.

Das dritte Pärchen trudelt ein, im wahrsten Sinn des Wortes. Langsam, skeptisch, zögernd kommt es über den Steg. Sie in hautengen Jeans und Lackschuhen, mit Zigarette. Bewegungslos steht sie vor der Reling wie jemand, der denkt: Soll ich da hinüber?

Freudestrahlend kommen die letzten nach einer elfstündigen Bahnfahrt an Bord. Am Glanz in den Augen ist zu erkennen, daß auch sie zu unserer Gruppe gehören. Fünf Männer und drei Frauen – sie alle sind zu derselben Verabredung gekommen: mit GATSBY nach New York.

Die Erfahrensten ziehen die anderen an. Mich fragen sie nur verhalten, vorsichtig, abwägend, als hätten sie das Gefühl, daß sie mir ab jetzt ausgeliefert seien.

Die erste Einweisung – von Astrid: Gummistiefel in die unteren Schränke. Alle anderen Klamotten obenauf oder unter die Kojen. Für die Waschutensilien haben wir Fächer in den Toilettenräumen. Wichtig: Rohre und Ventile der Bordklos verstopfen leicht; paßt auf, daß keine Papiertaschentücher, Tampons oder Streichhölzer ins Becken gelangen. Gespült wird mit Seewasser per Handpumpe, herein und auch wieder hinaus. Achtet auf das Ansaugventil. Immer geschlossen halten! Die Toiletteneinweisung verbindet Astrid mit einer Randbemerkung: Auf der nördlichen Halbkugel zieht das Wasser in der Schüssel rechts rum ab, auf der südlichen Halbkugel entgegengesetzt.

Die brandneuen Sicherheitsgurte werden ausgeteilt und anprobiert. Die Jeantex-Wetterkleidung paßt – Ölzeug-Overall, Stiefel, Parka, Regenkombi. Die Kochecke wird gecheckt. Wo Bestecke, Teller, Gewürze stehen. Alles muß wieder an seinen Platz! „Süß, wie eine Puppenstubenküche", sagt jemand. Alle lachen. Meine Einweisung fasse ich in zwölf Punkten zusammen:

1. Wir fahren ein Schiff mit hervorragenden Segeleigenschaften. Es ist für die Hochsee voll geeignet.
2. Was wir vorhaben, ist mehr als nur 4000 Seemeilen abzusegeln. Es ist ein vielschichtiger Törn. Neben Segeln, Meer, Schiff müssen wir miteinander auskommen.
3. Ich werde die Crew unterwegs so einsetzen, daß sie überall mitarbeiten kann. Keineswegs soll es so sein, daß Frauen ausschließlich Kajütarbeit verrichten und Männer nur an den Schoten reißen.
4. Rettungsweste. Nicht in der Koje lagern, sondern benutzen!

5. Toiletten sind auf jedem Schiff heikel. Werden sie richtig gehandhabt, kann ein Defekt vermieden werden. Ich habe jedoch eigens Gummihandschuhe eingepackt.
6. Trinkwasser ist auf See immer knapp. Außer für Kochen und Trinken wird es nur für Gesichtswäsche verwendet.
7. Ebenso sparsam müssen wir mit unserem Strom umgehen. Der „Saft" kommt aus den Batterien, die mit einem Generator nachgeladen werden.
8. In der Koje kann jeder tun und lassen, was er will. Die kann aussehen wie Kraut und Rüben. Stört mich nicht. Die eigene Koje ist an Bord die einzige persönliche Ecke.
9. Ich verehre hier jedem Gewinner eine Seekarte, die von Cuxhaven bis nach New York reicht. Darin kann er zur Erinnerung den Kurs eintragen. Meinetwegen auch Wind und Wetter und persönliche Bemerkungen.
10. Die Route: morgen früh Start Cuxhaven möglichst direkt in den Englischen Kanal, dort ein Hafentag. Dann Kurs Azoren (oh!) und von dort nach New York.
11. Dies ist zwar eine vom STERN initiierte, organisierte und finanzierte Fahrt, aber wenn die Elbmündung achteraus liegt, ist es unsere Fahrt.
12. Wir werden uns alle mit Vornamen anreden. Dabei schließe ich mich mit ein. Ich möchte nicht „Skipper" oder dergleichen hören. Kostet einen Dollar in die Bordkasse.

Organisator Steinhoff begrüßt alle im Namen des STERN. Was er so sagt, kriege ich nicht richtig mit. Es ist heiß in der Kajüte. Dazu noch der dampfende Kaffee. Steinhoff verbreitet Optimismus, Vertrauen und bemerkt, daß ich für alles zuständig bin. Am Ende verteilt er Hundert-Dollar-Noten. Taschengeld für New York. Es folgt ein langes „Oooh!"

Wieder an Deck, gibt es das erste Gemeinschaftserlebnis: Gruppenfotos – mit und ohne Seekarte. Die gesamte Crew strahlt Glückseligkeit aus. Die Gesichter sind entspannt. Offenbar sind alle stolz, auf einem derart tollen Schiff zu sein. Schnell werden die letzten Kartons mit Proviant und Zubehör irgendwohin verstaut, die Wassertanks gefüllt. „Warum so viel, könnte man nicht unterwegs nachbunkern?" Die Frage macht mich stutzig: „Der Proviant ist für die gesamte Überfahrt gedacht." GATSBY hat knappen Stauraum. Die Bilgen sind flach, unter den Kojen sind Tanks installiert. Alles ist schon übervoll. Doch Astrid findet, daß GATSBY jetzt gut im Trimm liegt.

Die nächste Einweisung gilt dem Deck, unserem Arbeitsplatz: Schoten und Fallen erklären. An Winden kurbeln. Segel ein- und auspacken. Und letztlich noch die Reling sichern.

Abends marschieren wir gemeinsam zum Seepavillon: Suppe, Salat, Steak, Fisch – alles lieblos serviert. Mein Essen kommt erst, als die anderen fertig sind. Kalt. Ich würde ein Schild draußen ranhängen: „Vorsicht – bissiger Kellner!"

Nachts höre ich, wie sich die Crew unruhig in den Kojen wälzt. Fremde Geräusche: Plätschern am Bug und Wind in der Takelage. Die Bordwand an ihrer Seite.

---

1. Tag: Sonntag, 11. Juni 8.20 Uhr ablegen Sportboothafen Cuxhaven Kurs nach Sicht in der Elbmündung, danach 260 Grad
Wind SE 1–3 Baro 1022 mb Wetter diesig, 20°C
Jeder richtet sich an Bord ein

Schon eine Meile nach der Kugelbake haben wir den Spi oben: 226 Quadratmeter Tuch. Gesetzt von fünf Nicht- und drei Gelegenheitsseglern, die wild an irgendwelchen Tauen ziehen („wo soll ich drehen?"). Und von mir, der auf dem Brückendeck steht und mit leiser Stimme und fuchtelnden Armen Ordnung in das Leinen- und Tuchdurcheinander dirigiert. Ich fühle mich wie ein Junge auf dem Schulhof, der seine Klassenkameraden für ein Spiel einteilt. Und wie ein aufgeregtes Kind kann ich nicht glauben, daß die Segel schon Minuten nach dem Auslaufen so prächtig stehen. An dem unheimlich langen, schwarzen Mast. Um mir einen Überblick zu verschaffen, laufe ich aufs Vordeck, gehe zum Heck, schaue von Steuerbord, dann wieder von Backbord in die rot-weiße Reklameblase. Sie steht. Makellos. Zieht uns mit gut sechs Knoten in die Nordsee. Und ich dachte noch gestern: O nein, so'n Ding gleich am ersten Tag hochziehen ist zu gefährlich. Wenn Fehler gemacht werden... Na, und das kann ja mit meinen Leuten leicht passieren. Ich habe schmerzhafte Erfahrungen mit verbrannten Handflächen, Schlaufen um den Fuß, zerrissenem Tuch. Aber da war Steinhoff: „Können wir morgen den Spinnaker sehen?" Er braucht das Bild für die Ausgabe am nächsten Donnerstag. Als Journalist und sozusagen unser „Arbeitgeber" weiß er, wie er uns packen kann. Mit der Eitelkeit. Deswegen also die Hast mit dem Spinnaker.

Jetzt hockt der Arrangeur mit Kollegen auf dem Motorboot LUMME. Begleitet uns in der Elbmündung eine Stunde lang, mal backbords, mal steuerbords. Sie schießen ihre Fotos. Letzte Anweisungen und gute Wünsche fliegen hin und her. Auch Astrid ist dort an Bord. Mir geht durch den Kopf: Mensch, wie die sich wieder reingelegt hat: Begrüßung. Proviant. Kocher. Ersatzteile. Koordination mit dem Veranstalter. Gestern war es auch wieder Mitternacht durch. Sie wird morgen und übermorgen absacken. Als die LUMME abdreht, rufe ich Astrid die neueste Nachricht zu: „Steffi hat verloren in Paris!" Vermutlich hat sie es im Motorenlärm nicht mitgekriegt.

Querab von Scharhörn sind wir unter uns. Endlich. RSH spielt das Reklamelied „What a wonderful world". Zufall oder Ironie? Unsere Reklamefahrt kann beginnen. Mit an Bord habe ich: Ludwig (43), einen quirligen Typ, Automobilkaufmann aus Recklinghausen, und seinen Sohn Oliver (18), Schüler ohne Schulprobleme; Jürgen (40), einen Diplomingenieur, der Gelassenheit ausstrahlt, und seine Frau Ulrike (44), Mode-Einkäuferin, aus München; die Kindergärtnerin Heike (29) mit etwas unsicherem Blick und ihren Freund Jürgen (30), einen kräftigen Krankenpfleger aus dem hessischen Schwalbach; schließlich Jürgen (32), Klimatechniker, mit seiner Frau Diana (30), selbständige Schneiderin, aus Rheinfelden an der Schweizer Grenze.

Die beiden Badenser sind die nachrückenden Ersatzgewinner, die erst 14 Tage vor Reiseantritt auf einem Campingplatz in der Toskana aufgestöbert wurden. Nachdem sie dort ihre Zelte abgebrochen hatten und nach Hause zurückgekehrt waren, holte Diana einen Atlas aus dem Regal und schlug die Karte mit dem Atlantik auf. „Das isch er," sagte sie. „Wahnsinn!"

Stolze Blicke an Deck und voller Optimismus: „Wir sind doch eine gute Crew!“ Und das vor Position ELBE 1! Ist das nicht ein bißchen früh? Sie mögen sich alle. Ulrike und Heike stellen fest: „Was haben wir uns darüber Gedanken gemacht.“ Ich stelle fest: Mit *der* Crew kann man sich auch optisch sehen lassen.

Mit GATSBY auch. Unser Schiff ist vom Besten. 15,5 Meter lang, als Slup getakelt. Nur ein Jahr alt. Mit für uns idealer Innenaufteilung – einer Vierer- und drei Zweierkabinen. Niemand muß im Salon schlafen, dem Zentrum aller Aktivitäten unter Deck. GATSBY ist keine Sänfte. Sie ist ein schnelles Schiff mit sportlichem Charakter. Fast ohne Aufbauten, das Deck mit Teakleisten belegt, sieht sie wunderschön aus, ohne – für meinen Geschmack wichtig – luxuriös zu wirken.

Bei ELBE 1 teile ich Wachen ein: viermal zu zweit à drei Stunden. Ich mische die Partner. Ulrike meutert: „Ich will aber mit meinem Jürgen.“ Erläutere, daß es für alle ergiebiger ist, in dieser Hinsicht fremdzugehen. Wegen der unterschiedlichen Kenntnisse, der Unterhaltung, des Kennenlernens – und man geht höflicher miteinander um. Die Hauptaufgabe der Wachen ist Steuern, Ausguck halten und Übersicht an Deck. Außerdem reihum und im Tageswechsel Backschaft machen, Frühstück zubereiten, Ordnung halten. Ulrike mosert erneut: „Ich finde, wir machen das nach Lust und Laune.“ Meinetwegen, nachdem die meisten zustimmen. Lange wird's eh' nicht gutgehen.

Ich erläutere nochmals meine Einweisung von gestern: „Was wir vorhaben, ist ein Novum, eine absolute Erstleistung, dazu auf der klassischen Nordatlantikroute. Also kein Karibiktörn, keine Ostseefahrt. Mit Sicherheit wird uns einiges abverlangt, seglerisch und menschlich.“ Ich bin überzeugt, daß Menschen von Natur eher dazu neigen, sich zu vertragen als einander anzuekeln. „Es darf vor allem nichts passieren, keiner darf über Bord fallen und dabei verloren gehen. Das wäre für uns alle furchtbar.“ Zum Schluß drücke ich noch deutlich auf Mitarbeiten, Mitdenken, Mitfühlen, Mitmachen: „Wenn Helgoland achteraus liegt, dann ist das unsere Fahrt, unser gemeinsamer Segeltörn, dann haben wir STERN und Gewinn vergessen.“

Spi schiften, bergen, setzen, bergen. Genua hoch. Schoten dicht. Schoten fieren. So vergeht der erste Tag. Ich erkläre Seekarte und Logbuch, Dinge, die jeder abwechselnd führen soll. Zeige, wie man die Winschen dreht, Kurbeln abnimmt, Taue aufschießt, einfache Knoten, behandle das Thema Sicherheit. Kurs halten geht bestens. Auch die Neulinge „verdrehen“ sich nicht am Steuerrad. Mit den vielen Jürgen haben wir Probleme. Ulrikes Jürgen bleibt Jürgen. Aus Heikes Jürgen wird Paul, aus Dianas Jogi.

Einige haben sich Tagebücher zugelegt. Jogi sprudelt darin: *Mann, ist das aufregend, die ganze Ungewißheit, Freude, Abenteuer, vielleicht auch Leid, aber der ganze Weg zum Ziel liegt vor uns. Als sich die* S*TERN*-*Leute verabschiedet hatten, gab Wilfried einen aus; ich rief: „Auf Wilfried!“, und: „New York, wir kommen!“ Mittagessen habe ich gemacht. Es gab Spaghetti. Aber unten ging es mir nicht so gut. Seekrankheit, schon...? An Deck ging es gleich besser. So hielt ich mich die ganze Zeit an Deck auf. Bis zur Wache. Von 18 bis 21 Uhr bin ich mit Heike dran. Wir teilen uns die Viererkajüte achtern. Ich und Diana haben die Backbordseite. Ludwig und Oliver teilen sich die Backbord-*

WACHEN - GATSBY 1. TÖRN

	NAME	AB 11. JUNI	AB 21. JUNI	AB 30. JUNI	AB 8. JULI
I	JÜRGEN OLIVER	9-12 h	12-3 h	3-6 h	6-9 h
II	ULRIKE LUDWIG	12-3 h	3-6 h	6-9 h	9-12 h
III	PAUL DIANA	3-6 h	6-9 h	9-12 h	12-3 h
IV	HEIKE JOGI	6-9 h	9-12 h	12-3 h	3-6 h

Kopfzerbrechen bereitet der Wachplan: Mit gemischten Partnern und im Drei-Stunden-Rhythmus erscheint er mir ideal.

kajüte Mitte, Jürgen und Ulrike die an Steuerbord. Wilfried hat Kajüte und Koje im Bug.

Schönwetter. Leichte östliche Winde. In die Nacht hinein. Nur wenige Fragen: „Steuerbord, ist das rechts?" Wir müssen viel üben.

---

2. Tag: Montag, 12. Juni Pos 53°03'N – 04°18'E Kurs 220
Etmal 177 sm Wind SSE 3–4, ab Mittag 1–2 Baro 1021 mb
Wetter stark diesig Schleichen an neun Bohrinseln vorbei

Was habe ich mir Gedanken gemacht! Gegen den im Juni meist vorherrschenden Westwind in der Nordsee aufkreuzen, mit einer unerfahrenen Mannschaft. Wie würde das wohl gehen? Und jetzt haben wir Mittelmeerwärme und leichte südöstliche Winde im „German Ocean"! Fabelhafte Stimmung. Frühstück im Mittelcockpit mit Käse, Wurst, Marmelade, Honig und gefiltertem Kaffee. Drumherum liegen, von den Nachtwachen verstreut, die Parkas, Gummistiefel, Pullover, Rettungswesten.

Nur für wenige Stunden prächtigen Amwindkurs mit 8 Knoten Fahrt und 40 Grad Schräglage. Sonst gibt's nicht viel zu

Das Interessante der ersten Tage. Reihenweise Bohrinseln und Fördertürme, die wir sehr dicht passieren.

„drülle“ – da dreht nur der Motor. Inzwischen hält der alemannische Dialekt Einzug: „Wieviel Knüppel machen wir?“ Damit sind Knoten gemeint. Oder: „I schlof guet i meinem Kistle.“

Für sechs war es die erste Nacht auf See überhaupt. Und was für eine: sternenklar, mit vielen Schiffslichtern am Horizont. Nicht ein einziges Ausweichmanöver war notwendig. Nur die Hundewache (drei bis sechs Uhr) ist verblüfft: „Im Schlafsack ist es mollig warm, aber wir müssen aufstehen.“ Nach dieser Nacht bin ich nicht in Form. Groggy vom vielen Auf und Nieder, ohne bisher aus den Kleidern gekommen zu sein. Ich bin wirklich mürbe. Auch viel Kaffee hilft nicht. Tagsüber bleibe ich ebenfalls an Deck. Zu viele Bohrinseln liegen auf unserem Kurs. Wegen der diesigen Sicht sind sie zuerst nur schemenhaft auszumachen. An einigen schrammen wir förmlich vorbei. Eine Kabellänge Abstand ist zuwenig. Bei LOGGER wird gar ein Boot zu Wasser gelassen, das uns mehrfach umkreist. Spione? Agenten? Wir winken. Zwischendurch döse ich für Minuten an Deck. Was mir erst jetzt bewußt wird: daß ich ständig beobachtet werde. Wo ich auch stehe, liege, was ich auch tue, immer ist da jemand in der Nähe. Eine völlig neue Situation.

Was für Aufgaben ich habe: Navigation, Segelführung, Verpflegung, Unterhaltung, Segelschule – und so weiter. Dann Fotos machen, Notizen mitbringen, ausführliche. Was, wenn mir nicht danach ist, Buch und Stift in die Hand zu nehmen? Ludwig bringt uns dauernd mit seiner trockenen Ruhrpottmentalität zum Lachen. Nur, was er genau gesagt hat, daran kann ich mich nicht erinnern, als ich mich endlich aufraffe, den Tag im Tagebuch abzuschließen.

Die Crew ist ruhig und lieb. Zu lieb? Sonnen, Lesen, Erzählen, Stricken. Meine Seekartenkunde und Seehandbücherkunde ernten geringe Resonanz. Die leichten Schiffsbewegungen machen träge. Nur die gutgewachsene Heike ist aktiv. Wie gestern läßt sie Nadeln und Wolle kaum ruhen. „Am liebsten stricke ich Socken“, sagt sie mit skeptischem Blick aufs Meer. Sie erzählen sich Persönliches. Pauls Kollegen an der neurologischen Klinik erklärten ihn für verrückt: „Wir kämpfen für einen besseren Tarifvertrag, und du gehst auf See und kloppst die Nachtschichten umsonst.“ Der einzige Studierte an Bord, Jürgen, arbeitet bei BMW. Er ist zuständig für die per Computer gesteuerten, am Band produzierten Autoteile. Von Diana ist unüberhörbar, daß sie auf eigene Rechnung näht. „20 bis 25 Mark die Stunde berechne ich.“ Jahrelang war sie bei Schöpflin-Lörrach tätig, „aber das hat mir gestunken. Immer Punkt 6.35 Uhr da sein, punkt neun Uhr Kaffee, punkt 11.30 Uhr Mittag...”

Ulrike erscheint im hochmodernen Badeanzug – schwarz mit gelben Hosenträgern. Sie sonnt sich auf dem Vordeck. Hat sich heute wohl fünfmal umgezogen. Vieles stammt aus der Edelboutique, in der sie beschäftigt ist. Offenbar will sie uns damit nichts beweisen. Sie schreibt: *Während ich auf dem Vordeck sitze und den Tag vorüberziehen lasse, durchströmt mich dieses Glücksgefühl, das alle hier mit mir teilen.*

Jogi beschreibt seinen ersten Tag und seine erste Nacht auf See: *Wir segeln stark am Wind. 8 Knoten und mehr macht das Schiff. Schräglage, bedenklich? Nein, wahnsinnig schön. Bändigung der Urgewalt der Winde zwecks Funktionsumwandlung zum Segeln. Ich könnte noch so ein paar trockene Worte anmerken zur Bestätigung des Bildes, das ich vom Bug aus vom Schiff hatte. Würde ich schöne Worte benutzen, müßte ich zum Poeten werden, so unbeschreiblich abenteuerlich und gewaltig war der Anblick. Ich fühle mich prächtig, ich fühle, wie die Crew eine kleine Welt um sich schafft. Und wieso auch nicht? Jeder Misthaufen kann zum Zentrum der Welt werden, wenn nur der richtige Hahn darauf kräht; o je, noch so ein paar riesige Sprüche, und ich höre auf zu schreiben. Aber zum ersten Mal seit langem habe ich Lust aufzuschreiben, was ich fühle und denke. Ich glaube, es gibt keine bessere Gelegenheit als hier an Bord. Also laßt mir meine Schreibfreiheit.*

---

3. Tag: Dienstag, 13. Juni   Pos Straße von Dover   Kurs 230, abends 265   Etmal 151 sm   Wind ESE 2–3   Baro 1018 mb Wetter stark diesig   Probleme mit der Rollfock

---

Schon wieder traumhaftes Wetter. Die Straße von Dover zeigt sich von der allerbesten Seite. Die Sonne läßt uns die Kleider ablegen und strahlen. Was mich überrascht: Alle sind durchweg gebräunt, als ob sie zuvor Urlaub in der Sonne gemacht hätten. Spannung bei den Ausweichmanövern. So groß hat man sich die Schiffe, die uns dicht und häufig passieren, nicht vorgestellt. Beim Kreuzen des Fährverkehrs müssen wir höllisch aufpassen. Er hat Vorfahrtsrecht. Da muß im Handumdrehen Motor angeworfen und Kurs geändert werden. Die letzte Nacht war auch diesbezüglich ziemlich turbulent. Ulrike wird sie nicht vergessen: *Unsere Schicht, zwölf bis drei Uhr, hatte es mit einem Pulk von Schiffen zu tun. Alle paar Minuten tauchte aus dem Dunst ein Schiff auf und verschwand wieder schnell. Es galt höchste Konzentration. Einige Male mußten wir ganz rasch ausweichen, also Kurs und Segelstellung ändern. Wilfried lief oft übers Deck mit Fernglas, und wir merkten, daß wir an einer sehr neuralgischen Stelle segelten. Wenn ich heute bei Tage den lachenden und gelösten Wilfried sehe, muß ich an ihn in der Nacht denken. Schweigend und immer auf dem Sprung. Wie eine Figur von Jack London.*

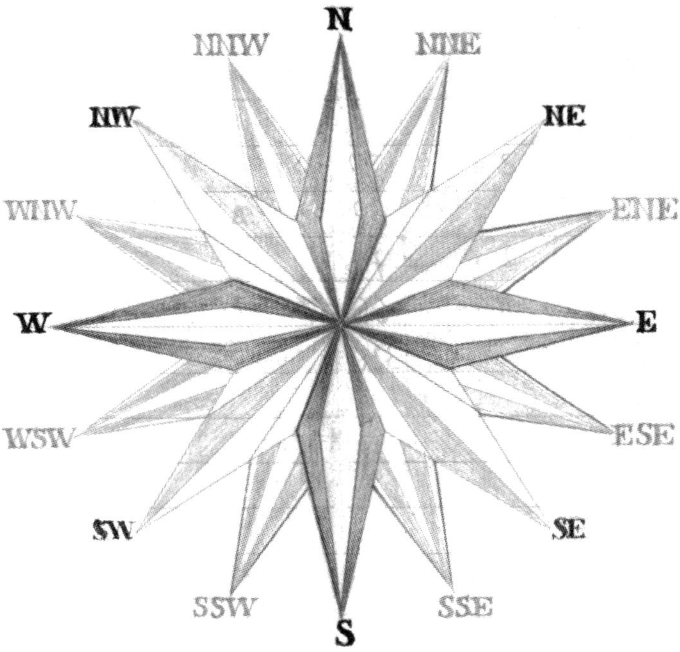

Die Windrose – von mir ins Logbuch gezeichnet – soll uns die Orientierung bei den Eintragungen erleichtern.

So romantisch wie Paul bin ich nicht, der seiner Wachpartnerin nachts ein Lied vorsingt – vom „Appelwoi". Diana ist dagegen morgens noch so verschlafen, daß sie Heikes Schuhe angezogen hat. „Ich lueg, ich lueg, das sind doch nicht mei' Schuh."

Noch ist die Begeisterung für Ordnung und Sauberkeit ungebrochen. Jeder bietet sich zur Backschaft an. Nur das Kochen in der heißen Kombüse besorge ich. Heute schicke ich verführerische Düfte von Gemüse und Curry an Deck, während meine Crew faul in der Abenddämmerung liegt und sich auf ein gemeinsames Essen freut.

Dover, die engste Stelle des Kanals, passieren wir in drei Meilen Abstand – und doch ist nichts davon zu erkennen. Dreimal ging ich hier mit eigenen Schiffen durch. Immer im Dunkeln mit viel Wind. 1972, erinnere ich mich, hing ich trotz Wind und Seegang am Radio und bekam das Supertor von Netzer im Spiel gegen England im Wembleystadion mit.

Probleme mit der Rollfock. Beim Einrollen blockiert sie im Masttopp. Ich lasse mich mit dem „bordeigenen Hauslift" 23 Meter hochziehen. Stelle fest, daß die Nutschiene mit einem Schlauchbinder repariert ist, und dieser Überhang hat sich mit dem Drahtfall vertörnt. Richte es, indem ich Klebeband darum wickle. Nur: Wie kann man etwas so Wichtiges dermaßen improvisiert weiterreichen?

Weil es uns gutgeht, gebe ich eine Runde Cognac aus. Die Frauen unterhalten sich über die neuen Perspektiven des Wäschewaschens. Ulrike sagt: „Ich werfe meine Unterwäsche über Bord. Hab' für jeden Tag ein Höschen mit." – Heike: „Ich wasche meine Unterwäsche in Meerwasser; auch wenn sie nicht ganz sauber wird, hab' ich doch das Gefühl, sie ist sauber." Diana hält sich raus. Sie trägt Schwarz.

In gelöster Stimmung, ohne Vorwürfe, wird meine Vorgabe von zwei Litern Süßwasser pro Tag für den persönlichen Gebrauch diskutiert. Unschwer zu erraten, wie Körper und Haare der Crew unterdessen aussehen. Eine geht wegen Bauchschmerzen mit einer Wärmflasche (Salzwasser) in die Koje. Wasserknappheit ist auf allen Segelschiffen ein Problem, aber die Tanks der GATSBY sind mit 600 Litern besonders knapp bemessen.

Avisiere Poole. Im Hafenhandbuch zeige ich ihnen den sechs Seemeilen ins Land schneidenden Hafen. „Am Stadtkai legen wir uns für einen Tag hin." Dort will ich ausschlafen. Fühle eine große Erschöpfung in mir. Keine Gedanken. Außer in den Nächten habe ich auch tagsüber alle Hände voll zu tun. Und Fragen zu beantworten: „Ist Luv die Windseite?" – „Die Genua ist doch das größere Vorsegel?" – „Schmetterlingsegeln, was ist das?" Diese Stellung fahren wir gerade: auf der einen Seite das Groß, auf der anderen die ausgebaumte Genua.

Beachtenswert – keine Dynamitstangen wie: Wann sind wir da? Hätten wir doch mehr motort! Oder dauernd die Frage nach den Meilen. Niemand drängt mich in einen Hafen. Abends passieren wir Royal-Sovereign-Leuchtfeuer.

---

4. Tag: Mittwoch, 14. Juni   Festgemacht 14.20 Uhr Poole (Town Quay)   Etmal 149 sm   Baro 1017 mb
Wetter sonnig   „Lord Nelson" und die Doppeldusche

Poole ist ein Seebad. Und lieblicher, als es bei der Ansteuerung den Anschein hat. Tausende von Sportbooten liegen in der Bucht an Moorings vertäut. So etwas habe ich nur in Neuseeland gesehen. Wir machen mitten in der Stadt fest, gleich gegenüber liegen Cafés, Souvenirläden, Schiffsausrüster, Boutiquen. Sanitäre Anlagen gibt es am Kai nicht. Mache im Pub „Lord Nelson" eine Doppeldusche aus – halbes Pfund pro Person, aber erst ab 17 Uhr, wenn die Bar geöffnet hat. England! Die Hitze ist enorm. Ein Teil der Crew greift zum Wasserschlauch und wäscht sich in der Plicht. Als Ankommerdrink eignet sich Campari-Orange.

Die letzte Nacht war nicht toll. Zuerst Schmetterlingsegeln, nicht einfach, dann Flaute bei feuchter Kälte. Wunderschön nur das beleuchtete Seebad Brighton an Steuerbord. Am Morgen erwachen alle mit dem Gedanken an Landgang. „Paul, wo ist mein Duschgel?" Die Sehnsucht ist plötzlich riesengroß: Wo? Wie? Was? Wann? In England war keiner von ihnen zuvor.

Wir nähern uns langsam der Küste. Fasziniert schauen wir auf die Kreidefelsen. Der Wind kommt von vorn, die Schoten werden dichtgeholt. Beim Old Harry Rock müssen wir Wenden fahren. Der am Ruder steht, gibt das Kommando: „Klar zur Wende!“ Das Paar an der großen Winsch macht sich fertig zum Dichtholen, einer gegenüber zum Fieren der Schoten. Nach dem „Klar!“ kommt vom Rudermann/frau das „Ree“, was bedeutet, er fährt die Wende, geht also mit dem Bug durch den Wind. Segel schlagen, Winden surren. Segelschule GATSBY! Aber es erwartet die Crew noch eine Mühsal. Bewußt verzögere ich die Ankunft, indem ich sie bis in den Kanal kreuzen lasse. Zum Üben. „Muß das sein, so kurz vor dem Hafen?“ Bei dieser Tätigkeit schwinden letzte Berührungsängste. Geschicklichkeit setzt sich durch. Die vor Anstrengung verspannten Gesichter, die gequälten Stirnen lösen sich.

Erst vorm Hafen-Hotel wird der Motor gestartet, die Fock eingerollt. Die Nationale, die Gastflagge, die Quarantäneflagge (gelb) werden gesetzt. Das heißt: Wir wollen einklariert werden. Festmacher bereitgelegt – an Steuer- und an Backbord, wir wissen ja noch nicht, mit welcher Seite wir längsseits gehen. Bojen sind in der See-

Poole hat einen schönen Stadthafen. Duschen gibt's jedoch nur im Pub, das erst um 17 Uhr öffnet.

karte abgehakt, Fender klargemacht. Ich höre, dabei wird noch geübt: „Wie geht noch mal der Webleinstek?“ Zuletzt das Großsegel geborgen. Als wir längsseits liegen, muß das Handlot rausgeholt und die Tiefe gemessen werden. Nicht zum Spaß. Unser ungewöhnlicher Tiefgang beträgt 2,80 Meter. Dann wird das Deck aufgeklart, Schoten, Fallen werden aufgeschossen, und, und...

Jogi beschäftigt dieses Thema sehr: *Mir fällt auf, daß ich zuwenig von Diana schreibe. Doch an Bord ist das Eheleben anders. Hier dreht sich alles ums Boot, und jeder fühlt sich inzwischen in die Mannschaft integriert. Die Momente sind selten, wo ein privates Gespräch allein mit Diana aufkommt.*

Wir sind sehr müde, sehr hungrig, sehr durstig. Die Sehnsucht nach dem Land kann erst gestillt werden, nachdem ein Beamter unsere Vorräte an Spirituosen, Zigaretten und unsere Paßnummern notiert hat. Gemeinsam will ich mit meiner Mannschaft etwas Neues wirken lassen. Nicht Bier oder Cola, sondern Tee wollen wir trinken. Richtigen „English tea“, gegenüber vom Liegeplatz im Café. Jemand sträubt sich: „Wenn ich sag', i will nit, dann will i nit.“ Die anderen genießen den Tee. Kannenweise mit Milch und braunem Kandiszucker. Dazu gibt's trockene Rosinenküchlein. Mit Ludwig und Oliver Einkauf in der Main Street: Tomaten, Käse, Cola, Tee, Eier, Äpfel und eine Teekanne aus Niro. Der junge Oliver: „Tausend Mark Charter am Tag – und keine Teekanne an Bord!“ Charterpreise sind so relativ.

Abends schmeckt uns das Essen in einem Pub-Restaurant. Ich erzähle von meiner Atlantiküberquerung 1966: Wie ich mich, angekommen in der Karibik, in St. Vincent gefühlt habe, und daß ich über die erste Kneipe nicht hinausgekommen bin. Nicht, weil ich getrunken hätte. „Ich saß nur da und schaute und beobachtete die Leute, das Treiben, ihre Gesichter. Am Hafen spielt sich das Leben am abwechslungsreichsten ab. Deshalb hielt ich auch nie viel von großen Ausflügen ins Landesinnere auf meinen Segelfahrten.“

Verholung ins „Lord Nelson“. Dort ist bei Livemusik einer Rockband nach zwei Guinness die Stimmung high. Mit anderen Seglern, die dort rumstehen, werden Erlebnisse ausgetauscht. Zwei kontaktfreudige deutsche Optikerinnen, die hier den Sommer über jobben, bändeln mit uns an. „Seid ihr die von dem schönen Schiff?" Eine möchte sich gerne noch GATSBY von innen anschauen. Nachts um zwölf Uhr.

---

5. Tag: Donnerstag, 15. Juni   Von Poole nach Plymouth
Kurs 260   Wind umlaufend 0–2   Baro 1021 mb
Wetter wolkenlos, blauer Himmel   Runden Start Point

Segelschlagen, Wasser pumpen, Decksgeräusche fielen heute nacht aus. Die Crew hat im Hafen durchweg gut geschlafen. So steht's im Logbuch. Es passiert auch nichts Ungewöhnliches, nachdem wir abgelegt haben. Motoren, Segeln, Motoren und wieder Segeln. Da ich nicht vor acht Uhr morgen früh da sein will, können wir uns erlauben, mit zwei bis vier Knoten dahinzudriften. Ludwig gefällt das absolut nicht: „Wir machen doch keine Fahrt. Das Ruder reagiert nicht mehr. Wollen wir nicht den Diesel anschmeißen?" Dabei schaut er verzweifelt ins Kielwasser und kurbelt hastig am Ruderrad. Für ihn, der sehr lebhaft und dynamisch ist, „stehen" wir bei dieser Geschwindigkeit. Heike macht es nichts aus: „Ich habe ohnehin das Gefühl, daß wir schon eine Ewigkeit unterwegs sind."

In der Nacht die erste politische Diskussion. Auslöser bin ich, weil ich von „den Amis" schwärme. Einer würde ihnen gar ein Stück Garten zur Verfügung stellen, damit sie dort eine Pershing-Rakete deponieren könnten. Er glaubt, im Ernstfall wird man den Bessergerüsteten in Ruhe lassen. Heiße Wortgefechte. Da wird selbst das Motorengeräusch übertönt. Politik und Religion sind laut DHH in der Regel auf Segelyachten verpönt.

Ich hocke die Nacht über im Mittelcockpit, am Kartentisch oder liege für kurze Zeit ausgestreckt auf der Salonkoje. Wie gehabt, werde ich bei jedem auftauchenden Licht an Deck geholt. Das klappt inzwischen. Habe heute abend nochmals heftig darauf bestanden. Ich will es nun mal, auch wenn einige der Mitsegler die Dampferlichter sicher deuten können. Damit die Nacht schneller rumgeht, markiere ich mein Ölzeug. Beschrifte Aufkleber an den vielen Schapps für Gläser, Tassen, Teller, Frühstück, Gewürze.

Start Point runden wir in einer Meile Abstand. Der starke Blitz, Gruppe 3 alle 10 Sekunden, verfolgt uns bis zum Morgengrauen.

---

6. Tag: Freitag, 16. Juni 7.20 Uhr fest Plymouth, Mayflower Marina
Etmal 120 sm Baro 1021 mb
Wetter einzelne Wolken, 26°C Globe Challenge

Wolfgang Quix hat uns nach Plymouth gelockt: „Das müssen deine Gewinner mal sehen." Nicht die Stadt meint er, sondern die Vorbereitungen und den Start zum Round Britain Race, einer Zwei-Mann-Regatta. Die Racer, an der Queen Ann Battery zu sehen, sind eher enttäuschend. Außer den 60-Füßern CRÉDIT AGRICOLE und SUPER DUCK für mich wenig imposant. Die zahlreichen Kats und Tris interessieren mich nicht sonderlich. Gedanke: Könntest auch du so was machen? Jedenfalls nicht wie Solosegler Quix mit seiner JEANTEX T 3000. Jahrelang Regattasegeln mit einem Minibudget. Er tut mir leid. Der „gutaussehende Mann" (Anmerkung von Ulrike) wurde dabei einer der erfahrensten deutschen Hochsee-

Die Kochecke des französischen Einhandracers CREDIT AGRICOLE. Dagegen ist GATSBYS Pantry der reinste Luxus.

segler. Aber die Resonanz seiner Ein- und Zweihand-Regatten in den deutschen Medien ist gering. Selbst die Fachpresse hält ihn down. Folge: keine Presse, kein Geld für ein Superschiff – also keine außergewöhnlichen Erfolge. Der Teufelskreis.

Nur um Quix zu sehen, bin ich genaugenommen nicht nach Plymouth gefahren. Vor gut einem Jahr trug ich mich mit der Idee, an einer Hochseeregatta unter den härtesten Bedingungen teilzunehmen. Am Globe Challenge. Ausgeschrieben für Einhandsegler und nonstop um die Erde von und nach Sables d'Olonne an der französischen Atlantikküste. Großgeworden bin ich als Fahrtensegler, aber gelegentlich ist im Leben ein Wechsel angebracht. Und die Regatta durch die berüchtigtsten Seegebiete nördlich der Antarktis erschien mir machbar. Aber mir ging's wie Wolfgang Quix. Keine Firma wollte als Sponsor einen nennenswerten Betrag locker machen. Das Risiko sei zu groß: allein, und dann das Seegebiet. Obschon ich mächtig viel telefonierte und ein 20seitiges Exposé anfertigte, war niemand zu überzeugen. Dabei konnte ich neben Büchern und Filmen eine ausgezeichnete Presseresonanz einbringen. Wenig Trost war, daß auch die deutsche America's-Cup-Herausforderung nicht die Mittel fand. Vielleicht machen wir alle etwas falsch bei der Sponsorensuche fürs Meer. Offenbar ist es leichter, teure Doppelseiten in Zeitschriften zu schalten. Ich wäre gern dabei gewesen, mit einem schnellen Schiff, einem Chancenschiff. Mit 20 Knoten durchs Meer, ein Ohr stets an der Bordwand, tagelang nicht aus dem Ölzeug kommen und dem schlechten Wetter nicht ausweichen können, immer weiter, nur das Speedometer ist der magische Punkt.

Zahlreiche Wendemanöver bringen uns in den Hafen von Plymouth. Ich mische mich nicht ein, lasse die Crew arbeiten, um sie zu stärken. Großsegel einholen und die 80 Quadratmeter sorgsam auftuchen gelingt ohne ein lautes Wort. Gleichfalls zwei Anlegemanöver. Einmal an der Tankstelle (Dieselverbrauch bisher 117 Liter bei 33 Motorstunden inklusive Leerlauf, macht 3,5 l/h), und dann in der Mayflower Marina.

Paul, der heute Logbuchdienst hat, notiert nach dem Festmachen: *Es ist heiß. Haben wir einen Mallorcatörn gewonnen? Alle freuen sich auf einen schönen Tag in Plymouth. Jogi nennt's „Freigang". Und ich: „Off bis zum Dinner um 18 Uhr."*

Ulrike schreibt ihre Erlebnisse ins Tagebuch: *In der New Street, die ganz alt ist, machen wir uns bei Salat und Eiswasser Gedanken, welche großen Seefahrer – wie Drake oder Chichester – diesen Hafen verlassen haben, um ihre großen Fahrten, etwa nach Sydney in 109 Tagen, zu machen. Ganz plötzlich falle ich von der Stimmung her in ein Loch. Plötzlich steht diese Reise als riesige graue Wand vor mir, und ich bekomme Angst und Heimweh. Ich kämpfe mit den Tränen, spreche mit Jürgen, der ganz ruhig auf mich einredet, aber mir nicht helfen kann. Ich will nach Hause, mir reicht's, meine Terrasse, die Wohnung, vor allem meine Sophie erscheinen mir wichtiger als alles andere. In der Marina zurück, rufe ich Sophie an, höre ihre fröhliche Stimme, wir unterhalten uns lange, ich merke, es geht ihr gut, und ich fange mich wieder.*

---

7. Tag: Samstag, 17. Juni   Wecken 6.45 Uhr, Trinkwasser ergänzt
Nach Frühstück ablegen um 8.15 Uhr   Wind 0, abends NE 3
Baro 1020 mb   Wir haben alles Windglück der Welt

Ein ganz wichtiger Tag – es geht hinaus in den Atlantik. An Steuerbord die Küste von Cornwall. Zerklüftet in verlockende Buchten mit grünen Feldern. Schlösser. Herrenhäuser.

Die Crew sonnt sich. „An Deck ist die Aussicht am besten." Null Wind. Glatte See. Der Motor „drüllt". Heike hat ein Tief: „Wilfried meint, daß wir für die 1300 Meilen zu den Azoren acht bis zehn Tage vor uns haben. Ist doch eine lange Zeit." Vielleicht deprimiert sie auch das Buch „Familienstand Geliebte", in dem sie gerade liest. Ulrike zeigt sich in Badeanzug Nr. 5, schwarz mit roten Punkten. Ihr schönster – bisher! Eifersucht wegen der vielen Klamotten. „Warum darf sie reisen wie Barbara Hutton in ihren besten Zeiten, und wir nur mit 22 Kilo?" Das Limit hatte ich in meinem Rundschreiben vorgegeben, um Auswüchsen vorzubeugen. Eigentlich wollte ich antworten: „Dafür ist sie die Älteste." Aber mit Altersbemerkungen kann man sich sehr unbeliebt machen. Ulrike war gestern abend in Plymouth sowieso ziemlich down. Heute höre ich mehrmals: „Der Atlantik steht wie eine graue Wand vor mir." Doch sie sagt es in einem Ton, der sich nicht nach grauen Gedanken anhört. Ich hole zwei Flaschen Mumm an Deck. Ich weiß, daß Sekt die Münchnerin aufbauen wird. Außerdem stoßen wir alle auf das Gelingen der Etappe Richtung Azoren an. Oliver mit Cola. Ludwig außerdem mit der Bemerkung: „So ein Unternehmen ist immer ein Risiko." Natürlich drücken diese Worte die schon gelockerte Stimmung.

Jedes Sichlösen von Land ist ein einschneidendes Ereignis: Jetzt geht's ins Weite, in die Biskaya, in den Atlantik. „Ein Wahnsinnsmeer mit dem Segelboot!" Etwas völlig Neues. Dunkle Ahnungen beschäftigen fast jeden. Auch ein Scherz, als Delphine vor dem Bug auftauchen – „Ob wohl Flipper dabei ist?" – kann diese Gefühle nicht verdrängen.

Unterdessen gehe ich in mein Vorschiff. Eintragungen ins Tagebuch sind fällig. Gebeugt stehe ich vor den aufgeschlagenen Seiten, die auf der oberen Koje liegen. Ich habe Zweifel, was ich notieren soll und was nicht: *Die Gewinner gingen mir gestern abend auf den Keks. Da ich nicht bereit war, noch eine Runde und noch eine zu schmeißen, haben sie sich an Bord selbst bedient, sich...* Weiter? Ich glaube, das ist weniger gut. Ich sehe die Sache zu eng. Sicher, die Getränke sind für die See bestimmt, aber was soll's. Verletzte Eitelkeit? Gebt auch mal einen aus! Ich streiche die Stelle und füge an: *In einer totalen Flaute gehen wir schwimmen. Einigen sind die 17 Grad Wassertemperatur zu kalt. Ich stelle fest, daß das Unterwasserschiff, der Boden von Gatsby, sauber ist. Wasche gleichzeitig mein Haar mit Meerwassershampoo. Will damit hauptsächlich demonstrieren, daß man sich auch im Seewasser säubern kann.* Ja, das hört sich gut an. Vorbildfunktion!

Danach stelle ich eine Liste auf:

– Ab fünf Beaufort sind Rettungswesten zu tragen
– Von Sonnenuntergang bis Sonnenaufgang ebenfalls Westen
– Sorgfältig mit Strom umgehen
– Tankwasser nur für Zähneputzen und Gesichtswäsche
– Nur eine Dose (Bier, Cola etc.) pro Person/Tag selbst entnehmen

Unterzeichnet mit: Mir ist es ernst.

Die Hälfte der Strecke zu den Azoren haben wir mit phantastischem Nordostwind hinter uns gebracht.

Damit gehe ich an Deck. Mißtrauisch wird meine vorgelesene Liste angenommen. Wegen des begrenzten Stauraums müssen wir mit den Getränken haushalten. Schließlich gibt es zu den Mahlzeiten zusätzlich Dosengetränke und Saft. Warum nicht mal Wasser aus dem Tank trinken? Wir sind heutzutage so gräßlich verwöhnt. Zum Strom: Wir haben überall, selbst in den Schränken, Lichtquellen. Phantastisch, ich weiß, aber wir dürfen die Leuchten nicht allzu lange benutzen. Im Nu ist die Batteriekapazität aufgebraucht. Oder ich müßte täglich den Diesel eine Stunde laufen lassen. Das will ich nicht. Ich hasse Motorengeräusch auf dem Meer.

Jetzt gehen wir nochmals alle Sicherheitsaspekte durch. Ein kleiner Stolperer über eine Winde, über einen der vielen Blöcke oder über das Tau der Backstage reicht, um kopfüber von Bord zu fallen. Ganz besonders, wenn das Schiff geigt, also vorm Wind nach beiden Seiten stark krängt. Bei einem „Mann über Bord"-Manöver zuerst Boje hinterher, dann Ring mit der Lampe. Ich löse beides und zeige es. Derjenige, der das tut, behält Mann und Licht im Auge. Bei gutem Wetter versuchen wir, den über Bord Gefallenen segelnd aufzufischen. Bei hartem Wetter mit Hilfe des Motors. Nachts sehe ich schwarz. Also Westen tragen und einpicken.

„Und wie läuft das bei ‚Frau über Bord'?" Keine Scherze! Euch geht's wohl wieder besser?

---

8. Tag: Sonntag, 18. Juni Pos 49°20'N – 08°10'W
Kurs 240 Etmal 180 sm Wind NE 4–5 Baro 1020 mb
Wetter wolkenloser Himmel Segelschule Gatsby

Und was erzählt sich die Crew? „Am Sonntag stehen wir zu Hause spät auf. Zuerst hole ich mir von der Tankstelle eine ‚Bild am Sonntag'. Dann wärme ich Brötchen auf, die ich am Samstag gekauft habe..." – „Noch vor dem Frühstück gehe ich mit meinem Hund in den Wald, diese Frische, keine Leute, danach gibt's bei uns so eine Art Brunch: Quark mit Früchten und Flocken, Spiegeleier, Rosinenbrot." – „Sonntag vormittag mache ich die Buchführung der Woche. Rechnungen werden erledigt, Konten geprüft und..." Sie erzählen sich keine Erlebnisse aus dem Alltag, führen keine

Fachgespräche. Sie erzählen von Ferien, von der Freizeit, ihren Häusern, ihren Tieren.

Ich sehe ihre Gesichter und daß sie wenig geschlafen haben. Nur kurz von Müdigkeit überwältigt. Einigen fiel das Aufstehen sehr schwer. Von den Wellen in der Kajüte hin und her geworfen, war das Anziehen ein Kraftakt. Aufgeregt hocken sie bei dem milden Klima im Cockpit. Mit lebhaften Augen verfolgen sie das neue Bild: Wie GATSBY mit 7 und 8 Knoten durchs Meer zieht, einen breiten Schaumstreifen beidseits des Rumpfes. Ludwig, der heute Logbuch führt: *Aufgrund der Schmetterlingsform der Segelstellung und der bewegten See läuft das Schiff leicht instabil. Die ersten Anzeichen von Seekrankheit machen sich bemerkbar. Jeder meistert sein „Tief" auf seine Art.*

Ich habe die Variante des Liegens gewählt, schreibt Diana in krakeliger Schrift in ihr Heft.

Um die Maladen zu beschäftigen, hole ich Tauwerk an Deck. „Jetzt wollen wir mal den Aug- und Kopfspleiß üben. Und Knoten. Wenn wir in Horta festmachen, müssen wir alle Webelein-, Schot- und Palsteks blind beherrschen." Mit Paul und Jürgen nähe ich Taklings. Ludwig macht nicht mit, er kann bereits alles. Zugegeben: Er hat allerhand seglerisches Wissen. Theorie. In der Abenddämmerung geht es in „unserer Segelschule" weiter mit Fieren, was das ist, woher das Wort kommt. Wie es abläuft, ohne daß man die Finger in die Winschtrommel kriegt. Zur Demonstration binde ich ein Reff ins Groß, damit jeder eine Ahnung hat, wie so was vor sich geht. Und warum wir eine Bullentalje befestigen, die unser Alemanne bereits „Konterseil" getauft hat. Die Winden haben Zweigang und Dreigang. Egal, wie rum man „drüllt", sie ziehen immer, wegen der verschiedenen Belastung. Die Enden der Schoten und Fallen sofort sauber aufschießen. Immer im Uhrzeigersinn. Sich bestimmte immer wiederkehrende Bewegungsabläufe an Deck einprägen.

Obschon es mit Stärke 5 weht und wir durchs Meer rauschen, schert sich keiner um Westen. Wiederholt weise ich darauf hin. Als ich mit Ulrike schimpfe, weil sie ohne Weste übers Deck turnt, sagt Ludwig: „Die Axt im Haus erspart die Scheidung."

Später gibt's die erste „Preisverteilung", eine Flasche Sekt an den Sieger des ersten Bordrätsels. Wer den Logstand um Punkt zwölf Uhr am nächsten Tag vorhersagt, hat gewonnen. Es ist Ulrike, und gemeinsam vernichten wir die Buddel. Dabei bekommen wir Besuch. Eine viermotorige Propellermaschine dreht eine Ehrenrunde über GATSBY. Ludwig sagt ganz spontan: „Der Steinhoff kommt."

---

9. Tag: Montag, 19. Juni   Pos 47°40'N – 11°06'W   Kurs 240
Etmal 148 sm   Wind NE 4   Baro 1020 mb
Wetter Stratuswolken, mild   Neue Regelung für Backschaft

Um die Wahrheit zu sagen: Heute beginnt „meine" Fahrt. Ich habe zum erstenmal richtig geschlafen – auf See. Nicht in viertel- und halbstündigen Schüben, nicht in Jeans, die auf der Haut kleben, nicht im Pullover, in dem man zu ersticken droht, und nicht in Turnschuhen, mit denen ich beim Sprung an Deck sicher bin. Auch nicht auf den harten Cockpitbänken oder schmalen Salonsitzen. Habe zum erstenmal in T-Shirt und Shorts in meiner Koje geschlafen. In Blöcken von drei und vier Stunden.

Ich recke mich. Bin gut drauf. Optimistisch. Zweifle nicht am Gelingen des zusammengelosten Vorhabens. Ich freue mich auf den Atlantik. Sollen sich die Theoretiker plagen. Ich lege hiermit die Bürde ab. Ich habe die Entscheidung getroffen und trage die Verantwortung. Ich ganz allein.

Ich komme spät aus meiner Koje. Die Sonne am Heck steht schon recht hoch. Der Schlaf hat mir gut getan. Doch die Worte an Deck, die ich am Niedergang höre, sind nicht so wohltuend. Heike, Ulrike und andere hacken aufeinander ein. Der eine drückt sich bei der Backschaft, Jogi löst stets zu spät die Wache ab. Ein anderer ist nicht hilfsbereit. Und so weiter. Ich will es nicht hören. Tolle Fahrt. Gut gepennt – und jetzt dieses Getöse!

Koche mir in aller Ruhe Kaffee. Einen heißen und richtig dosierten, den es selten in unserer Pantry gibt. Dabei schreibe ich auf ein Stück Tesa die Dosierung und klebe sie ans Schott: normal sechs bis acht gehäufte Löffel auf eine Thermoskanne, zehn bis zwölf für Kaffee stark.

Bei strahlender Morgensonne haben sich Grüppchen gebildet. Dabei liegt: „Wir sind doch eine gute Crew" noch nicht lange zurück. Tja, mein Vorschlag, jeden Tag eine andere Wache und reihum Pantrydienst, wurde anfangs belächelt. „Wir machen das, wie jeder Lust hat." Schon jetzt (oder erst jetzt) werden die ersten Drückeberger ausgemacht. Ulrike ist enttäuscht, weil sie geglaubt hat, wir seien alle alt und reif genug. Sie will mir einen neuen Spülplan vorschlagen. Hat ihn schon auf einem Block konzipiert. Wer morgens Wache hat, macht Frühstück und Spüle, wer mittags Wache hat... Und so fort. Das sind mir zu viele verschiedene Personen an einem Tag. Ich schmeiße den Plan über den Haufen. Vorsichtig, um Ulrike nicht zu verletzen. Sie gibt sich in allem außerordentlich viel Mühe. „Machen wir es, wie in der Elbmündung vorgeschlagen. Wache 1 den ganzen Tag Backschaft, dazu allgemeines Ordnunghalten wie Boden und Deck säubern, Salon. Weiter: Es ist an Bord selbstverständlich für den, der Kaffee oder Tee kocht, mal rumzuhorchen, ob jemand mittrinkt. Und wer zwischendurch kocht, bitte selbst ordnen und säubern."

Nichts ist schlimmer auf See und erzeugt mehr böses Blut als Unpünktlichkeit bei der Wachablösung. Drei Stunden in der Nacht konzentriert an Deck sein, das ist lang. Auf die beleuchtete Kompaßrose stieren, Segel trimmen, Ausschau halten macht müde. Wem sagt ihr das. Also dann. Nehmt Rücksicht. Es kommen alle schwer aus den Kojen.

Um sich nach den vielen Worten abzureagieren, wird der Spinnaker gesetzt. Die Fahrt erhöht sich geringfügig, um einen halben Knoten.

---

10. Tag: Dienstag, 20. Juni   Pos 45°53'N – 14°18'W   Kurs 240
Etmal 162 sm   Wind NE 5–6   Baro 1022 mb
Wetter teilweise bewölkt   Man wird doch nicht seekrank?

Allmählich wird die See rauh. GATSBY schneidet mit 10 Knoten durchs Wasser. Der Charme der ersten Woche ist vorüber. Die unrhythmischen Bewegungen des Schiffes bekommen Ulrike nicht. Sie ist indisponiert. Ludwig und Oliver werden ebenfalls von der

Seekrankheit überfallen. Dem alemannischen Schweizer Jogi machen die Wellen und wie das Schiff rollt, sich aufbäumt, stürzt, sich wieder aufrichtet, zu schaffen. Brav und unbeweglich sitzt er für viele Stunden in der Cockpitecke. Seine Frau hat den Tag kopfüber vor der Schüssel begonnen: „Um 2.30 Uhr klingelt wieder der Wecker. Paul und ich schwingen uns in die Socken. Danach bin ich total ‚im Eimer'. Mein Körper mag diese Schaukelei nicht."

Diana versucht trotzdem, tätig zu sein. Sie näht, kotzt, liegt flach, näht weiter... „Werden Segel wie Kleider zugeschnitten?" Die Schneiderin will an die Küste und in einer Segelwerkstatt arbeiten. „Das würd' mir gefalle." Fürs erste näht sie uns aus blauem Persenningtuch eine Tasche mit verschiedenen Fächern. Am Steuerstand wollen wir den Büdel festlaschen – für Sonnenbrillen, Taschenlampe, Creme, Kamera und all die sogenannten Kleinigkeiten. In beiden Cockpits ist kein einziges Staufach vorhanden.

Achterliche Winde sind ungemütlich. Alle haben Mühe, GATSBY auf Kurs zu halten. Viel zuviel Kurbelei am Ruderrad. Ulrike kommt vom Kurs ab, Heike mehrmals: „Das Schiff ist zeitweise unlenkbar." Als wir hastig einwerfen: mehr rechts, Ruder hart rechts, schnell, sagt Ludwig ansatzlos: „Jetzt geht's rund, sagte der Spatz und flog in den Ventilator."

Was steht in Ulrikes Tagebuch? *Mit 8 Knoten tauchen wir in fünf Meter hohe Wellentäler ein und passieren sie mit 10 bis 12 Knoten. Unter Deck scheppert und klappert alles. Schlafen wird zur Akrobatik. Am Nachmittag Volltreffer: Die Seekrankheit überfällt mich. In der Nacht – Angst. Die Wellen sind zirka sechs Meter hoch, alles ist dunkel, der Mond ist hinter Wolken verschwunden. Ludwig übernimmt das Ruder. Um sechs falle ich fertig ins Bett. Wozu das alles? Mir ist kalt, und ich habe Heimweh. Auch Ludwig hat die Nase voll. Er ist seit zwei Tagen down und will auf den Azoren aussteigen. Oliver kämpft auch, er hat sich alles anders vorgestellt.*

Heike notiert, auf dem Boden hockend: *Mit meinem Jürgen – Paul – habe ich auf diesem Schiff sehr wenig zu tun durch die wechselhafte Schicht, ist schon komisch. Ich hätte nie gedacht, daß man auf so einem kleinen Schiff so viel Freiraum hat, daß man sich auch mal zurückziehen kann. Abends hatten wir die Kajüte für uns allein.*

– Und was haben sie gemacht? Eine kleine Party in der Heckkajüte? Schuld, daß sie allein sein können, habe ich. Damit Diana nicht total durchhängt, schütte ich ihr ein Glas Wasser durchs Fenster in die Koje. Folge: Sie kommt an Deck. Dort unterhält sie Jogi und mich eine Weile, während ausnahmsweise mal ich Kurs halte. Die Wachzeiten verschieben sich, um Zeitabwechslung für jeden zu schaffen, ab Mitternacht um drei Stunden voraus. Und dieses Loch – 21 bis 24 Uhr – fülle ich solo. Ich erreiche dabei auf Anhieb 12 Knoten. Jogi wundert sich: „Gerade ein paar Minuten am Ruder und fährt am schnellsten."

Diana schlägt Bordparty in Horta vor. Kalte Platten mit Huhn, Salat, Käse. Longdrinks. Musik. „Das wünsche ich mir." Sie will nicht immer im Restaurant „hocke". „Dann ziehen wir alle etwas Hübsches an. Nicht T-Shirt oder Jogginganzug." Die halbe Männercrew hängt nämlich seit Cuxhaven darin rum.

---

11. Tag: Mittwoch, 21. Juni   Pos 44°34'N – 18°35'W   Kurs 240
Etmal 187 sm   Wind NE 5–6   Baro 1020 mb
Wetter bedeckt   Leichter kann man hier nicht vorankommen

Ich bete nochmals die Gurt-Weste-Litanei herunter: Ab Windstärke 5 und zwei Stunden vor Sonnenuntergang sind bis zwei Stunden nach Sonnenaufgang bei jedem Wetter die Secumar-Rettungswesten zu tragen! Immer wieder muß ich darauf hinweisen. Für jeden deutlich erkennbar, schreibe ich es ins Logbuch. Ich mag's nicht dauernd wiederholen – Oberlehrergehabe.

Eine Wahnsinnsfahrt durch die Nacht. GATSBY rauscht mit 10 und 12 Knoten dahin. In meiner Vorschiffskoje habe ich schlecht geschlafen. Das Schiff schlingert gewaltig, und – schlimmer – die Bewegungen sind im Vorschiff zu unruhig, zu abrupt. Es geht hoch und runter. Einmal hat es mich aus der Koje gehauen. Ab morgen werde ich im Salon schlafen. Achtmal mußte ich eh' wegen Schiffsbegegnungen in der Nacht aufstehen. Dafür ist das Etmal super. Eigentlich habe ich bei steten 20 bis 25 Knoten Wind von achtern noch mehr Meilen erwartet. Sind wir überladen? Ich trimme seit Tagen die Segel, reiße an Schoten und Fallen, doch nichts, wir

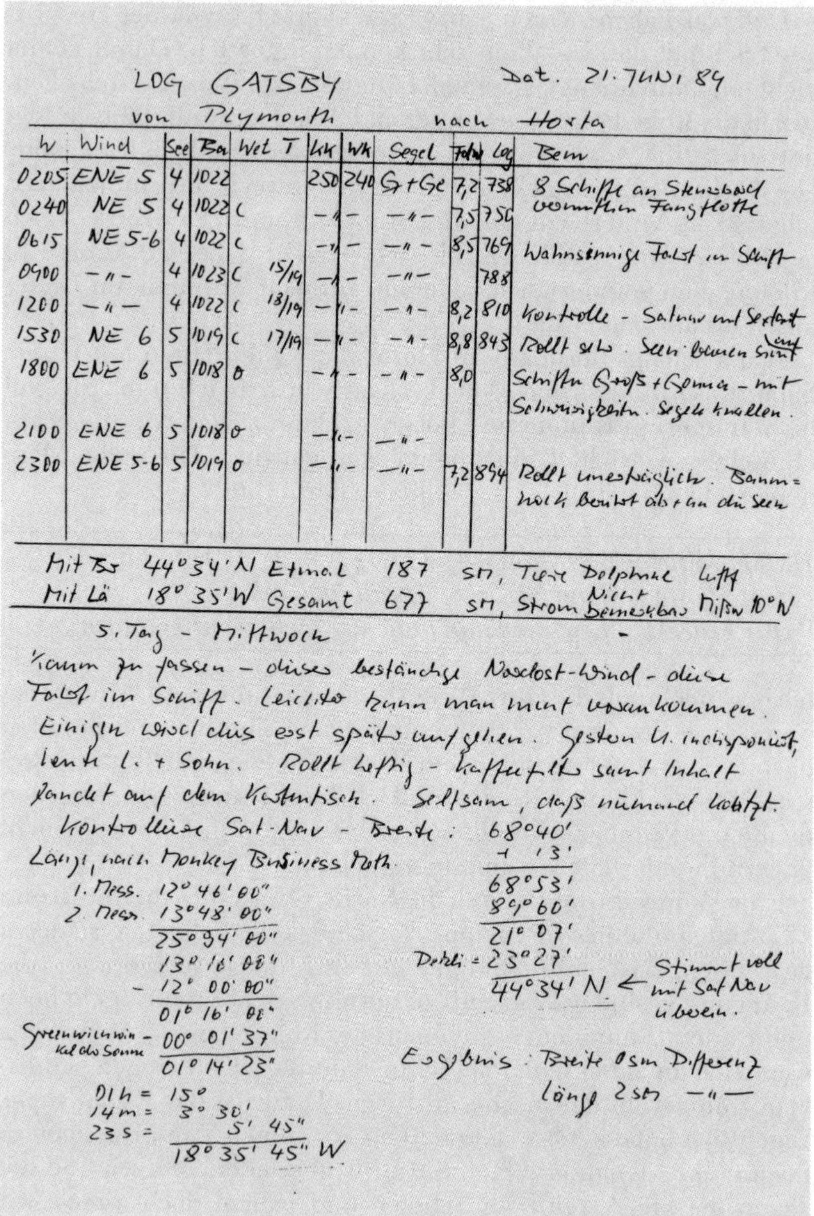

LOG GATSBY Dat. 21. JUNI 84

von Plymouth nach Horta

W	Wind	See	Ba	Wet	T	KK	WK	Segel	Fahrt	Log	Bem
0205	ENE 5	4	1022			250	240	G+Ge	7,2	738	8 Schiffe an Steuerbord vermutlich Fangflotte
0240	NE 5	4	1022	c		–"–		–"–	7,5	750	
0615	NE 5-6	4	1022	c		–"–		–"–	8,5	769	Wahnsinnige Fahrt im Schiff
0900	–"–	4	1023	c	15/19	–"–		–"–		788	
1200	–"–	4	1022	c	13/19	–"–		–"–	8,2	810	Kontrolle – Satnav mit Sextant
1530	NE 6	5	1019	c	17/19	–"–		–"–	8,8	843	Rollt sehr. Seen brechen sich auf
1800	ENE 6	5	1018	o		–"–		–"–	8,0		Schiften Groß + Genua – mit Schwierigkeiten. Segel knallen.
2100	ENE 6	5	1018	o		–"–		–"–			
2300	ENE 5-6	5	1019	o		–"–		–"–	7,2	894	Rollt unerträglich. Baumnock berührt ab + an die Seen

Mit Br 44°34' N Etmal 187 sm, Tiere Dolphine [illegible]

Mit Lä 18°35' W Gesamt 677 sm, Strom Nicht bemerkbar Mißw 10°N

5. Tag – Mittwoch

Kaum zu fassen – dieser beständige Nordost-Wind – diese Fahrt im Schiff. Leichter kann man nicht vorankommen. Einigen wird dies erst später aufgehen. Gestern U. indisponiert, heute L. + Sohn. Rollt heftig – Kaffeefilter samt Inhalt landet auf dem Kartentisch. Seltsam, daß niemand kotzt.

Kontrolliere Sat-Nav – Breite: 68°40'
+ 13'
68°53'
89°60'
21°07'
Dekli = 23°27'
44°34' N ← Stimmt voll mit Sat Nav überein.

Länge, nach Monkey Business Math.
1. Mess. 12°46'00"
2. Mess. 13°48'00"
25°94'00"
13°16'00"
– 12°00'00"
01°16'00"
Greenwich wahre Kal der Sonne – 00°01'37"
01°14'23"

01h = 15°
14m = 3°30'
23s = 5'45"
18°35'45" W

Ergebnis: Breite 0sm Differenz
Länge 2sm –"–

Reihum wird täglich von der Crew das Logbuch geführt. Neben sachlicher Knappheit sollen die Eintragungen auch persönliche Empfindungen enthalten.

werden einfach nicht schneller. Mir scheint, unsere Numero-1-Genua ist keine Nummer 1. Sie ist kleiner geschnitten. Womöglich eine Charter-Genua, also einige Quadratmeter kleiner.

Ich vergleiche GATSBY mit meinem Nonstop-Boot. Hier 15,5 Meter Länge, meine KATHENA NUI hat 10,5 Meter. Und ich erreichte bei diesen Winden reihenweise Etmale um 160 Seemeilen. Nun hängt die Geschwindigkeit sehr von der Wasserlinienlänge ab. Aber gerade in dem Punkt müßte GATSBY mit 13,5 Metern gegen 8,5 Meter mehr bieten. Was ich noch merkwürdig finde: Der Kahn zieht täglich 10 bis 15 Pumpenschläge Wasser.

Tagebuch Jogi: *Mir geht es nicht besonders, die See macht mir zu schaffen. Doch im Cockpit ist es erträglich. Mann, dieser Seegang, diese Wellen. Ich glaube, sie sind fünf, manchmal sechs Meter hoch. Auf dem Schiff herrscht trotzdem keine Ängstlichkeit. Diana und Heike machen Handarbeiten. Unglaublich, hinter ihnen türmt sich die See, doch es kümmert keine. Haben alle volles Vertrauen in das Schiff.*

Tagebuch Diana: *Heute habe ich festgestellt, daß ich voller blauer Flecke bin. Das kommt davon, wenn man am Morgen in Socken ausrutscht, im Bad auf sämtliche Armaturen fliegt oder in den Schrank rutscht.*

Die Hälfte der Strecke zu den Azoren haben wir mit diesem phantastischen Wind hinter uns gebracht. Ich öffne die Bar. Lumumba? Bier? Sekt? Ulrike spendiert gleich ihre Flasche Wein, die sie erneut heute beim Logspiel gewonnen hat. Ich deute an, daß wir bisher nur die gute Seite des Atlantiks kennengelernt haben. Schweigen. Meine Worte hängen in der Luft. Verdrossenheit? Ich will niemandem Angst einflößen, aber dieses irrsinnige Glück mit dem Wind! Wie es ist, eine harte Kreuz zu segeln, kennt höchstens Jürgen. Bei einigen vermisse ich Spontaneität, Romantik, Euphorie. Heike faßt sich zuerst: „Zuhause ist unendlich weit entfernt.“ Und beim Blick in die Seekarte: „So weit sind wir schon?“ Vielleicht sind es die Schiffsbewegungen, die alles Leben ersticken.

Reihum wird täglich Logbuch geführt. Gewissenhaft werden Wetter, Kurse und so weiter eingetragen, allgemeine Bemerkungen notiert. Mit einem weichen Bleistift, wie ich es vorgemacht habe, wird der Kurs in die Seekarte eingezeichnet. Seltsamerweise übertragen auch alle anderen den Kurs täglich in ihre eigene Seekarte, und das wundert mich tatsächlich, weil dazu die unmöglichsten Verrenkungen am Tisch nötig sind. Heike hält fest: *Neue Regelung. Pfeifen an Bord ist verboten. An Bord pfeift nur der Wind. Einmal Pfeifen kostet einen Dollar in die Bordkasse. Paul hat schon vier Dollar verpfiffen.* Ich mag Regeln nicht gern. Aber es gibt ein paar Dinge, da nimmt der Aberglaube von mir Besitz. Auch wer mich mit „Skipper" anredet, zahlt einen Dollar.

Die Segel müssen geschiftet werden. Windstärke 6. Ich teile uns ein: Jogi – Konterseil. Paul und Ludwig – Baum umpicken. Jürgen – Backstage. Diana – Schot. Ich – Großschot. Trotz aller Vorbereitung ist das Ergebnis kläglich. Das Groß knallt. Die Genua schlägt erbärmlich. Diana kriegt dafür die Schuld. Irgendeiner muß es ja sein. Fragt sie doch wahrhaftig mitten im Manöver: „Wo muß ich drülle?" O Gott! Ich rolle mit den Augen. Sie ab unter Deck in ihre

Wenn die Windrichtung stimmt, kann man bei 10 Knoten Fahrt noch im Cockpit Karten spielen.

GATSBY, unser Schiff, 15,50 Meter lang. Fast ohne Aufbauten, mit wunderschönen Linien und Teakdeck. Und dann dieser Mast.

Nach Erreichen der Azoreninsel Faial (oben) stellt sich die Crew des 1. Törns zum Gruppenfoto: (v.l.n.r.) Paul, Ludwig, Oliver, Ulrike, Jogi, Diana, Wilfried, Heike, Jürgen.

Für alle ein neues Bild Das Schiff zieht mit 9 Knoten un Schaumstreifen durchs Mee

Schwimmen auf 2167 Meter Wasser-tiefe, wann hat man schon so was? Erlaubt ist, sich maximal eine Schiffslänge vom Boot zu entfernen. Doch zwei reißen aus!

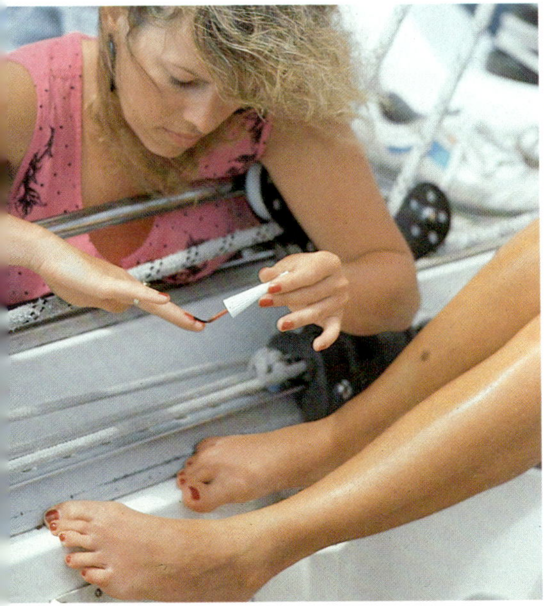

Bordalltag bei schönem Wetter: Die Freiwachen genießen die Muße für Wäsche, Liebhabereien und Ruhen vor dem nächsten Sturm.

HARKEN

achterliche „Wuhling". Dabei haben wir mittags zusammen Speckpfannenkuchen gebacken. War eine Mordsarbeit bei der Schlingerei. Zumal heute alle wieder essen. Und nachmittags haben wir uns noch gegenseitig das Haar gewaschen, inklusive Kopfmassage. An Deck in einer Pütz Seewasser mit unserem umweltfreundlichen schwedischen Seewasser-Shampoo „Sea Side".

Abenddämmerung. Große Quizfrage im Cockpit: Wer hat das Magazin mit dem rot-weißen Stern abonniert? Heike kauft es am Kiosk. Ulrike kauft es stets. Diana und Ludwig tun das ebenfalls. Also kein Abonnent an Bord.

Starke Wolkenbildungen. Die Nacht wird sehr dunkel. Ulrike scheut sie. Jürgen ist bei ihr. „Ich bin glücklich, daß ich soviel Zeit für ihn habe." Oliver mag die Finsternis ebenfalls nicht. Sein Vater vertritt ihn. Heike: „Ich habe Furcht vor der Dunkelheit." Diana, ab heute als Schoten-Diana bekannt, mag sie nur bis Mitternacht.

---

12. Tag: Donnerstag, 22. Juni Pos 42°59' N – 21°50' W Kurs 235
Etmal 190 sm Wind ENE 5–6 Baro 1016 mb
Wetter mild, bedeckt Knäckebrot-Himmel

Diana weckt mich. Ich nehme ihre Hand und halte sie an die Bordwand. „Das Schiff zittert ja." Mit Zahnbürste und Handtuch hüpfe ich ans Heck. Sonnenaufgang und Hygienestunde. Salzwasser ist super für die Zähne, aber sie ekeln sich davor.

Nach dem Frühstück sitze ich mit Bleistift und Tagebuch am großen Salontisch. Sonnenstrahlen streifen über das Plakat am Schott. Ich schreibe: *Ludwig macht mir Kummer. Hat Fieber. Meint, seine Mandeln verursachen es. Fällt der einzige Sportler (Kanusportler) aus? Flüstert länger mit seinem Sohn, der ja auch nicht vor Begeisterung schäumt. Sollten für sie die Azoren New York sein? Wundern tät's mich nicht.* Der Recklinghauser sitzt mir gegenüber, blättert in einem Kanada-Heft. Ich fühle mich beobachtet und verhole mich an den Kartentisch. Seltsame Situation. *Die Wachen scheinen viel Kraft zu fordern. Es wird viel darüber diskutiert, welche die angenehmste ist – die von neun bis zwölf. Sage ich aber, insgesamt habt ihr 18 Stunden frei, ausgenommen die Wache, die Backschaft hat, ist*

Eine meiner Aufgaben ist, Fotos für die große Story mitzubringen. Sekunden nach der Aufnahme oben ist die Kamera pitschenaß.

man ziemlich verblüfft. Bei aller Kritik: Die meisten haben eben nie zuvor ein Boot gesteuert.

Heike notiert: *Beim Spülen habe ich heute einen ganz galanten Sturz gebaut. Zweimal gedreht, und vor dem Kartentisch bin ich auf dem Po sitzen geblieben. Ludwig hat mich von seiner Kajüte aus vorbeisausen gesehen und sich köstlich amüsiert. Er kann so herrlich lachen.*

Ulrike schreibt fleißig – an Deck: *Wieder bewölkt, aber warm. Ich lese viel. Die Stimmung zwischen uns ist sehr harmonisch. Gegen nachmittag rede ich ernsthaft mit Ludwig. Mir geht es auf den Nerv, wie er diese Reise sieht. Alles ist negativ. Er sitzt immer am gedeckten Tisch und schimpft – genau wie sein Sohn – übers Essen. Am Abend bereite ich mit Heike das Abendessen. Bauernfrühstück. Wir lachen viel, weil das Schiff so schaukelt. Der Gipfel ist erreicht, als wir 15 Eier in die Pfanne kippen und diese sich langsam nach vorne senkt und die Eier über den Boden fließen.*

Wir essen gut an Bord, dank Astrids eingemachtem Fleisch. Ich achte auf regelmäßige Nahrung, zusammen mit dem Wetter das wichtigste. Wenn ich koche, und das passiert häufig, beginne ich mit Zwiebelschneiden – ohne genau zu wissen, was es geben soll. Oliver, der dann immer in der Pantry rumhängt: „Wenn ich Zwiebeln schon sehe, wird mir schlecht." Seinem Vater geht es ebenso. Die beiden stehen natürlich bei mir schlecht da. Zwiebeln sind Pflicht für mich an Bord. Zwiebeln und Zitronen. Schon die alten Seefahrer bekämpften, wenn sie ihre großen Fahrten machten, mit Zwiebeln den Skorbut. In der Zwiebel sind die wichtigsten Vitamine, besonders Vitamin C. Leider ißt Oliver auch keinen Salat, keine Tomaten, kein gehacktes Fleisch, Gemüse und so weiter. Obst schmeckt ihm ebenfalls nicht. Pommes kann ich ihm leider nicht bieten. Und Schokolade hat er selbst genug mit.

An Deck wird meine automatische Waschmaschine ausprobiert. Die Wäschestücke werden an einen Tampen geknotet und vier Stunden achteraus mitgeschleppt. „Erstaunlich sauber", meint Heike. „Hat außerdem den Schöpflin-Härtetest bestanden, ajo", wundert sich Schoten-Diana. Sie hält noch immer den Knotenrekord: „12 Knüppel." Die Knotenkönigin liegt auch im Seekrankheits-Wettbewerb ganz vorn. Höre, wie sie Paul erzählt: „Wenn wir daheim sind, sind wir total demoliert. So viele blaue Flecke! Einmal fall' i in den Schrank, einmal in die Toilette, neulich die Treppe runner."

Ich versuche, Stimmung in den Laden zu bringen, Persönliches herauszukitzeln, indem ich von mir erzähle, was ich durchgemacht habe in der Handelsschiffahrt. Vom Südseesegeln. Über andere Weltumsegler. Von Gott und der Welt. Doch kommt kein Nachhaken. Kein Interesse. Zu kaputt vom Seegang? Jedenfalls Fans der Weltumseglerszene sind die Gewinner nicht. Die Mehrzahl hat meine und andere Segelreisebücher nie gelesen. Okay. Sie haben einen Törn mit einem bekannten Weltumsegler gewonnen, den niemand von ihnen kannte. Auch okay. Aber was mich richtig enttäuscht, ist die mangelnde Vorbereitung. Im Kopf wie in den Armen. „Ich habe mich eine Woche vor Beginn vorbereitet." Untrainiert stöhnen viele bei diesem Affentanz. Da werde ich schon mal laut: „Drehen, drehen, schneller..." Ich bin hier so eine Mischung aus Captain Bligh und dem Steward Sascha Hehn. „Wer möchte Kaffee, wer Tee?"

---

13. Tag: Freitag, 23. Juni Pos 41°13'N – 24°31'W Kurs 220
Etmal 168 sm Wind SE 3–4 Baro 1013 mb
Wetter sonnig, warm Ein Rudel Delphine

Heute erlaube ich mir einen Scherz. Einen rüden, wie Heike zaghaft anmerkt. Ich lege Ulrike einen toten Tintenfisch, der an Deck gespült wurde, auf den Frühstücksteller. Sie ekelt sich furchtbar. Immerhin ist endlich was Ungewöhnliches passiert. Oder habe ich es übertrieben? Ja, natürlich. Ulrike hat spontan mein Mitgefühl. Sie verzeiht mir – hoffentlich.

Doch die Achtergang, das sind die Jüngeren, freut sich. Sie fühlen sich außerdem von Ulrike und Jürgen übergangen. „Die reden nicht mit uns. Nie werden wir gefragt, ob wir auch was essen oder trinken möchten." Eifersucht? Gruppendynamik. Schade. Schuld bin auch ich. Sie wollen nicht, daß ich zu irgend jemandem aufmerksamer bin als zu ihnen. Ulrike hat zudem noch den fatalen

Hang, auf alles eine Antwort zu wissen – in ihrer beruhigenden Sprache. Aber sie ist die einzige Verläßliche an Bord. Immer meldet sie mir während ihrer Wache jedes Schiff, jede Bö, alle Lichter und Winddrehungen. Und sie schreibt wie der Teufel: *Strahlende Sonne. Faulheit. Jürgen und ich genießen unser Zusammensein. Wir sind sehr verliebt. Ich bin glücklich.*

Diana geht es weiterhin mies. Wärmflasche, Zwieback, Wasser, „wie im Krieg“. Heike dagegen meint, als ich verkünde, es seien nur noch 240 Meilen bis Horta: „Ist ja nur ein Katzensprung.“ Segeln dehnt den üblichen Zeitbegriff. Sie war nie auf See, hat nie gesegelt – tolle Einstellung!

Paul stöbert viel in meinen „Yacht“-Exemplaren: „Daß da immer Sturm ist! Wir segeln schon 1 600 Meilen – und nichts. Da können wir nichts werden, mit normalem achterlichem Wind.“ Und: „Rätselhaft. Daß die Reiseberichter immer Sturm haben.“ Das beschäftigt ihn sehr.

Im selben Heft mokiert sich ein Redakteur über erzählende Segelbücher: „Haben die Qualität von Schulaufsätzen.“ Ich meine, sein Magazin sollte er dabei nicht ausnehmen. Paul und ich zählen in einem Bericht 14mal „mein“ oder „der Skipper“.

Paul kommt heute damit raus, daß er nach dem Abitur sechs Jahre Dienst beim Zoll tat. „Als Zöllner bist du immer der Negativmensch. Bei der Reiseabfertigung, in der Spedition, am Schlagbaum.“ Das wollte er nicht bleiben. „Irgendwie hatte ich dazu keine Meinung. Schon gar nicht wollte ich im Gepäck wühlen, mit Zetteln rumirren.“ Er hat den Job vom einen zum anderen Tag aufgegeben, um sich zum Krankenpfleger ausbilden zu lassen.

Ich stimme ihm zu. Verrate ihm meine Allergien: „Fisch und Bürokraten.“

Wohl an die 50 Delphine tummeln sich mit klickendem Geschnatter beidseits des Bugs. Gelegentlich springen sie über die Bugwelle, tauchen unterm Rumpf durch und schauen in die Kameras. Was für eine Power, was für eine Eleganz! Wir stehen an der Reling und sind ganz hingerissen.

14. Tag: Samstag, 24. Juni Pos 48 sm nordöstlich Graciosa
Kurs 240 Etmal 143 sm Wind SSE 2–4 Baro 1013 mb
Wetter Regenschauer Navigation mit Sat-Nav

Eine leichte Sturmbö holt mich um fünf Uhr aus der Salonkoje. Ulrike weckt mich rechtzeitig, so daß ich in den Ölzeugoverall schlüpfen kann. Die Wache hilft mit beim Einbinden eines Reffs ins Groß und beim Einrollen der Genua. Ludwig ist sehr geschickt. Sicher und zuverlässig an Deck. „Mit Wetterleuchten hat es angefangen", sagt er, als wir ausgepumpt auf der Cockpitbank sitzen, „dann zog von Backbord eine pechschwarze Wand auf." – „Da lernt man schnell, was es heißt, auf dem Meer zu sein", meint seine Wachpartnerin. Später, beim Müsli-Frühstück, sagt Diana in ihrer plastischen Sprache: „Es schüttete wie aus Kübeln, und das Meer brodelte. Die Jeantex-Overalls haben den ersten Härtetest überstanden."

Der Tag ist verhangen. Wir hocken in der Kajüte: Kartenspiele, Schach, Lesen, Tagebuch schreiben. Ich koche – mehr aus Jux – Griesbrei für alle. Und wie ist die Resonanz auf meine geliebte Babykost? „Nächstes Mal mehr", sagt einer kurz und knapp, der nichts abbekommen hat. Ich habe vor allem gekocht, um meine Unruhe abzureagieren. Ich fiebre dem Land entgegen. Merkwürdig. Nach all den vielen Ansteuerungen in meinem Leben kann ich mich diesem Kribbeln vorm Landfall immer noch nicht entziehen. Mir schmeckt dann nichts, Lesen fällt mangels Konzentration aus, und zu Scherzen bin ich auch nicht aufgelegt. Und das wäre heute unbedingt notwendig. *Die Stimmung ist nicht gerade super. Da braucht man sich nur die Gesichter hinterm Steuerrad anzuschauen.* (Diana).

Heike wird deutlicher: *Es entsteht das Gerücht, daß Ludwig und Oliver auf den Azoren das Schiff verlassen wollen. Sie sind ja auch sehr lustlos.*

Dies ist mein erster Landfall mit Hilfe eines Satelliten-Navigators – kurz Sat-Nav genannt. Der Empfänger ist etwa zigarrenkistengroß und kostet nur wenig mehr als ein guter Sextant. Das Gerät hat eine im Mast montierte Antenne und zeigt etwa stündlich die Koordinaten an. Die Häufigkeit der Positionsangaben richtet sich nach der Zeitspanne zwischen zwei Satellitendurchgängen. Diese Abstände sind an den Polen am kleinsten, da alle Satelliten über sie hinwegfliegen. In unserem Gebiet muß man mit Abständen von rund zwei Stunden rechnen. Es kommt auch schon mal vor, daß von einem Durchgang bis zum nächsten sechs Stunden vergehen.

Der Sat-Nav ist ein Zauberkasten für meine Mitsegler. Auch für mich, der ich bei Hunderten von Landfällen einige haarsträubende Situationen zu bewältigen hatte. Natürlich habe ich unser Gerät mit Hilfe des Sextanten an Bord kontrolliert. Die Ergebnisse lagen ziemlich dicht beieinander, mit maximal fünf Seemeilen Differenz. Gestern war die Arbeit mit dem Sextanten nicht möglich, der Himmel verhangen. Dazu Regenböen, Sicht unter fünf Meilen. Ich springe also auf und nieder. Seekarte, Fernglas. Noch fünf Seemeilen nach der Sat-Nav-Koppelung. Wo ist das Eiland Graciosa – 404 Meter hoch, acht Seemeilen lang und vier Seemeilen breit?

Pastaspezialist Jogi kocht Gulasch und Nudeln zum Abend. Unter Deck steht die Luft. Endlich, kurz bevor er die Teller füllt, zeigt sich die Azoreninsel. Ziemlich nah und groß räkelt sie sich

Ein Landfall mit Tücken! Graciosa, die schöne Azoreninsel.

voraus am Horizont. Ich kann meine Landfallfreude nicht unterdrücken. „Graciosa direkt vorm Bug!“ brülle ich in den Salon hinunter. Wer jetzt meint, meine Crew stürzte daraufhin an Deck, hat sich mächtig geirrt. In meinem spontan geführten Tagebuch liest sich das folgendermaßen: *Nur die Wache, die eh' an Deck ist, greift zum Fernglas. Was für ein tolles Gefühl nach den vielen Tagen auf See. Die andern bleiben doch wahrhaftig vor ihren Tellern hocken, ziehen sich in aller Ruhe Gulasch rein. Kommen dann eher schleppend an Deck. „Ach ja, tatsächlich Land.“ Verdammter Käse. Was sind das für Stubenhocker! Dabei bietet Graciosa einen phantastischen Anblick: Regenverhangen, stimmungsvoll steigt die zerklüftete Felseninsel aus dem Meer. Wird größer, deutlicher. Grün zeigt sich. Täler, Bäume, Häuser. Vorgelagerte Kaps sind zu erkennen. Den Namen Graciosa trägt die Insel völlig zu Recht. Und meine Crew hängt dösbartlig rum. Vor Freude gebe ich eine Runde Bier aus. „Auf den Landfall, auf Graciosa.“ Emotionslos wird die Dose getrunken. Kein Hurra. Ich freue mich und zeige es, weil es mich nicht beeinflußt, wie sie reagieren. Jedenfalls nur oberflächlich, dafür lebe ich zu gerne mit einem Boot. Dieser Landfall kennzeichnet sie für mich eher als Verlierer – mit einigen Ausnahmen.* Jetzt begebe ich mich wohl auf Glatteis. Aber solch ein Landfall tut weh. Setze kurz vor Mitternacht noch hinzu: *Vater und Sohn reden und reden. Ich weiß gar nicht, was das soll. „Entweder ich gehe, oder ich bleibe.“ Ludwig spendiert heute sein geliebtes „Diebels Alt“. Für mich ein deutliches Zeichen, daß die Fahrt für ihn gelaufen ist. Denn seine Kisten Altbier sollten bis New York reichen. Die letzte Dose wollte er beim Anblick der Freiheitsstatue aufreißen. Es sollte ein stolzes Foto werden.*

Was alle schon seit Tagen wissen, erfahre ich in diesen Stunden: „Ludwig und Oliver wollen in Horta abmustern“, flüstert mir Jogi zu. Und ich dachte, ich wäre mit meiner Interpretation von Halsschmerzen und Bierrunde besonders clever gewesen.

Mit flappenden Segeln passieren wir Graciosa östlich. Abstand eine Meile. Ludwig, der Witzbold, beim Anblick der dünn besiedelten Insel: „Wenn zu Hause nichts mehr läuft, werde ich mich hier niederlassen und Autos importieren.“ Wir legen danach Kurs auf die Westhuk São Jorge. Die Nacht ist dunkel, mit schwachem achterlichem Wind. Die Huk ist unrein. Gehe daher mit Deckswache.

Gedanken: Ich muß mir was einfallen lassen. So kann die Fahrt sich nicht fortsetzen. Die Crew muß mehr beschäftigt werden. Nur wie? Mit der Rollfock und anderen technischen Hilfsmitteln gehen die Arbeiten leicht und schnell. Ich kenne das aus eigener Erfahrung und hoffe, daß meine Crew im Hafen glücklich ist und den Frust vergißt. Wenn einer Flasche der Hals gebrochen wird und die Entscheidung leichter fällt, weiterzumachen.

Dicht am Kap drängt mir Jürgen ein Gespräch auf: „Können wir mal 20 Minuten diskutieren?“ Warum ausgerechnet 20 Minuten? Und warum gerade Jürgen in diesem unverbindlichen Ton? Ich bin verblüfft: „Können wir das nicht im Hafen erledigen? Gleich nach der Ankunft?“ Es ist jetzt immerhin fast zwei Uhr. Doch so leicht läßt er sich nicht vertrösten: „Du hast dreimal meine Frau beleidigt.“ O Gott, und ich dachte, es geht um die anderen. Ich antworte ganz ruhig: „Komm, laß uns das im Hafen beschnacken. Jetzt hier am Kap und danach in der Straße von Faial habe ich keine Lust dazu und auch keine Konzentration.“ Jürgen will das nicht einsehen. Er bohrt weiter, doch ich erinnere ihn, daß ich vor einem Monat fast ein Schiff vor St. Tropez verloren hätte, weil ich mich zu sehr von der Crew ablenken ließ. Außerdem: daß er diesen unmöglichen Zeitpunkt wählt, irritiert mich. Sicher, ich habe seine Frau mehrfach hart angefahren – einmal legte sie mir Einmachgläser in mein Vorschiff. Ich wurde wütend, war ohnehin schlecht drauf. Jedenfalls warf ich die Gläser über Bord und sagte böse: „Die Kajüte des Kapitäns ist zweifellos der erhabenste Platz auf jedem Schiff – das sagt Joseph Conrad –, und kein Stauraum für leere Einmachgläser.“

Ich bin sehr verwundert. Habe ich doch gerade Jürgen viel Aufmerksamkeit gewidmet und ihn ausgewählt, wenn ich mal einen Blackout habe, das Schiff weiterzuführen. Habe ihn seemännisch und seglerisch gewissenhaft eingewiesen. Auch navigatorisch hat der DHH-Segler die Übersicht. War sehr bemüht, die anderen in Seekarte und Logbuch einzuführen.

15. Tag: Sonntag, 25. Juni 6.00 Uhr fest Horta/Azoren
Etmal 102 sm Plymouth – Horta 1280 sm, 7 Tage + 22 Stunden
Schnitt 6,75 Knoten

Start mit Ulrikes Tagebuch: *Lange fahren wir an den Inseln entlang, die im Morgengrauen an uns vorbeiziehen. Es ist unwirklich schön, wir hätten nie geglaubt, daß die Azoren so grün sind.*

Diana kann davon nichts sehen. Nichts von der steil abfallenden Huk Espalamaca. Nicht das gelbe, langgestreckte Gebäude des Karmeliterklosters. Sie schiebt erst in der Hafeneinfahrt die Luke auf. „Ich hab' was Herrliches geträumt: Der Julio Iglesias hat mir ein Goldkettchen geschenkt.“ Ich muß mir den Bauch halten vor Lachen. Zu komisch: hier Bordatmosphäre und Manöver. Dort Schoten-Diana und Iglesias.

Der Hafen ist eng und belegt. Wir gehen an einem 20 Meter langen amerikanischen Segler, der im Päckchen liegt, längsseits. Doch wir haben gerade das Deck aufgeklart, da will ein Innenlieger raus. Den Ami mit seinem defekten Motor und uns müssen wir nun in der engen Marina verholen. Das schwierige Manöver gelingt mir makellos. Nötigt Ludwig sein erstes Lob ab. Ich schwebe! Man ist ja so dankbar! Und auch ihm scheint Horta in die Glieder zu gehen. Er zerreißt sich förmlich, als er Campari-Orange für alle eingießt.

Ich habe mir einige kurze Sätze zurechtgelegt:

1. Fürs gute Steuern Dank an jeden von euch. Bei dem Kurs war es wirklich nicht einfach. Ich freu' mich daher, daß es keinerlei Schäden gab.

2. Ich habe den Eindruck, ich bin manchmal unhöflich. Stimmt. Die Anweisungen an Deck werden nun mal in der Regel kurz und präzise gegeben: Schoten dicht. Großschot fieren. Und so weiter. Immer danke/bitte sagen fällt dabei fort.

3. Fragen: Wenn ich in der Seekarte arbeite oder lese, kann es sein, daß ich ringsum alles vergesse und nichts wahrnehme. Außerdem: Ich bin den ganzen Tag über ansprechbar, da kann es schon mal sein, daß ich absichtlich Fragen überhöre. Bitte um Verständnis.

4. Wir liegen bestens im Zeitplan. Hervorragend gesegelt. Vielleicht ist noch Bermuda drin.

5. Abfahrt ist für morgen abend vorgesehen. Ich schlage vor, tagsüber geht jeder seinen Weg. Versorgt sich selbst. Dafür bekommt jeder 2000 Escudos. Am Abend steigt ein großes Essen im Restaurant. Dort können wir über Vorschläge reden, wie wir in Zukunft besser miteinander auskommen.

Das war's. Und nun: Fragen, Nachhaken, Erläuterungen? Nichts. Müde schaue ich in mein volles Glas. Schließlich bin ich seit 24 Stunden auf den Beinen. Das mit Bermuda sollte die Stimmung heben und es eventuellen Abmusterern schwermachen. Auf noch so eine Null-Bock-Ansteuerung bin ich eigentlich nicht scharf.

In dieser Marina scheint alles möglich. Man ist sehr aufmerksam. Es gibt Duschen inklusive weißem Frotteetuch. Waschsalon. Proviant wird an den Kai geliefert. Sagenhaft. Und rundum Preise, die zum Bleiben einladen.

Am Kai empfangen uns die Hamburger Weltumsegler Heide und Günther. Vor einem halben Jahr haben wir uns für heute in Horta verabredet. Sie liegen mit ihrer Yacht Pusteblume nur wenige Schritte entfernt. Die Freude ist riesengroß. Ich habe einen Blitzableiter, Heide hat jemanden zum Verwöhnen.

Bevor ich die Marina richtig nutzen kann, klariere ich bei der Behörde ein – es geht recht umständlich zu und dauert daher zwei Stunden. Zoll, Polizei, Hafenamt – jedes Mal sauber alle Namen, Geburtsdaten, Wohnorte, Paßnummern eintragen, und das mal neun. Bei der Einklarierung läuft mir ein kleiner blonder Junge in die Arme. „Herr Erdmann, was macht Kym?" Felix ist viereinhalb Jahre und segelt mit seinen Eltern auf der Ea. „Ich hab' Lego und ein Vorschiff zum Spielen." – „Auch Bildchen ans Schott geklebt. Eben wie Kym es hatte", ergänzt seine deutsche Mutter. „Die Fotos schaut er sich immer wieder an." Hinreißend, der Kleine. Es schmerzt. Hier die Bewunderung (auf die Schnelle noch zwei Bücher signiert), bei mir an Bord Frust.

Mein Gott, was habe ich für begeisternde Landfälle gemacht. Allein und mit Astrid. Der Junge drückt auf mein Gemüt. Zweifellos macht er meine Situation lächerlich. Sie erscheint mir plötzlich nicht mehr so tragisch. Aufrecht und schnellen Schrittes geht's zurück an Bord: einer gegen alle! Mit Menschen umzugehen ist eine Kunst, aber auch, ein Schiff optimal voranzutreiben. Meine Segelzeit von Plymouth beeindruckt Heide und Günther. Die beiden sind genau die richtigen. Zunächst laden sie uns allesamt zum Rumpunsch auf ihre PUSTEBLUME ein. Doch zuvor, während ich duschen gehe, gibt's ein „Round-Table-Gespräch" in GATSBYS Kajüte. Die Crew wirft sich alberne Dinge an den Kopf: „Von der Avocadosoße hast du löffelweise genommen, so daß ich nichts abbekam." – „Aber du hast dir zuviel Gulasch aufgelegt." – „Ihr erscheint zu eurer Wache regelmäßig zehn Minuten zu spät." Auch Eitelkeiten kommen zur Sprache an diesem herrlichen Azorentag.

Jogis Tagebuch spricht mir aus der Seele: *Die Spannungen innerhalb der Crew sind durch eine „Diskussion" hoffentlich bereinigt. Von Ludwig haben wir die Zusage, daß er an Bord bleibt. Oliver? Na ja, abwarten. Ich habe schon drei Tage vorher mit Ulrike gewettet, daß alle bleiben. Die Insel hat eine schöne, wild-romantische Atmosphäre. Im Café Sport fühlst du dich in Hemingways Zeiten zurückversetzt. Voll mit Wimpeln und Flaggen behangen, Telegramme und Briefe sind mit Reißnägeln am Tresen festgemacht, bestimmt für irgendwelche Leute, die noch auf dem offenen Meer segeln. Voll mit Typen, interessanten, wilden und netten Leuten, Männern wie Frauen. Genauso ist der Hafen. Die Kaimauer bemalt mit Emblemen von Schiffen, die irgendwann mal hier durchgekommen sind. Alles voller Geschichten.*

Die Segelroute über den Atlantik führt auch für uns durch Peters Café Sport am Hafen von Horta. Die meisten Atlantik- und Weltumsegler rasten hier und ergänzen den Proviant. Nur ich Irrer bin dreimal durch die Azoren gesegelt – ohne Halt. Seit 30 Jahren sind sie alle Freunde und Kunden von Peter. In Büchern und Zeitschriften liest man häufig von ihm, selten ohne den Hinweis auf seine Hilfsbereitschaft. In seinem Café kann man Geld wechseln, telefonieren, Briefe aufgeben, einen prima Milchkaffee trinken, Bocadillo essen, sich aber auch seinen berühmten Gin-Tonic kommen lassen. Peter, der eigentlich José heißt und so azorianisch ist, wie man es als Einheimischer nur sein kann, öffnet auf Wunsch auch sein „Heiligtum“: das Walzahn-Museum im oberen Stock. Neben Kitsch gibt es da eine Vielzahl von ungewöhnlichen Motiven. Natürlich alle aus der Seefahrt. Peter ist auch derjenige, der alle alten Walfänger der Azoren kennt. Selbst an meine Schwiegermutter, die hier 1970 bei ihrer Einhand-Atlantiküberquerung einkehrte, erinnert er sich genau: groß, blond, stark, und er deutet mit den Händen eine enorme Oberweite an.

Einige aus meiner Crew machen sich per Taxi auf, den Ursprung der Hortensien kennenzulernen, die Horta den Namen gegeben haben. Unsere Topfpflanzen schwappen hier von den Böschungen auf die Landstraße. Die fruchtbare Vulkanerde läßt Hortensienhecken wuchern und Hecken von Azaleen und Hibiskus, die knallrot in der Sonne leuchten. Horta: weiße und pastellfarbene Häuser, dazwischen enge Gassen, die jedesmal den Blick freigeben zum Meer oder den grünen Feldern. Alles signalisiert in höchstem Maß Frische, Fruchtbarkeit, Ruhe.

Die Hafenmole ist einen Kilometer lang. Und von Anfang bis Ende mit Bekundungen und Daten von Yachtseglern in Ölfarbe bemalt. „Die älteste Schrift, die wir finden konnten, ist von 1960“, sagen Ulrike und Jürgen. „Auch Sir Francis Chichester hat sich auf den Steinen verewigt.“ Vor vier Jahren kam dieser innere Wellenbrecher hinzu, der die kleine Marina bildet, in der wir liegen. Auch an dieser Mole haben die Segler mit Witz und Können ihre Autogramme hinterlassen. „Man kann sich an ihnen nicht sattsehen“, sagt Ulrike beeindruckt, „und wieder und wieder stößt man auf bekannte Namen.“ DRUM ist darunter, FLYER, PINOCCIO, BARBARELLA (Werner, Barbara, Claudia, Juli 87), KARNENSITA aus Norwegen... und, gerade handtrocken, Felix.

Schiffsbesichtigung und Rumpunsch à la Günther. PUSTEBLUME ist 11,90 Meter lang, aus GFK, als Ketsch geriggt und von den beiden Eignern vier Jahre um die Welt gesegelt worden. Ein Schmuckstück. Mit Herz und Effizienz eingerichtet und ausgerüstet. Dusche, Tiefkühler, Backofen, Werkzeug, Sat-Nav, Autopilot. Es fehlt nichts. Und erst die Tankkapazitäten! „Die können doppelt soviel Wasser und Diesel bunkern wie wir.“ Das verblüfft die Runde.

„Soviel Stauraum“ und „all die Spänglifächer“. Am meisten beschäftigt uns der Spritzschutz überm Luk und halben Cockpit, der vor Gischt und Wind schützt. Der Punsch ist süffig. Er vertreibt Frust, betäubt, berauscht. Oliver, der sonst Alkoholisches verschmäht, läßt nachfüllen.

Günther und Heide sind unsere Gäste im Restaurant „Capote“ beim Festessen mit Blick auf Meer und Vulkaninsel Pico. Wenn man an Land ist, schaut man aufs Meer – und umgekehrt. Apéritif: Wir stoßen an auf den Veranstalter. „Wir sind schon richtige Glückskinder“, höre ich. Weißes Kleid, blaues Kleid, buntes Kleid. Feingemacht auch die Männer in Jeans und hellen Hemden. Wir bestellen Lobster, Salat, Fisch, Fleisch, Eis, Kuchen. Trinken „Vinho da Graciosa“, Kaffee und Cognac. Und bezahlen für elf Personen 39 000 Escudos, rund 500 Mark.

Paul scheint nichts zu bekümmern: „Anfangs habe ich mir ja auch Gedanken gemacht, aber jetzt nehme ich die Fahrt in ihrer Verrücktheit, in ihrer Widersprüchlichkeit – um des Segelns und Erle-

Ein armer Hund am Kai von Horta. Er bewacht GATSBY und fühlt mit mir.

bens willen." Ulrike: „Schau mal, diesen Pullover (Motiv pfeiferauchender Seemann) hat sich Jürgen für dich angezogen." Ich stoße mit ihm an: „Auf Bermuda."

Die Weltumsegler von der PUSTEBLUME knöpfen sich unsere Deprimierten vor. Mit vielen Worten und Argumenten versuchen sie Ludwig und Oliver zu überzeugen, daß dieser Segeltörn ein einmaliger Einschnitt in ihrem Leben ist. Doch Ludwig ist es zu langweilig: „U 96 auf Schleichfahrt". Und Oliver: „Nie wieder segeln!" – „Keinen Bock mehr." – „Will nicht noch 20 Tage meines Lebens auf See opfern."

Dann die leidigen Themen: ewig Zwiebeln, Wassersparen, Backschaft, Einmachgläser, Freundlichkeit. Alles Reibepunkte. Merkwürdig: So richtig berührt der Ärger mich nicht. Ich habe das Gefühl, viel Mache ist dabei. Es ist eine aktive Freundlichkeit, die ich einbringe. Mit viel Aufwand versorge und tröste ich die Lädierten. Koche Tee und Porridge und viele heiße Gerichte. Gebe Tips und bin hilfsbereit bei Fragen wie: „Wo ist meine Sonnenbrille?"

Alles Unsinn. Sollen sie sich später ausquatschen, bei Steinhoff, unserem Veranstalter, bei einer Fachzeitschrift, beim Schwarzwald-Radio. Mir egal.

Der Schlaftrunk an Deck der GATSBY, Feigenschnaps und Kirschwasser, verpaßt uns eine „rechte Dröhnung". Aber gut so.

---

16. Tag: Montag, 26. Juni 18.00 Uhr ablegen Horta mit Ziel New York Wind NE 5 Proviant, Wasser, Diesel ergänzt

---

9.00 Uhr. Frühstück mit frischen Brötchen, fester Butter, Azorenkäse, Mettwurst, gekühlter Milch. Von Heide besorgt. Das Geschirr von Günther weggespült. Sie verwöhnen gerne. „Landurlaub" für die Mitreisenden. Der Däne vom Nachbarboot steht mit einem roten Auto am Kai: „Komm, Diana, ich zeig' dir die Insel."

10.00 Uhr. Günther schleppt 55 Liter Diesel an – aus der Stadt, fast einen Kilometer weit.

10.15 Uhr. Gespräch mit Oliver. Er: „Wie ist das geregelt?" Ich: „Was soll da geregelt sein?" Er: „Wenn einer vorzeitig nach Hause will." Ich: „Eine vorzeitige Abmusterung ist nicht eingeplant. Und folglich nicht geregelt. Habe aber die Anweisung, im Bedarfsfall die Rückfahrt aus der Bordkasse zu bezahlen." (Obwohl die fast Ebbe hat, 12000 von 15000 Mark sind ausgegeben.) Er: „Ich überlege es mir mit meinem Vater noch 'ne Stunde." Ich biete an, daß ich, um ihm die Weiterfahrt zu erleichtern, schon mal eine Nachtwache für ihn schieben werde, extra was kochen und ihn an Deck mehr einsetzen werde. Aber Extras will er nun auch wieder nicht. „Das ist es nicht, was mich hindert." – „Was ist es denn?" – „Das bestimmt nicht."

10.30 Uhr. Einkauf auf dem Markt. Alles sehr preiswert. Gemüse, Kartoffeln und 20 Kilo gemischtes Obst kosten 4000 Escudos.

11.00 Uhr. Supermarkt: Kaffee, Limo, Bier, Kekse, Pilze in Dosen, Käse. Immer diese Mengen! Womöglich sind 20 Liter Orangensaft zu wenig? Oder 80 Eier? (Einmal Kaiserschmarrn von Ulrike, und schon sind 28 Eier weg.) An Grieß soll ich denken. Semolina!

11.30 Uhr. Nach dem Supermarkt die kleinen Geschäfte. Hier ein Schleifstein, dort Angelleine und Haken, Bleistifte.

12.30 Uhr. Proviant an Bord verstauen. Ein Straßenköter bewacht GATSBY.

13.00 Uhr. Ich muß Wäsche waschen. Heide reißt sie mir aus der Hand. „Ich habe auch schon Bobby Schenks Unterhosen gewaschen."

13.15 Uhr. Oliver teilt mir (strahlend) mit, er fährt weiter. Ich habe die Befürchtung, es wird für ihn eine Zwangs-Atlantiküberquerung. Aber einen 18jährigen kann man noch beeinflussen. Meine Hoffnung, ihn mit Freude an Bord zu sehen, habe ich nicht aufgegeben.

13.30 Uhr. Bordbesuch von Elke, die ich in der Frühe auf dem Markt traf. Sie segelt allein. Mit ihrer zehn Meter langen MOTU ist sie von Mallorca in die Karibik gestartet und jetzt auf dem Heimweg. Eigentlich wollte sie um die Welt. Ein Mann verhinderte es. Im August soll in Kulmbach geheiratet werden. Ich schenke ihr das Buch „Hochzeit – die erste Nacht" von Birgit Lahann. Elke ist blond, nett, schlank, jung und mir sympathisch.

13.45 Uhr. Tanks mit Wasser füllen entfällt. Wasserrohrbruch in Horta – verursacht durch leichtes Erdbeben.

14.00 Uhr. Bordbesuch auf der Motu. Mein erster Eindruck: Schoten und Fallen aufgeschossen. Die Kurbeln weggestaut. Alles picobello. Der Proviant in den Fächern nach Sorten geordnet, mit dem Etikett nach vorne. Bücher, Seekarten, Zeitschriften. Die Spülbürste am Haken. Die kleinen Dinge mit Gummibändern gebändigt. Decken und Wäsche in den Ablagen gefaltet und auf Kante gestapelt. Es liegt nichts rum. Keine Haarspange. Keine Streichholzschachtel oder Zeitung. Hier herrscht Hausfrauenordnung. Eine von meinen Damen hat eine Woche lang ihren Badeanzug gesucht.

14.30 Uhr. Motorradausflug mit Günther von der Pusteblume. Ja, zwei kleine Motorräder haben die auch noch an Bord. Während der halben Stunde knipse ich Bucht und Hafen vom südlich gelegenen Berg, das Café Sport und Peter.

15.00 Uhr. Im Café Sport – mit Elke, Heide, Günther und noch zwei anderen Seglern – Kaffee und Bier und Bocadillo. Will Astrid zu Hause anrufen. 20 bis 30 Versuche und kein Erfolg. Schreibe ihr eine Ansichtskarte mit der berühmten Kaimauer drauf: „Noch alle an Bord. Werde die großen Küchenmesser verstecken." Auch Steinhoff kriegt eine Karte.

16.00 Uhr. Noch kein Trinkwasser am Kai. Die ersten meiner Crew finden sich ein. Heike, die Strümpfestrickerin, hat sich zwei Paar Schafwollsocken gekauft. Die Raucher sind endlich wieder ausreichend mit Zigaretten eingedeckt. „Mann, sind die hier billig! In England kostete eine Stange 65 Mark." Paul hat auch in Horta „sein" Barometer nicht gefunden. Nachdem er in verschiedenen Geschäften sein Anliegen mit Zeichen klargemacht hatte, hörte er nur: „Wir brauchen so ein Gerät auf den Azoren nicht. Wenn die Sonne scheint, ist gutes Wetter, und wenn es sich bewölkt, regnet es."

16.30 Uhr. Hetze nochmals in die Stadt. Befürchte: zu wenig Brot, Obst, Käse, Tomaten für die geplanten 19 Tage.

17.00 Uhr. Endlich Wasser aus der Leitung. Ich gebe noch eine Dusche aus. Die Mehrzahl macht Gebrauch davon.

17.30 Uhr. Verletze mir ganz übel den Fußknöchel. Beim Wasserbunkern stürze ich in der Eile heftig über eine Winsch. Der Druck im Schlauch ist so stark, daß der Strahl wie eine wildgewordene Schlange über Deck und Cockpit zappelte und beinahe in die Achterkajüte geschossen wäre.

17.40 Uhr. Günther erledigt für mich die Ausklarierung. Ich kühle meinen geschwollenen Fuß und denke: Was hast du nun von Horta und Faial gesehen?

17.45 Uhr. Heide bringt 30 gebratene Koteletts und ein selbstgebackenes Brot vorbei.

Gegen 18.00 Uhr. Jürgen kommt mit einer ausgedruckten aktuellen Wetterkarte. Die Aussichten sind nicht überwältigend. Zunächst günstiger Nordost, dann stehen uns schwache Winde und Flauten bevor. – Eine Schar Segler hat sich am Kai eingefunden. Beneidet uns. Ohne Geldprobleme segeln – mit solch schönem Schiff. Horst, ein Alleinsegler, ist dabei. Die SWAN OF BONN-Crew, auch Schweizer und andere Langstreckensegler, Dianas Azorenflamme mit dem roten Auto. Zum Abschied noch ein Foto mit Heide. Sie drückt mich heftig und wünscht mir gutes Segeln. Elke küßt mich. Eine andere wünscht ein Autogramm ins Gästebuch. Und dann Leinen los. Winken. Ich rufe unüberhörbar: „Amerika, wir kommen!" Dann spucke ich in die Hände und greife mit Schwung in die Speichen des Ruderrades. Bißchen Schau muß sein. Auch Spaß. Ich werde ihn haben, den Spaß am Segeln auf den 2200 Meilen nach New York. Da bin ich sicher.

Diana in ihrem Tagebuch: *Um 18.00 Uhr wollten wir ablegen, das heißt, wir mußten um 17.00 Uhr an Bord sein. Mittlerweile versammelten sich einige Leute am Steg, die alle die STERN-Gewinner sehen wollten. Ich glaube, die meisten beneideten uns. Einige Fotos, ein Händedruck, und dann ging's los.*

Und Heike fährt fort: *Wie immer, wenn es wieder auf hohe See geht, wurde es mir ganz schwer ums Herz, ich hatte schlechte Stimmung. Bald wurde der Wind stärker und stärker, und es war die reinste Kraftanstrengung, das Ruder zu halten. Um 24.00 Uhr bin ich gefrustet und total müde ins Bett gefallen. Oliver und Ludwig sind noch an Bord. Ihnen scheint es wieder gut zu gehen.*

17. Tag: Dienstag, 27. Juni   Pos 33 sm südlich Flores
Kurs 280   Etmal 129 sm   Wind NE 5, abends N 2
Baro 1022 mb   Wetter blauer Himmel, 25°C   Ein Wal bläst

Rückblick auf gestern abend: zunächst ordentlicher Nordost. Sie zerrissen sich fast. Beim Segelsetzen noch im Hafen wurde vor lauter Tatkraft vergessen, das Großfall einzupicken. Im Nu rutschte es hoch bis zur Saling. Mit ein paar Armzügen an den Wanten holte ich es runter. Wir standen noch unter Beobachtung der Segler im Hafen. Ludwig wurden die Schoten nicht schnell genug dichtgeholt. Oliver war wißbegierig, ich zeigte ihm, wie man die Enden richtig aufschießt. Immer rechts herum. Heike machte ich klar, daß man in den Böen – wir segelten dicht unter Faial – immer ein wenig anluven muß. „Da mußt du eben für Minuten vom Kompaß ab und in den Wind gehen, um Krängung und somit Belastung aus dem Schiff zu nehmen. Und bitte nicht die Enden der Fallen und Schoten auf den Klampen bekneifen. Also keinen Kopfschlag. Das macht man vielleicht in der Theorie. Mir ist es wichtig, sie im Ernstfall und bei Nässe leicht lösen zu können. Und nochmals die Winschen: immer die Finger beim Fieren in respektvollem Abstand halten. Ihr wißt, der Druck der 120-qm-Genua ist unheimlich stark."

Nach diesen ersten Manövern gab's Bier, Azorenwein, Heides Koteletts und frischgebackenes PUSTEBLUME-Brot. Es schmeckte, und jeder hatte was zu erzählen. Nur Diana mußte zwei ihrer drei gegessenen Koteletts wieder ausspucken. Genau vor Ponta do Castello Branko, der Südwest-Huk von Faial, einer rundlichen auffälligen Halbinsel, nur acht Seemeilen von Horta entfernt. Die Südküste lädt nicht zum Badeurlaub ein. Die Felsen fallen steil ins Meer ab und lassen keinen Platz zum Urlauben.

Das war gestern abend. Heute sind wir faul. Heike zeigt ihre ausgezeichnete Figur: „Den Frust habe ich über Bord geworfen, ich bin wieder fit." Ulrike badet lässig in der Sonne auf dem Vordeck. Sie faßt sich ebenfalls kurz: „Ein Wal zieht vorbei." Das bringt Paul auf die Idee zu angeln. Jürgen grient und studiert die Seekarte. „Flores? Wilfried?" Ich lasse mir auf der 1,20 Meter langen Cockpitbank die Sonne auf die Haut brennen. Tagebuchschreiben fällt aus. Laut lese ich der Crew aus dem Seehandbuch vor: „Ilha das Flores – die Insel, die wir querab an Steuerbord ausmachen können – heißt übersetzt ‚Insel der Blumen'. Sie ist die regenreichste der Azoren, mit einer geradezu verschwenderischen Hortensienpracht." Stichwortartig füge ich hinzu: „Die Insel ist bis zu 941 Meter hoch, drei Seemeilen lang, zwei Seemeilen breit. An der Südseite ergießen sich von den Bergen Wasserfälle ins Meer. Gut ausgebaut, hat Flores 8200 Bewohner. Der einzige Ankerplatz an der Westküste in einer breiten Bucht mit Sandstrand ist meist schwellig." Na, das ist wohl nichts für uns.

„Jetzt kommt nichts mehr bis New York – außer Wasser." Für diese 19 geplanten Tage stelle ich eine Menüliste auf. 20 heiße Möglichkeiten, für die wir Proviant haben und die auf dem zweiflammigen Herd machbar sind.

---

18. Tag: Mittwoch, 28. Juni Pos 38°48'N – 32°56'W Kurs 275
Etmal 72 sm Wind SW 0–1, abends 3–4 Baro 1025 mb
Wetter bewölkt, 25°C Treibendes Ölfaß an Steuerbord

In der Nacht: alles ruhig. Ein Blick in die Segel, auf die Kompaßrose, in den Sternenhimmel. Ich bin allein an Deck. Gehe die Zwölf-bis-drei-Uhr-Wache solo – die Hundewache. Heute verschieben sich die Wachen wieder um drei Stunden. Ich stehe hinter dem Steuerrad. Es ist ein wunderbares Gefühl zu spüren, wie das Wasser gegen das Ruder drückt, wenn der Wind zunimmt. Ganz leicht gebe ich dann Ruder nach Steuerbord, und im „Windaufdrehen" läuft das Schiff 4 Knoten – bis zum nächsten Windhauch. Eben Segeln durch Flautenlöcher.

Selig steuere ich durch die Nacht. Niemand stört mich. Nicht zum Gucken. Nicht zum Fragen und auch nicht zum Pinkeln. Zum Glück gibt es Müdigkeit. Eine merkwürdige Stille an und unter Deck. In mich versunken, nehme ich Kielwasser, Horizont und Deck nur schemenhaft wahr. Ich denke ozeanisch, könnte man sagen. Schwebend. Ich treibe dahin, vom Leben getrennt und doch ganz nah. Bilder gehen mir durch den Kopf. Die Kopraplantagen von Samoa senden mir einen Hauch. Ich höre die plätschernden Strandgeräusche von Ant Island und spüre die brechenden Seen der „Schreienden Fünfziger". Am Ende schiebe ich die Brandungsträume von Funafuti beiseite und präge mir den Satz ein, mit dem ich heute meine Notizen beginnen will: Jeder, der ein Segelboot besitzt, sollte gelegentlich solo durch die Nacht segeln.

Vom Reisefieber erhitzt, denke ich an meine Mitsegler unter Deck. Wie sie in ihren Kojen tief atmen. Eine Zwischenbilanz: Ich habe mich sehr auf dieses Unternehmen gefreut, es mit flammender Spannung erwartet. Und jetzt haben wir uns glattgerieben, die Fahrt nach New York ist halb um. Wir kennen uns, wir achten uns, und wir akzeptieren Schwächen und Stärken des anderen. Womöglich habe ich mich vor der Fahrt zu sehr beeinflussen lassen. Wenn einem etwas Blödes eingeredet wird, glaubt man es am Ende tatsächlich. Ich hätte nicht in Kategorien denken sollen. Jeder hat seinen Wert.

Um mir die Zeit zu vertreiben, gebe ich ihnen allen Namen: Dominant. Im Prinzip. Bikini. Permanent. Global. Mau-Mau. Best Company. Wahnsinn.

Ich werde nicht müde. Vergesse gar, die nächste Wache zu wecken. Nachdem ich eine Stunde überzogen habe, kommt Jürgen an Deck gestolpert. Er ist entrüstet: „Ich hätte so schöne Stunden auch gerne erlebt. Schade, in Kürze wird die Dämmerung einsetzen."

Die will ich abwarten. Jürgen wundert sich, daß GATSBY bei fast völliger Flaute noch konstant 3 bis 4 Knoten macht. Er malt mir mit leisen, sanften Worten ein Zeitbild seines Lebens. Stationen in Wuppertal, Bonn, Stuttgart, München. Auch eine genaue Beschreibung seiner Arbeitswelt, und wie es bei BMW zugeht. Ich erfahre nebenbei, was er verdient.

4.40 Uhr: Sonnenaufgang. Zuerst rosa Wolken. Zartrosa bedeutet bestes Wetter. Ich gehe in die Vorschiffskoje, ziehe meine braune Wolldecke über den nackten Körper und bin selig – in Erwartung eines ruhigen Tages. Der Ozean hat schöne Seiten.

Wie sieht Diana ihren ersten Flautentag auf dem Meer? *Am Morgen eine spiegelglatte See. Keine Kräuselung auf der Wasserober-*

fläche, das hält man kaum für möglich auf offener See. Bei 2400 Meter Wassertiefe! So still wie unser Stockweiher. Ein schläfriger, heißer Tag. Ein bißchen Wind kommt am späten Nachmittag. Die Flaute wird zum Schwimmen genutzt, Wettschwimmen ums Boot, Tauchkünste unterm Kiel, Kopfsprünge von der Saling. Wilfried bringt dabei einen guten Gag ein: scheinbar unbeabsichtigter Sturz in die See samt umgehängter Kamera. O je, die gute Kamera ist hin, jammern wir, so eine Scheiße. Einhand-Wilfried taucht jedoch wieder aus den Fluten und platzt kurz danach fast vor Lachen. Es ist eine Nikonos, eine Unterwasserkamera. – Eine Portugiesische Galeere wird mit Hilfe des roten Eimers an Bord geholt. Das ist eine grünliche, rosafarbene Quallenart, die übers Meer segelt, mit einem Segelkamm, der durchsichtig ist und etwa handflächengroß. Die blauen Fäden (Steuerseile) sind giftig, zumindest können sie Hautverbrennungen

Flaute: Die einen genießen das ruhige Wetter. Die anderen beunruhigt die Windstille.

hervorrufen, sagt uns Wilfried. Wir machen Bilder und bestaunen das Tier. Kleine Überraschung zu Mittag: Raclette, von Heike und Wilfried zubereitet. Leider müssen wir immer wieder auf unseren Bordproviant zurückgreifen, beim Angeln (Schleppleine) gibt's noch keinen Erfolg. Aber die Bratpfanne ist ja noch morgen da. Sonst alles i.O.

---

19. Tag: Donnerstag, 29. Juni Pos 38°45'N – 34°42'W
Kurs 280 Etmal 91 sm Wind 0–1, umlaufend Baro 1025 mb
Wetter blauer Himmel, Luft 29°C, Wasser 22°C
Schlauchboot, Schwimmen, Bergfest

Ab heute führe ich mein Tagebuch mit Bleistift: *Was Steinhoff nicht lesen soll, kann ich radieren.* Auf See geht mir beim Schreiben schon mal der Gaul durch. *Eigentlich müßte ich Nachschlag fordern,* lasse ich Dampf ab, *der STERN hat überhaupt keinen Deut Ahnung, wie viele Wochen ich vor der Reise tätig war, und mehr noch: wie lang jetzt der Tag für mich ist.* Dazu noch das Psychologische: Die einen sind bei Flaute, mit schlagenden Segeln und 31 Grad unter Deck nicht gut drauf. Ihre Blicke fragen: Kommen wir bei dem dümpelnden Kurs jemals nach Amerika? Die anderen beunruhigt die Windstille an Deck. Sie stieren aufs Log, schauen über die Seite, dann verzweifelnd in die schlapp hängenden Segel. „Läuft nix. Absolut tote Hose."

Um die Bordlaune ein wenig zu heben, läuft die „Diesel-Genua" drei Stunden mit. Das Boot schafft bei 2300 Umdrehungen 6 Knoten.

Die Crew macht's sich bequem. Ulrike liegt nur mit Bikinihöschen und Kopftuch bekleidet auf dem Vorschiff. Sie liest Bukowskis scharfen Roman „Die Hyäne". Oliver sitzt im Cockpit und spielt mit Heike Mau-Mau. Paul und Ludwig reißen an irgendwelchen Tauenden und Schoten und schießen sie sorgfältig auf. Jogi schreibt hinterm Steuerstand sein Tagebuch: *Die Zeit geht dahin, sie spielt keine Rolle. Die Heimat ist weit. Du siehst nur Wasser, Horizont, Wasser. Manchen könnte das auf den Geist gehen, mir nicht. Ich genieße es. Die „Sorgen" sind weit entfernt, im Prinzip sogar scheiß-*

egal. Hier spielt so was keine Rolle. Das Gefühl, dein Kopf wird langsam leer, ist angenehm.

Ich greife zu Joseph Conrads „Der Spiegel der See". Darin entrüstet sich der Autor schon damals über die Entwürdigung der Seemannssprache. Die Journalisten versündigen sich fortwährend mit Ausdrücken wie „Anker werfen" und „in See stechen". Conrad argumentiert, daß der Yachtsport viele Vorteile hat, „auf die Seemannschaft aber hat er offenbar eine sehr verderbliche Wirkung". Er klagt nicht nur an, mich tröstet er. „An den Führer einer Segelyacht mit Crew werden die größten Anforderungen gestellt." Na siehste, sage ich mir und schlage das Buch zu. Lesen ist ein Problem. Dauernd turnt einer vor meinem Gesicht herum. Die Konzentration ist gleich null. Gelesen wird kaum. 33 Bücher habe ich ins Bord gestellt. Natürlich war, wie auf Charteryachten üblich, kein Buch an Bord. Sind es gewöhnlich Kulturbanausen, die ein Schiff mieten? Sehen wir es so: Jeder hat einen anderen Geschmack.

Schwimmen ist angesagt. Wir genießen es, im 22 Grad warmen Meerwasser wie Kinder im Swimmingpool zu spritzen, tauchen, ziehen, springen. „Haarwäsche mitten auf dem Atlantik, wann hat man so was?" jubelt Heike. Ludwig ist nicht zu überreden. „Kriege es wieder im Hals." – „Seewasser ist ein Allheilmittel", versuche ich ihm die Sache schmackhaft zu machen. „Genauso wie Meerwasser das Zahnfleisch stärkt, wirkt es auf den Hals." Ungläubig schaut er mich an.

Wir schwimmen nicht sorglos. Einer ist stets auf Hai-Wache an Deck. Er soll die Meeresoberfläche beobachten. „Haie kreisen zunächst mal, bevor sie angreifen", gebe ich kund. Erlaubt ist, sich maximal eine Schiffslänge vom Boot zu entfernen. Doch wie das so geht, nach einiger Zeit sind Diana und Paul gut 100 Meter weit weg – kaum noch auszumachen. Wild gestikulierend schreien wir sie zurück. Ich stürze mich kopfüber ins Meer und observiere mit Hilfe der Taucherbrille. 20 Meter weit und tief kann ich durch das glasklare blaue Wasser blicken. Gott sei Dank sehe ich nur die sich brechenden Strahlen der Sonne. Die beiden Ausreißer werden erst mal von uns zusammengestaucht. „Das war tollkühn." Angst vor Haien hat offenbar niemand. Die Münchner Adria-Urlauber: „Wann hat man schon so ein glasklares, blaues, sauberes Wasser zum Schwimmen?"

Die Männer holen das zusammengefaltete Schlauchboot aus der Vorpiek und pumpen es mit einem Blasebalg auf. Dann werden damit abwechselnd Ausflüge ums Schiff gerudert. Die Überraschung: „Das Deck verschwindet ja, so hoch steht die Dünung."

Der 18jährige Oliver führt heute Logbuch und navigiert. Die meisten Daten kann er an den Instrumenten ablesen: Windrichtung. Stärke. Speed und Logstand. Die Position spuckt unser High-Tech-Gerät, der Sat-Nav, aus. Zu beurteilen sind der optimale Kurs, die Segelstellung und die Höhe der Wellen. Ich erkläre Oliver die Seekarte mit Wassertiefen, Küstenlinien, Untiefen, Leuchtfeuern. Und wie man mit dem Kursdreieck arbeitet. „Lege den Nullpunkt der längsten Seite des Kursdreiecks auf den nächstliegenden Längengrad und lies von der Skala den Winkel ab." – „Entfernungen auf der Karte werden mit Hilfe des Stechzirkels abgenommen. Und ganz wichtig, Oliver: Nimm den Abstand von der Skala am rechten oder linken Seitenrand ab. Immer etwa in Höhe des Ortes. Die zwischen den Zirkelspitzen enthaltenen Breitenminuten sind die Seemeilen." Olivers Standort gibt Anlaß zum Feiern. Heike: *Heute ist Bergfest, das heißt, die Hälfte haben wir schon geschafft. Ich kann es kaum glauben. Noch keine Minute hatte ich Langeweile. Abends wird groß gefeiert, mit Gulasch, Rotkraut, Kartoffeln, Sekt, Wein und Cognac. Danach waren wir alle super drauf. Mir gefällt alles so gut, daß ich größte Lust hätte, auch die Rückfahrt mitzumachen.*

Ihre Beschreibung der Feier ist mir zu spröde. Es wird eine gezeichnete Menükarte aufgestellt – von Tomatensalat bis Obstsalat. Die Servietten werden kunstvoll gefaltet und mit Namen versehen. Die Gläser sind mal nicht schmierig. „Wilfried hat neue Geschirrtücher rausgerückt." Frisch im Meer gewaschen, erscheinen alle mit einer salzigen Duftnote (Deos sind inzwischen verpönt), die Damen mit gebürsteten Haaren und rot lackierten Fingernägeln. Von Heike bekomme ich das erste selbstgestrickte Paar GATSBY-Socken. Ulrike: „Meine Musikkassette, Beethovens Klavierkonzert Nr. 5 mit Soltan Kovacs, paßt sehr genau zu meiner Stimmung – Frieden!"

20. Tag: Freitag, 30. Juni Pos 38°49'N – 35°37'W Kurs 280
Etmal 42 sm Wind SW 0–1, nachts 3–4 Baro 1022 mb
Wetter blauer Himmel, 30°C Wir sehen heute...

Wieder ein Tag mit Flaute und 30 Grad an Bord. Für einen notorischen Rechtsüberholer (Autobahn) muß es schlimm sein. Treiben, schwitzen, ziellos dümpeln. Die Dünung läßt die Segel schlagen. Der eine kreist. Der andere dröhnt. Ich mache, um ihnen eine annähernde Vorstellung von meinem Bild zu geben, auf Jux: „Stellt euch vor, wir stünden im Stau vor Kiefersfelden."

„Nun stehen wir aber schon den dritten Tag im Flautenstau."

Paul lacht aus vollem Hals. „Du wirst dich wundern, ich war dort mal Zöllner."

Wir sehen heute: eine Holzbohle, eine Spraydose, einen Teerklumpen, ein großes Stück Styropor, ein Fischerfähnchen, einen roten Fender. Ein Wal zieht vorbei. Eine ein Meter große Schildkröte. Wieder ein Wal, der sogar bläst. Delphine en masse. Regelmäßig überholen wir Portugiesische Galeeren.

Jogi kocht „Rheinfelder" Carbonara. Ludwig geht mit schwimmen. Anschließend zieht er sich einen schicken Pullover an. Unübersehbar zufrieden. Für seinen Sohn ist die See weiterhin „Salzsäure". „Ich will mich bewegen. Sitzen muß ich in der Schule", sagt er zu mir, als ich anmerke, eine Flaute müsse man genießen, absitzen, dabei Kräfte sammeln für rauhes Wetter.

Ich wünsche inzwischen allen einen nassen Hintern. Nur für zwei Tage. Spaßeshalber. Wegen des Respekts vor dem Ozean. Damit sie die Psychologie des Meeres und des Segelns verstehen. – Ein Glück haben die mit dem Wetter...

21. Tag: Samstag, 1. Juli Pos 39°06'N – 38°03'W Kurs 280
Etmal 133 sm Wind SW 5, abends 6–7 Baro 1018 mb
Wetter bedeckt Unser Traumziel Bermuda rückt näher

Wir setzen unser Logspiel fort. Wer mittags um zwölf Uhr dem Stand auf der Anzeige am nächsten ist, gewinnt ein Buch, eine Tafel Schokolade, einen Tupper-Behälter. Was ich gerade zur Hand habe.

Diana sahnt kräftig ab. Ulrike macht bei allen Spielen mit. Kümmert sich vor allem sehr um unseren Jüngsten. Die Münchnerin gefällt mir immer besser. Sie wirbelt sprachlich nicht mehr so wie anfangs. Ihr Jürgen schaut häufig gereizt drein. Ihm schmeckt nichts, auch sein geliebter Kaffee nicht. Muß er sich gerade auf dem Atlantik das Rauchen abgewöhnen!

Na endlich! Südwestwind. „Die Brandung schwappt über das Schiff." – „GATSBY steht total schief." So schlimm ist es nun doch nicht und sprachlich nicht zutreffend. Zugegeben, es wird hart am Wind gesegelt. Auf der Kante schiebt das Schiff mit 8 Knoten durch die Wellen. „Es springt rauf und runter." Ein völlig neues Bordgefühl. „An normales Essen und Schlafen ist nicht zu denken." Müsli, Erbsensuppe, Milch werden vornübergebeugt über die Reling befördert. „Das gibt's doch gar nicht, das gibt's doch nicht." Einige haben einen schweren Stand. Im wahrsten Sinne des Wortes.

Jürgen mag die Bewegungen: „Wilfried, unser Traumziel Bermuda rückt näher." Ich winke ab. Bloß keine Hoffnung wecken. Er läßt nicht locker. Nach Bermuda bringt er Neufundland ins Gespräch. Er möchte unbedingt noch einen Stop vor New York. „Bei dem Wind sind wir in drei Tagen in St.John's." Wie er sich das vorstellt... Als erfahrenster Segler soll er solchen Tüll nicht verbreiten, sage ich.

Ein Schwall Wasser schießt durchs offene Fenster. Alles dicht, heißt das Kommando, so schwer es mir fällt. Es ist heiß unter Deck. Unbeschreiblich, die feuchte Hitze. Der Schweiß klebt am ganzen Körper. Ein ungewöhnlich gelber Sonnenuntergang und die hohe Luftfeuchtigkeit könnten einen tropischen Wirbelsturm ankündigen. Ab Juli ist in der Karibik Hurrikanzeit.

Oliver hat Kopfschmerzen – seit vier Tagen. Ich gebe ihm Tabletten. Er erzählt mir, daß er das häufig auch zu Hause hat. Ich sage, daß ich mit 18 nicht wußte, was Tabletten sind, und rate ihm, sich anders zu ernähren. Er meint, die Veranlagung sei von der Mutter ererbt.

Um 21.30 Uhr sehen wir ein Licht. Nach einiger Zeit entpuppt es sich als kleines Segelschiff. Ich nehme über Kanal 16 Funkkontakt auf. Es sind polnische Segler auf Gegenkurs mit Ziel Horta und weiter nach Hause, nach Lodz. Diana fragt, ob es sich um den berühmten „Theo" handelt.

Um Mitternacht großes Tohuwabohu in der Achterkajüte. Jeder bekommt dabei sein Fett ab. „Wo sind meine Socken?" – „Wo ist mein Overall?" – „Die Stiefel sind nicht zu finden – und die Taschenlampen?" – Diana sitzt total echauffiert auf den Klamotten und fragt: „Bin ich Jesus?" Sie ist wie betäubt vor Erschöpfung den Niedergang „runner", und nicht imstande, in die Koje zu kriechen.

Ja, Segeln ist Segeln und nicht mit bleichen Worten reden.

---

22. Tag: Sonntag, 2. Juli Pos 39°45'N – 41°38'W Kurs 290
Etmal 151 sm Wind SW 7–8 Baro 1015 mb
Wetter bedeckt Wellen schlagen über den Bug bis achtern

Wer hat eigentlich was gewonnen? Das ist die große Frage des heutigen Tages.

GATSBY stampft auf der Steuerbordkante durch eine heiße Nacht. Mit zwei Reffs im Groß und 7 Knoten Fahrt bohrt sich der Bug in die gegenlaufenden Seen. Die Gischt erreicht regelmäßig die Ruderwache. Der Schönwetterausflug bekommt nun endlich einen ozeanischen Touch. Plötzliche Böen boxen ins gereffte Tuch und krängen das Schiff bis auf 43 Grad nach Steuerbord. Die Reling zieht dabei bis zum mittleren Draht durchs Wasser. Wolkentürme bauen sich auf. Die Sicht wird schlecht. Das Kompaßlicht spendet einen spärlichen Schein. Das Topplicht im Mast zieht Kreise. Eigentlich müßten wir Positionslampen fahren – rot und grün und am Heck weiß, doch das würden unsere Batterien nicht lange aushalten. Daher müssen die Wachen neben dem Steuern noch scharf Ausguck halten, nach Schiffen und treibenden Gegenständen. Es ist kühl, wie bei Wind und Nässe üblich.

„Das gibt's doch nicht – so was gibt's wirklich nicht." Die Fahrt beginnt sich zu verändern, allen wird einiges abverlangt. In den Kajüten findet kein wirkliches Leben mehr statt. Alle scheinen sich in ihren Kojen nur zu entspannen – oder zu verkrampfen. Erwartungsängste. Dies ist ja nur ein kleiner Sturm, einer zum Aufwärmen sozusagen. Kurzfristig kommt Bewegung in die Crew, als

Der Wind frischt auf. Die Wellen werden höher. Der Bug bohrt sich in die entgegenkommenden Seen.
Auf der Kante schiebt das Schiff mit 8 bis 9 Knoten voran.

um drei Uhr das Fockfall bricht. „Fall – entspricht landmäßig einer Leine oder einem Draht, die von oben kommen." Paul hilft mir, die Sache aufzuklaren. Umhüllt von Gischt, weiß ich nicht, ob er darüber lachen kann. Ärgerlich ist der Schaden. Das Fall hat sich bestimmt am Schlauchbinder, der das Profilstag am Topp zusammenhält, verhakt und durchschamfilt. Habe nur ein einziges Fall in Reserve. Nehme mir vor, ab sofort selbst mit der sensiblen Rollreff-Anlage umzugehen. Zum Schaden der Mitsegler, denen ich immer mehr diffizile Arbeiten abnehme.

Was sagt Jogis Tagebuch? *Diana ist fertig mit der Welt. Nach der Ruderwache, 21 bis 24 Uhr, fällt sie stehend k.o. halb den Niedergang runter. Das wenige Essen, das sie zu sich genommen hat, macht sich jetzt gravierend bemerkbar. Es ist wirklich „action" auf der Ruderwache. Kein Vergnügen mehr. Nur Kampf. Man muß sich jetzt ganz schön zusammennehmen. Es ist wirklich ein Scheißgefühl, in der Dunkelheit bei 40 Knoten Wind im Gesicht am Ruder zu stehen. Gott sei Dank sehe ich die Höhe der Wellen nicht.*

Schlecht kann sich Jogi eigentlich nicht fühlen, denn seine Zigarette läßt er auch bei diesem Wetter nicht ausgehen. Angegurtet, breitbeinig und weitgreifend am großen Steuerrad sitzend, auf dem Kamelbuckel (Steuersitz) entschlüpft ihm nur immer häufiger ein: „Das gibt's doch nicht..." Für ihn muß es ein irres, irreales Gefühl sein, so kurzfristig in dieses Atlantikabenteuer reingeschmissen worden zu sein, mitten aus seinem beschaulichen Toskana-Urlaub. Ich bewundere ihn wegen seines Humors, den er behält, auch wenn ihn die Seekrankheit nicht ganz verschont.

Ulrike dagegen: *Mir ist kotzübel. Ich habe Kopfweh, und das Boot schaukelt über hohe Wellen. Im Bett fällt man hin und her, auf Deck regnet es, und im Salon ist es feuchtwarm. Oh, wär' ich jetzt zu Hause.*

Diana notiert, wohl im Liegen in der Koje (ich habe sie nie im Salon schreiben gesehen): *Heute morgen werde ich um 8.30 Uhr wach, alle liegen sie und schlafen noch in meiner Kajüte, also mach mal den Anfang, sagte ich mir. Eines ist auf jeden Fall klar: So einfach ist das auch nicht, bei diesem Wellengang, bei dieser Schräglage auf dem Klo... Na ja, meine Anziehsachen habe ich auch gefunden, und schon flog ich im Bogen in meine „Lieblingsecke" – nach Steuerbord.*

Paul schaute mich an und empfahl mir, heute im Bett zu bleiben. Diesen Vorschlag nahm ich gleich an, denn es ging mir echt beschissen. Ich bringe ihr das obligatorische Frühstück für Seekranke: ein Glas Wasser und Zwieback. Aber andererseits hat sie, als der Wind ein wenig abflaut, nichts besseres zu tun, als sich an Deck das Haar zu waschen. „Das Wasser ist kalt, aber Schönheit muß leiden."

Zu Mittag stelle ich mich in die Kochecke und bereite unter großem Trara Reis und Huhn zu. Bei Diana, die das Essen in der Koje zu sich nimmt, ist es eine halbe Stunde später wieder draußen. Anderen ergeht es nicht viel besser. Aber das gibt's nun wirklich nicht: Oliver ißt sein Mittagessen ohne zu murren und nimmt sogar Nachschlag. Ob es wirklich nur daran liegt, daß ich keine Zwiebeln verwendet habe? Der Ruf: „Wale an Steuerbord!" bringt Leben ins Schiff.

Ich hole ein „frisches" altes Exemplar der ZEIT raus. Vielleicht eine Möglichkeit, sich abzulenken. Aber niemand schaut rein. Auch ich habe keine Lust, viel drin zu lesen. Spüre gegen Abend mehr Wind, und in der Nacht leistet mir die ZEIT gute Dienste, als Saugunterlage auf den Kojenpolstern.

---

23. Tag: Montag, 3. Juli   Pos 40°02'N – 44°35'W   Kurs 295
Etmal 138 sm   Wind SW 9–11, abends 5–6   Baro 1009 mb
Wetter diesig, Regenschauer   Nur Groß mit 3. Reff, 7 Knoten Fahrt

---

„Achterbahnfahren ist gegen diese Höllentour ein Scheißdreck." Das findet Heike um zehn Uhr morgens ziemlich unwirsch, als wir mitten im Getöse sind. Gischt fliegt übers ganze Deck. Ich stehe am Ruder. Paul hockt in der „Badewanne" (Rudercockpit), die öfter von überkommenden Seen nachgefüllt wird. Und in dieser Phase öffnet Heike kurz das Achterluk und schreit uns jenen Satz entgegen.

Sogar Paul, den nichts so schnell erschüttert, raucht nur eine einzige Zigarette während seiner Wache. Optimistisch: „Ich habe Vertrauen zum Schiff. Wie es die Wellen nimmt..." Inzwischen haben wir acht bis neun Meter hohe Seen und brechende Kämme mit zwei

Metern Schaumkante. Wir nehmen Seen und Wind mit 60 bis 70 Grad von Backbord. Müssen es tun, um nicht allzu weit vom New-York-Kurs abzukommen. Krachend schlägt der Bug in die anrollenden Seen. Allerdings nicht so arg, wie ich es schon mit KATHENA NUI erlebt habe. Deshalb bin ich verhältnismäßig locker am Ruder. Die Unterhaltung ist knapp. „Jetzt haben wir alles gehabt: Flaute, Motorsegeln, Idealfahrt, Sauftag im Hafen, harten Sturm." Um meinen Wachgänger auf andere Gedanken zu bringen, sage ich: „Mit Heike hast du es gut getroffen." Und ergänze, daß sie mir sorgfältig und gewissenhaft erscheint, ausgeglichen wirkt. „Ich mag die hippeligen Frauentypen nicht." Doch Paul reagiert nicht darauf. „Schau", sagt er nur, „seit drei Minuten ist der Wind schneller als unser Windmesser." Leider oder Gott sei Dank gibt die Windanzeige am Steuerstand nur 50 Knoten her.

Angefangen hat das Ganze eine Stunde nach Mitternacht. Heike, auf Wache, schreit: „Wilfried, W..." Eine Sturmbö hat uns erwischt. Drückt GATSBY stark nach Steuerbord. Dabei war ich Minuten zuvor noch an Deck, ohne Anzeichen einer Wetterfront zu erkennen. Meinen Overall kann ich jetzt nicht mehr überstreifen. In Shorts und Turnschuhen nehme ich den Kampf mit den Segeln auf. Die Genua ist schnell weggerollt. Aber das schwere Tuch des Großsegels zu bändigen, ist eine Mordsarbeit: Fall fieren, Vorliek runterziehen, einpicken, Fall durchsetzen, Achterliek dichtholen, Gurt umsetzen, einbändseln, nochmals Gurt versetzen, weiter einbändseln, Großschot dichtholen. Das Übel ist, der Baum liegt sehr hoch. Hat „Stehhöhe" über Deck! Wegen des exponierten Arbeitsplatzes ist es ein Muß, dabei mit Sicherheitsgurt zu arbeiten.

Als das zweite Reff sitzt, schlägt der Sturm erst richtig zu – mit schwerem Regen und 60 Knoten Wind.

Sowie das Härteste vorbei ist, leuchtet Heike auf den Windmesser und sagt: „45." Wundert mich im nachhinein, daß sie sich dafür interessiert. Jogi am Ruder: „Ich hab' nur die Nullen gesehen." Die vom 300-Grad-Kurs, meint er. Und immer wieder: „Das gibt's doch nicht, das ist doch nicht normal. Wirklich. Das gibt's nicht. Immer in unserer Wache passiert was." Ich bleibe noch eine Viertelstunde bei ihm am Ruder, aber das stereotype: „Ist ja

Wahnsinn, das gibt's doch nicht", reicht mir dann. Als der Wind einmal Atem schöpft, verhole ich mich zum Niedergang. Ich bleue Jogi noch ein, in den Böen unbedingt anzuluven. Etwas. Da er ein handwerklich geschickter Mensch ist, bin ich sicher, er kapiert's. Vom Niedergang aus beobachte ich das Wetter. Der Wind bleibt bei 35 Knoten. Eingepackt in Ölzeug und Gummistiefel, harre ich im Schutz der Sprayhood kommender Dinge. Ich beiße in einen großen Apfel. Stärkung für weitere Aufgaben? Es geht mir gut. Mit Seekrankheit habe ich nichts zu schaffen. Auch die Apfelsäure bekommt mir.

Als Oliver an mir vorbei auf „Schicht" geht, wie er sich ausdrückt, sagt er: „Na, endlich Sturm." Er ist die eigentliche Überraschung. Selbstsicher pickt er sich ein. Placiert seinen Hintern sorgfältig auf dem Kamelhöcker. Breitbeinig fährt er uns durch die düstere Nacht.

Ab 5.00 Uhr bläst es konstant mit über 40 Knoten, begleitet von Bug- und Bordwandkrachern. Und ein Gedröhne im Mast, wie ich es nie zuvor erlebt habe. Das Schiff segelt laut. Die Fallen schlagen erbärmlich, der Kicker krächzt ruckartig, undefinierbare Geräusche kommen vom Mast. Dabei flattert das Mastprofil im Decksdurchlaß. Die Gummipackungen am Mastkragen unten sind uns um die Ohren geflogen. Ich stiere auf die schwankenden Mastbewegungen. Sie scheinen einigen nicht geheuer. Ich stopfe Handtücher in den Mastkragen und tue so, als sei das ganz normal. Das Schiff schießt mit 7 und 8 Knoten durch die Seen. Nur mit Groß, und das zweifach gerefft. Bugwellen spritzen beidseitig weit ins Meer. GATSBY bockt, bäumt sich auf, stürzt, legt sich auf die Seite und stürmt voran, daß es nur so fetzt.

Irgendwann wird es mir zu wild. Die Seen... Das dritte Reff einbinden, in der Morgendämmerung, ist eine unsägliche Strapaze, ein elender Kampf „einhand" mit dem steifen Tuch. Es dauert viel zu lange. Das Tuch zerrt in meinen Händen, als wolle es mich über Bord werfen. Ziehen, nachgeben, umgurten... Ausgebrannt, kraftlos, fertig sacke ich in der Plicht zusammen. Immerhin 45 Knoten Wind. Ich reffe allein, weil ich keinen in dieser Schräglage dabeihaben will. Zu riskant. Dieses permanente „Es darf nichts passieren" vom Veranstalter sitzt tief.

Nur mit durchgerefftem Groß laufen wir 5 Knoten – gegenan! Ulrike hat fürchterliche Angst. In bewundernswerter Weise steht Jürgen ihr auf der Wache bei. Sie müssen sich sehr mögen. Nicht nur meine Arme und Beine schmerzen, der ganze Körper ist angespannt. Das Barometer sinkt stündlich um zwei Millibar. Mich friert. Ich ziehe einen Pullover unters Ölzeug, als ich Ulrike ablöse. Dabei kommt mir Heike in die Quere: „Wo finde ich eine Cola?" Drücke ihr eine Dose „Superbock" (Azorenbier) in die Hand – und fort bin ich, an Deck. Sie hat doch nicht erwartet, daß ich ihr jetzt eine Limonade suche? Nach außen hin lasse ich mir nichts anmerken, obschon es auf Teufel komm raus heult. Meine Einstellung: Ruhe verbreiten. Ein freundliches, gleichmütiges Gesicht aufsetzen. Ist ja nicht das Schlimmste. Zerzaust, verkrampft und mit einer „Jetzt-ist-das-Maß-voll"-Miene steigt Ulrike über den achteren Niedergang ab. Bei Sturm ist es Pflicht, Hin- und Rückweg achtern durch Ludwigs Kabine zu nehmen. Die Modeeinkäuferin bei diesem Wetter an Deck zu schicken, war nicht fair von mir: aus der warmen, trocknen Koje auf Wache. Aber ich wollte sie sehen lassen, wie es wirklich an Deck steht. Und das ist ihr sicher nicht schlecht bekommen – für später, für zu Hause. Sonst denken sie und einige andere noch, so ein Atlantiktörn sei eine Traumschiffreise.

Ab 8.00 Uhr volle 10 Beaufort. Um hinterm Steuer Halt zu finden, greife ich das Rad breit. Ich steuere nach den Seen, nehme sie wie üblich sechs bis sieben Strich von Backbord. Ludwig sitzt mit dem Rücken zu Gischt und Wind, stöhnt und lamentiert. Er ist sehr lieb und wieselflink, wenn es etwas zu tun gibt, nur nachlässig beim Angurten. Bin daher nicht unglücklich, als er sich durchs Achterluk versenkt.

Um 9.00 Uhr wieder über 6 Knoten im Schiff, eine Geschwindigkeit, die ich vermeiden will. Was ist zu tun? Mehr reffen geht nicht. Ablaufen oder Treiben schiebe ich beiseite. Die Zeit sitzt mir im Nacken. Dabei würden wir hart ersegelte Meilen verlieren. Nun, kann nichts ändern. Also weiter: segeln, segeln, Kurs halten!

Mit Paul schiebe ich weiter Wache. Wir stellen uns der See – ohne den Schutz von Aufbauten. Doppelt gesichert, sitzt er in Luv.

Zigarette null. Trinken null. Alles, was wir tun, ist ducken, wenn die Gischt besonders heftig übers Deck fegt. Ich gebe das Kommando dazu und schreie – jetzt. Paul schwärmt von der PUSTEBLUME. „Da würden wir geschützt hinter der Sprayhood Wache gehen können. Ein feines Schiffchen." – „Der Rumpunsch war auch nicht übel." – „Und die quirlige Heide."

Gegen Mittag – nach zwölf Stunden – kommt der Höhepunkt. Ringsum ist es duster. Sicht eine halbe Seemeile. Orkanartiger Wind und Regen hüllen uns für eine halbe Stunde ein. Konzentriert durchsteuere ich diese Phase. Zu Paul: „Regen drückt die Wellenberge." Er: „Ja?" Ich – nach längerer Pause: „Regengüsse kündigen häufig das Ende eines Unwetters an." Ich glaube, ihm reicht's. Kein Abendessen, kein Frühstück. Heiß und stickig unter Deck. Die Koje naß, weil die Luken undicht sind. Dazu das totale Chaos in der Kajüte.

Wie es so geht, 45 Knoten Wind wirken nach orkanartigem erholsam. Das war's, denke ich, aber auch: Nach einem schweren Sturm havarieren Schiffe häufig, weil's zu zügig ans Segelsetzen geht. Um 13.00 Uhr sind wir bei 30 bis 33 Knoten. Ich übergebe an Jogi. Der macht weiter mit brennendem Glimmstengel. Seit der KATHENA-NUI-Nonstopfahrt war das der erste richtige, knallende Sturm für mich. Ich bin angespannt. Mache auf munter. Mache auf Erlebnis. Die meisten sind jedoch groggy. Dianas Tagebuch dazu: *Heute war mein schwerster Tag. Ich war überhaupt nicht fähig aufzustehen. Ein gewaltiger Sturm an Deck. Der dritte Tag, an dem ich kein Essen behalte. Den anderen geht es genauso. Ulrike, Heike, und heute hat es auch Jürgen gepackt. Alle an Bord haben die gleichen verklebten Haare, und außerdem stinken alle nach Meersalz, Gummi und Schweiß. Das Leben auf dem Schiff fällt mir echt schwer. Der ewige Wellengang und das Hin und Her, überall muß man sich abstützen, halten, dagegenstemmen, das ist so ermüdend, daß man sich jede Arbeit und jeden Gang vorher genau überlegt. Einmal von meiner Koje in den Salon und zurück kostet soviel Kraft wie eine Runde Trimm-dich-Pfad in Rheinfelden.*

Jemand liegt seekrank und mit Kreislaufschwäche in der Koje, jammert und stöhnt. Der Blick gefällt mir nicht. Er ist starr. Jemand wird leicht eklig, als ich das An-Deck-Gehen verweigere. „Dafür habe ich nicht angemustert." Zitternd nimmt man meine Tasse Tee und Knäckebrot an.

Jogi schlürft fahrig sein heißes Getränk. Er ist down. Er ist müde. Er hat nicht geschlafen, nur „mit geschlossenen Augen zugehört". Und sich in der Luvkoje festgekrallt, um nicht rauskatapultiert zu werden. Seine heutige Eintragung: *Jeder denkt über seinen „Gewinn" im Moment wirklich anders. Es ist ein unglaubliches Abenteuer. Sturm. In dieser Auswirkung hat niemand damit gerechnet. Das Boot bockte richtiggehend, es machte unmögliche Sätze nach allen Seiten. Beängstigend und doch schön. Eine Feuertaufe. Am Abend flaute der Sturm ab, endlich und Gott sei Dank.*

Eine Fünf-Minuten-Suppe wird im Stehen, Hocken, Liegen gelöffelt. Gedankensprung: Ein zentral installiertes Kotzbecken wäre auf einem Charterschiff eine nützliche Einrichtung. Einer Spüle ähnlich – mit Pumpe und Seeventil.

So hat Ulrike den „Fed-up-Tag" erlebt: *Als ich meine Schicht um sechs Uhr begann, bot sich mir ein Bild, das ich nie im Leben vergessen werde. Bei Windstärke 10 und Wellen, die etwa acht bis zehn Meter hoch waren, befanden wir uns mitten in einem Sturm. Ich bekam fürchterliche Angst. Jürgen erklärte mir genau die Reaktion des Schiffes, aber ich konnte mich nicht daran gewöhnen, wenn eine Riesenwelle nach der anderen auf uns zukam, unser Schiff total auf die Seite legte und teils über uns, teils unter uns abrollte. Mir wurde speiübel. Jetzt spürte ich, wie nahe angesichts dieser elementaren Gewalt der Tod sein kann. Bilder rollten vor mir ab. Ich sah den Garten meiner Mutter mit all seinen Blumen und sehnte mich danach, mit ihr dort Kaffee zu trinken. Um mich abzulenken, richtete ich unser Zuhause neu ein. Vor allem dachte ich an meine Kinder. Ich betete wie früher, daß unser Schiff diese Tortur aushielt.*

Und dann schafft Heike Ordnung in ihr Chaos. Dreckige Sachen, saubere Sachen, trockene, nasse Sachen, alle liegen durcheinander. Für die Kindergärtnerin waren die letzten 24 Stunden eine einzige Katastrophe: *Ich dachte, das sei das Ende. Jeder hatte um sein Leben Angst. Wilfried sagte immer: Paß gut auf dich auf. Als ich was zu trinken suchte, kam er mir total fertig entgegen und drückte mir eine*

Dose Bier in die Hand. Bier wollte ich nun wirklich nicht. – Schlaf? Nicht dran zu denken. Außerdem ist meine Koje naß von der undichten Luke. Einige sind aggressiv. Erst jetzt wird mir klar, daß eine Transatlantiktour kein Klacks ist, sondern harte Arbeit und viel Disziplin bedeutet. Es lief bisher zu gut ab. Mittlerweile sehen viele aus wie nach einem Verkehrsunfall. Überall blaue Flecken, Blutergüsse, Abschürfungen.

Nachmittags kreuzen wir gegen eine hohe, durcheinanderlaufende Dünung. Die Reffs werden teilweise ausgeschüttet. Diese Rollerei gibt einigen den Rest. Mein Mitgefühl haben sie nicht, auch wenn es sie aus den Kojen haut. Ich habe allen Grund dazu. Dieses häufige ohne Gurt, auf Socken oder barfuß Herumlaufen nervt. Sich immerfort wiederholen zu müssen, ist eine Sache, die ich hasse. Nebenbei beobachten wir große Delphinrudel, die sich von den etwa zehn Meter hohen Wellenkämmen hinunterfallen lassen. „Das sieht drollig aus."

Trotz der abrupten Schiffsbewegungen lasse ich mich zum Kochen hinreißen. Der große Topf wird mit einem Tau auf dem Herd festgelascht. Ein abflauender Sturm törnt mich so an wie eine Spritze einen Drogensüchtigen. Seltsamerweise essen fast alle meine Spaghetti Bolognese. Diana hängt dabei vor ihrer Schüssel wie eine Heroinsüchtige. Ulrikes und Olivers Nudeln sind bald wieder draußen. Die Krankenbrigade hält zusammen, und den Humor hat sie auch nicht verloren: „Eine Seefahrt, die ist lustig, eine Seefahrt, die ist schön. Besonders wenn ich Gewinner an der Reling kotzen seh'."

Bermudawünsche sind heute nicht zu hören. Der Sturm hat Eindruck gemacht.

---

24. Tag: Dienstag, 4. Juli Pos 40°09' N – 46°32' W Kurs 260 Etmal 90 sm Wind NE 3–5 Baro 1019 mb Wetter bedeckt, Nieselregen 100 Liter Regenwasser in die Tanks gefüllt

---

Ludwig ist wieder okay. Ich suche mit dem Glas den Horizont ab, da sagt er: „Weißt du, wie die Ostfriesen einen Hai fangen? Sie schauen verkehrt herum ins Fernglas, nehmen eine Pinzette und legen den Hai in eine Streichholzschachtel." Keine Wehleidigkeit angesichts der Zumutungen. Der Ton an Bord wird anders. „Schatzi, das war aber höllisch naß." – „Es ist schon saukomisch, wenn der Tee anstatt im Hals auf der Schulter landet, weil der Kahn so stoßig segelt." Es ist ein natürlicher Abfall der Spannung zu spüren.

Diana gibt es auch noch. In schwarzer, weiter Hose und pinkfarbener Bluse zeigt sie sich im Salon. „Heute verwöhne ich dich noch mal", sage ich zu ihr und setze der Blassen in Wasser mit Salz gekochte Haferflocken vor, das typische englische Porridge, und eine Tasse Pfefferminztee. Als sie wieder einzunicken droht, hole ich ihren Overall und treibe sie an Deck. „Schau fest auf den Horizont. In die Koje kommst du mir nicht." Um sie aufzumuntern, schicke ich nach: „Sogar Admiral Nelson blieb von der Seekrankheit nicht verschont." Und augenzwinkernd: „Du weißt, bei dem du in Poole geduscht hast."

Einigen reicht es: kein Frühstück, kein Abendessen, nur eine Schüssel Suppe an Deck.

Seekrank sein ist keine Schande. Es ist eine Plage. Sechs von uns neun waren gestern betroffen. Was ist zu tun? Neben Sturmerlebnissen werden die Krankheitserlebnisse ausgetauscht. Jeder leckt seine Wunden auf eigene Art und Weise. Ich empfehle mein Allheilmittel: Porridge (wird ignoriert), Zwieback, Tee. Warm anziehen, denn Kälte führt zu Erschöpfung und verschlimmert die Symptome. Auch Beschäftigung ist ein gutes Gegenmittel. Nur, bei Sturm habe ich für die Kranken nichts zu tun – an Deck. Arzneien, also Präparate gegen die Gleichgewichtsstörung, empfehle ich nicht. Sie machen müde, gleichgültig, nachlässig und müssen immer wieder verabreicht werden. Der große Tröster bin ich sowieso nicht. Wehleidigkeit ist mir ein Greuel. In meinem Elternhaus hieß es: krank gleich faul. Ich behelfe mich an Bord mit Sprüchen: „Kopf hoch" – „Barometer steigt" – „Noch ein paar Stunden, dann hast du es geschafft" – „Sicher das letzte Mal mit deinem Brechen."

Daß es so viele Kranke gibt, liegt auch an der mangelnden Belüftung. Die Luken sind bei nassem Wetter zu und Windhutzen nicht vorhanden. Es steht dann eine feucht-warme, stickige Luft in den Räumen. Letzte Nacht hat's mir mächtig gestunken. Obwohl ich vierzig Stunden auf den Beinen gewesen war, fand ich keinen richtigen Schlaf. Die Salonkoje eignet sich wegen der Störungen wenig: Licht an. Wasser pumpen. Tee kochen. Toilette pumpen.

Niederschläge mit Böen. Ich spanne eine Plane über das Cockpit, um Regenwasser aufzufangen. Paradox: In der Früh' habe ich noch gemahnt, Wasser zu sparen. Das Resultat des Tages: 100 Liter in die Tanks gefüllt. Helfen tut mir dabei keiner. Sie sind einfach noch zu erschöpft. Begeistert verkünde ich, daß ich mich im Regen gewaschen habe, das Haar, den ganzen Körper. Sie beneiden mich, doch aufraffen – nein. Alle Kraft hat sie verlassen. Nur die Sonne könnte sie an Deck locken.

Erst gegen Mitternacht schlage ich mein Tagebuch auf. Mit Taschenlampe und Bleistift schreibe ich drauflos: *Noch 1400 Seemeilen bis New York und elf Tage Zeit. Soviel müssen wir rechnen – Flaute und Gegenwind einbezogen. Bermuda ist endgültig nicht machbar. Können wir uns denken. Die Stimmung ist gut. Der zusam-*

mengeloste Haufen wächst zu einer Crew zusammen. Man ist großzügiger zueinander. Ulrike kocht für Diana Grieß. Oliver fragt, wer Tee mittrinkt. Ich mache Ulrike an. Sie schnackt zuviel vom Essen. Zu Hause, in New York oder wo immer. „Komm lieber mit ein paar persönlichen Daten rüber!" Sie verdient ausgezeichnet. Hat alle Freiheiten in dem Modeladen. Natürlich auch Verantwortung. Dazu eine süße Tochter und noch eine, die flügge ist. Dreimal verheiratet. Verliebt sich schrecklich schnell. Mit Jürgen hat sie sich in einem jugoslawischen Hafen bei Windstärke 8 verlobt. Na, das ist ja was. Schatzi, der gegenüber sitzt, grinst. Heike und Oliver richten das Nachtessen. Bratkartoffeln – Corned Beef – Gurken – Früchte. Einen Brandy zum Magenschließen. Einen Obstler vom Alemannen für die Nacht. Auf ihn hat der Sturm mächtig Eindruck gemacht. Noch fehlen ihm die Worte. Diana hat sich gefangen. Mokiert sich, daß keiner sie zur Sturmwache gedrängt hat. Unsinn. Hat doch ihr Köpfchen in die Kissen gesteckt, um ja nichts zu hören und zu sehen. Geht's aufwärts, wird gemeckert. An Deck läuft es bestens. 8 Knoten. Die „Erzählmaschinen" auf Wache haben ein Hoch. Die Stimmen überschlagen sich, klirren durcheinander. Wörter bleiben im Ansatz stecken, kommen stoßweise. Mal laut, dann leise. Der eine versucht den anderen zu übertrumpfen. Ich kann mir ihre Gesten vorstellen.

---

25. Tag: Mittwoch, 5. Juli   Pos 39°03'N – 49°43'W   Kurs 250
Etmal 162 sm   Wind NE 4, ab mittags NE 1   Baro 1022 mb
Wetter super, blauer Himmel, ruhige See
Golfstrom setzt einen halben Knoten gegen

Mehrfach in der Nacht an Deck. Winddrehungen. Schiften. Ausbaumen. Gewitterböen mit Regengüssen. Die Wachen in den wirklich tollen Overalls haben Bedenken. Ich beruhige sie: „Uns kann nichts passieren. Einschläge werden über die Wanten direkt in den Kiel abgeleitet." Aber so recht glaubt mir das keiner, wenn es blitzt und kracht.

Durch die Wachzeiten kommt es so gut wie nie zu einem gemeinsamen Frühstück. Per Zettel habe ich es angekündigt, und was es heute gibt: Eier nach Wunsch, Porridge, Grießbrei, Wurst, Käse,

Tee, Kaffee, Kakao. Ich habe alles komplett angerichtet – weil es mir gutgeht. Nur, die werden Augen machen, wenn es ab morgen anstelle von leckerem Brot Flocken und Müsli gibt. Doch das ist morgen.

Das Thema Bermuda kommt wieder auf den Tisch. „Wilfried, in sieben Tagen sind wir da.“ – „Und bei einer weiteren Flaute? Vor New York ist laut Seehandbuch im Juli mit sehr schnellen Wetteränderungen zu rechnen. Und bei Gegenwind?“ „Weißt du, Wilfried, wenn du uns da hinbringst, kriegst du tolle Bermudashorts.“ – „Habt ihr dort ein Konto?“

Schiff im Sturm wird nochmals erörtert. GATSBY ist für solche Winde konstruiert und gebaut. Das Vertrauen zum Schiff ist auch da, brauch' ich nicht weiter zu unterstreichen. Ich verweise auf meine monatelange Präparation hin. Bißchen Eigenlob muß ich einbringen. Hinweis auf die griffigen schwarzen Bändsel, um Segel und lose Dinge an Deck zu bändigen. Die Einführung der „Futterdose“, stets gefüllt mit Trockenobst, am Kompaß. Tiefe Suppenschüsseln habe ich besorgt, Bücherbordleiste, Taschenlampenhalterungen, Streichhölzer, Petroleumlampe, Kissen an Deck, Spanntaue. Alles meine Ideen und exakt gesehen Maßnahmen für stürmisches Wetter.

Schiffsmäßig stehen wir gut da. Doch wie ist es mit der Angst? Keine Reaktion. Offenbar fürchtet sich niemand. Ulrike äußert sich im Tagebuch: *Vor Beginn der Reise habe ich mir diese Situation ausgemalt und kam zu dem Ergebnis, daß Angst dazu da ist, überwunden zu werden. Nur wie? Angesichts der Riesenwellen, die dunkel um mich herum tobten, betete ich und flüchtete in Gedanken in den Garten meiner Mutter. Sehr seltsam.*

Einen Fehler gebe ich preis: Beim Reffen handle ich nachlässig, nämlich zu spät. Es kommt immer wieder vor, daß ich den Zeitpunkt dazu hinausschiebe. Speziell nachts. Nicht rechtzeitig zu reffen, ist mein Handikap, damit lebe ich schon lange. „Vielleicht könnt ihr mich mal puschen?“ Aber meistens ist es zwecklos. Astrid kann ein Lied davon singen.

Schönstes Sommerwetter. Fast wolkenlos. Der eine und andere säubert Klo und Kajüte. Räumt sein Spängli-Fach auf. Schmeißt

Wetterkleidung und Decken an Deck zum Trocknen. Ein chaotisches Bild, aber nicht ohne Reiz. „Nach dem Trocknen kräftig schütteln, dann fallen die Salzkristalle raus.“ Kameras werden geputzt. Als Heike sich eine Pütz Wasser nach der anderen über Kopf und Körper schüttet, möchte ich sie als amphibische Schönheit ablichten. Aber auf „ohne“ steht sie nicht.

Gelöste Atmosphäre. Bis zur Bohnensuppe. Die ist mir zu scharf geraten. Nun ja. Jürgen ißt demonstrativ nicht weiter. Ist natürlich kein BMW-Kantinenessen. (Das Kantinenessen beim STERN war jedenfalls oft fad.) Der Knüller: Ludwig verteidigt mein Essen! Zugestanden: Widerwillen war dabei (muß ich kochen?), so daß sich „Köchin“ Diana an den Herd stellte. Ich war nur für die Gewürze zuständig, begleitet von Elvis, zwei Glas Rotwein und dem Barometerstand.

---

26. Tag: Donnerstag, 6. Juli Pos 39°01'N – 50°52'W Kurs 255
Etmal 60 sm Wind S 2–3, abends SW 3–4 Baro 1020 mb
Wetter einzelne Wolken Große Felder von Sargasso-Kraut

Brot, Limonade, Saft und Cola sind uns ausgegangen. Schrecklich!? Den Gesichtern nach sogar tragisch. Es wurde einfach eine Dose nach der anderen aufgerissen. An meine Empfehlung – eine Dose pro Tag – hielten sich nur wenige. 240 Dosen waren in Horta an Bord, plus Fruchtsaft und Mineralwasser in Plastikflaschen. Mein Vorschlag, mal ein Glas Tankwasser zu trinken, wird erbost zurückgewiesen. So trickse ich abends die Plastikflaschen wieder voll und biete das Wasser aus dem Tank erneut als original portugiesisches Quellwasser an. Nur Heike schmeckt es raus. Sagt mir auf den Kopf zu, daß es aus dem Tank kommt. „Schmeckt'n bißchen weich, wie Regenwasser.“ Hochentrüstet schwöre ich alle Eide. „So was würde mir nie einfallen.“

Hohe, zermürbende Ostdünung. Das 15 Tonnen schwere Schiff schüttelt sich. Segel schlagen, zerren, zittern, vibrieren erbärmlich in der Takelage. „Was müssen die Segeltücher an dem 23 Meter langen Mast aushalten“, stellt Oliver bewundernd fest. Auch die Blöcke und Fallen, die uns wachhalten. „Mit Decksgeräuschen ist

GATSBY bestens ausgerüstet." Ludwig: „Dafür spielt die Stereoanlage nur auf einem Ohr." Musikzeit ist meistens in der Abenddämmerung, wenn gekocht wird – und gespült. Niemand interessiert sich für Nachrichtensendungen im Rundfunk. Das Erstaunliche: „An Land komme ich ohne Tageszeitung, Radio, Fernsehen nicht aus."

Die Träume sind offenkundig sehr intensiv. Heike schreibt auf: *Ich hatte einen merkwürdigen Traum. Wir sind in New York angekommen, alles sieht aus wie Venedig. Nachdem wir fast drei Schiffe gerammt haben, kommt ein Polizeiboot, und man schreit durchs Megaphon, wir sollen den Motor anstellen und nicht „hart am Wind" segeln.*

Hinter meinem Rücken wundert man sich. Erst segeln wir auf 38 Grad, dann auf 40, jetzt wieder auf 38. Warum nicht auf einer Linie nach New York?

Ja, warum nicht? Um die Möglichkeit zu haben, bei den vorherrschenden Südweststürmen nach Nord abzufallen, halten wir in den schwachen Windperioden mehr nach Süd.

Mild, knallroter Sonnenuntergang, Sternenhimmel. Zwei Drittel der Crew sitzen an Deck und schnacken über Aberglauben, Lieder und Schlagersänger, Tod. Paul, der an einer neurochirurgischen Klinik tätig ist, berühren die Toten nicht sonderlich. „Für viele eine Erlösung nach monate-, jahrelangen Schmerzen." Diana wirft sofort ein: „Wenn ich Krankenhausbesuche mache, muß ich erst aufs Klöli." Allgemein wird festgestellt, es mangelt erheblich an qualifiziertem und mehr noch an engagiertem Pflegepersonal. „Ich gehe nur ins Hospital, wenn sich nichts mehr machen läßt."

---

27. Tag: Freitag, 7. Juli   Pos 38°18'N – 53°08'W   Kurs 280
Etmal 108 sm   Wind WSW 4   Baro 1016 mb
Wetter Zirruswolken, 25°C   Funkkontakt mit Taiwan-Frachter

Ich nehme heute meinen schlechten Tag. Motto: Ich bin normal, die anderen spinnen.

Auslöser ist, daß die Schoten zu weit aufgefiert sind, als ich durchs Luk in die Dämmerung blinzle. „Seht ihr das nicht? Ihr steht ja fast." Und dann diese „Drüllerei" am Ruder. Dies ist ein Hoch-am-Wind-Kurs, da braucht man das Rad nicht wie einen Leierkasten zu drehen. Eine Ellenbogenlänge reicht. „Habe es euch doch vorgemacht. Wir verschenken damit Meilen. Leicht zu segelnde Meilen." Und dieses ewige unkonzentrierte Rudergehen mit Walkman, Zigarette und Schnack. Bei: „Hol die Großschot dicht", irrt erst mal der Blick durchs Cockpit. Als Schoten-Diana nicht weiß, wie man die Windenkurbel von der Trommel löst, flippe ich fast aus. „Hier mit dem Daumen die Sperre lösen", schreie ich sie an. Spüre aber gleichzeitig, daß ich zu weit gehe.

Segelschule GATSBY: vom Pfützensegler zum Ozeansegler. Aus der Verwandlung wird wohl nichts. Es geht mir an Bord nicht spritzig genug zu. Zack, zack. Nicht angespannt genug. Die Enden liegen an Deck rum wie gekochte Spaghetti.

Hygienestunde findet bei mir immer am Heck statt. Eine Pütz Meerwasser wird an Deck geholt und dann der Kopf reingesteckt. Dabei sehe ich plötzlich, daß wir einen Dampfer im Nacken haben. O je. Die Wache dreht sich um: „Genau auf unserem Kurs." Ich nehme Funkkontakt auf. Ist ein Taiwanese mit Kurs Norfolk. Davor, ein Telegramm mit unserem Standort an das New Yorker Büro unseres Veranstalters zu schicken, drückt sich der Funker. Sein Sender sei zu schwach. Rechnet uns aber, nachdem ich ihm mitteile, unsere Geschwindigkeit liege bei 6 Knoten, großzügig sieben Segeltage bis New York aus. Und das Wetter bleibe fein bis dort. Das ist ganz wichtig. Hebt meine Moral. Man arrangiert sich und versteht, daß die Reaktionen auf See unberechenbarer sind. Selbst Vater und Sohn tragen immer mehr zur Bordordnung bei.

Kindergartenkost ist am beliebtesten. Grießbrei steht obenan. Dann Pudding, Kaba, Marmelade, Schokolade, Müsliriegel. Ist zwar keine Basis bei hartem Wetter, man will es aber nicht anders. Dränge Diana, Flocken zu kochen und anzubieten. Ihrem Wachkumpel schmecken sie überhaupt nicht. „Das wird sich ändern, Paul", sagt sie, „ab morgen bist du das gewöhnt."

Ich wünschte, Jürgen würde so munter drauflos plappern. Er spricht nicht mehr als unbedingt notwendig. Seine Frau schreibt: *Jürgen geht es seit Tagen echt mies. Das Rauchen aufgeben quält ihn.*

Seine Entzugserscheinungen bekommen wir alle mit. Aber jeder versteht ihn. Es ist wirklich schwer, unter diesen Bedingungen ein jahrelanges Laster aufzugeben. Ich bin sehr froh darüber und freue mich auf die „neuen" Küsse.

Die Fahrt ist kein Zuckerschlecken. Als Einzelgänger immer beobachtet zu werden, ist für mich verdammt hart. In einem Buch lesen ist mühsam. Dauernd kommt einer angemeiert. Wo? Wie? Warum? In diesem Zustand fühle ich mich nicht lebendig. Oberflächlich, leer, stochere ich von Zeile zu Zeile. Selbst für mein Tagebuch fehlt mir Muße und ein wenig Zeit. Schlage ich es am Salontisch auf, setzen sich prompt meine Mitreisenden dicht neben mich. Mir fällt dann nichts mehr ein. Ich bin blockiert. Die Spontaneität geht verloren. Ich verhole zum Kartentisch, doch der ist mit Zigarettenschachteln, Kaffeetassen und anderem Zeug bedeckt. Bleibt mir nur das bewegte Vorschiff. Im Stehen, über meine Koje gebeugt, werden die Wahrnehmungen zunehmend grantig. Manchmal.

Das Leben an Bord ist für mich eine gewisse Selbstaufgabe. Gedanke: Wie ist das eigentlich geregelt, wenn ich in New York den Kram hinschmeiße? Sucht euch Gebhard oder Schenk für die Rückfahrt. Ende. Finis. Vielleicht bin ich heute so schlecht drauf, weil ich unter Schlafentzug leide. Die Salonkoje mit dem Durchgangsverkehr und der stets brennenden Petroleumlampe ist furchtbar. Rolfs Vorschlag in Cuxhaven, die Zweier-Kabine zu nehmen, hätte ich sofort umsetzen sollen. Sollen sich doch die anderen im holperigen Vorschiff die Knochen zerreiben. An Bord lebe ich mit Widerspruch. Sicher eine Sache der überreizten Nerven. Ich reibe mir die Augen, und die Chose ist vergessen. Speziell an einem Tag wie heute, mit Zirruswolken und tiefen Schäfchen. Sieht für morgen nach einer steifen Brise aus. Platte See. Gute Fahrt. Kurs New York liegt an. Bugwasser gurgelt. Eine ganz feine Heckwelle. Das Kielwasser wie mit einer Schnur gezogen. Die Segel stehen wie glatt gehobelte Bretter. Ein starkes Bild. Die Crew liest, spielt Mau-Mau, angelt, döst, raucht. Der ideale Kodachrome-Segeltag. Die Sonne noch gerade angenehm. Ein Tag zum Reinziehen.

Heikes Tagebuch: *Heute nachmittag haben wir die Kabine wieder für uns.*

Dianas Tagebuch: *Die Namen für die eventuellen* GATSBY*-Babys wurden bestimmt. Bei uns ist es Mara oder Martin, bei Schneiders Almut, Luisa-Maria oder Moses, Paul.*

Ich steuere mein Wissen vom Liebesleben auf den Auswandererschiffen nach Amerika bei. Viele Kinder, man weiß es, wurden auf diesen Rahseglern gezeugt. Bis heute ist es ein Wunder, wie die Leute das gemacht haben in den großen Quartieren. Mit Kojen, die höchstens 1,60 m lang und 45 cm breit waren. Und man stelle sich vor, die viele Kleidung. Eine Frau trug gewöhnlich drei Unterröcke, auch an Bord. In der Tat ein Rätsel.

Ich vermisse Bemerkungen zum Schiff. Wie es das Meer elegant durchschneidet, die Wellen trennt. Nie ein Wort. Beispielsweise „unser" Schiff. Ist ihnen eine Verbindung Meer, Schiff, Segel mangels innerer Einstellung nicht möglich? Ich bin weiß Gott keiner, der sofort vor Begeisterung sprüht. Ich bin eher mißtrauisch, prüfe die Schwimmwesten, bevor ich bei jemandem mitsegele. Ich habe eine gesunde Angst und Nervosität.

Also, ich fühle mich heute zerrissen, teils happy, teils ratlos. Aber auch als „ganz junger, neuer" Segler, der immer wieder durch die Kajüte an Deck rennt und schaut und staunt, wie „sein" Boot läuft. Immer wieder. Ich lege mich kopfüber auf den Bug, stiere in die sprühende Bugwelle. „Stundenlang kann ich mir dieses Schauspiel ansehen, ohne dabei zu ermüden", sage ich denen, die gucken, was es da zu gucken gibt. „Die Konturen, die Farben, die Lebendigkeit." Blicke: Hat der eine Macke? „Haltet mal die Hand mit der Innenfläche auf die Gischt. Das kribbelt, ist einfach fabelhaft." Die Münchnerin: „Ist das schön, es kitzelt." Sie bringt zu Papier: *Mein Lieblingsplatz ist das Vordeck. Auf dem blanken Teakdeck liege ich mit dem Rücken gegen den Segelsack. Dabei wird mir wieder bewußt, in welchem Vakuum wir hier leben. Kein Haushalt, kein Einkauf. Nicht im morgendlichen Stau ins Geschäft. Und alles ohne Geld.*

Um was zu tun und Leben in den Laden zu bringen, picken wir den Spibaum in Luv ein. Hand über Hand, mit Kamera um den Bauch, hangle ich mich in die Nock und setze mich in den Bootsmannstuhl. Ein sagenhaftes Bild prägt sich mir ein: 6,5 Knoten, leichte Schräglage, Teakdeck, GATSBY.

Nordatlantik: ein magisches Meer. Die am meisten befahrene Route während der letzten Jahrhunderte. Und die besegeln wir. Ich habe häufig versucht, Aufmerksamkeit für diese Tatsache zu erwecken – auch für die sogenannten kleinen Nebensächlichkeiten: „Fühlt sich Tauwerk nicht schön an?" Nichts. Womöglich kommt die Resonanz später. Zu Hause. Bei Kym, meinem Sohn, war es 1987 so. Während unseres „50-Tage-Große-Seen-Törns" in Amerika hat er viel gemault. Einen Monat danach und heute noch ist es „das" Reiseerlebnis.

Ich bin hier nicht nur wegen des Geldes. Und somit ihnen verpflichtet. Das mag man denken, es ist aber nicht so.

In manchen Augenblicken habe ich das Gefühl, es fehlt an Respekt. Respekt vor dem Meer. Vielleicht werden wir für diesen Leichtsinn bestraft. Für unser Spiel mit dem Ozean. Womöglich ist sie doch eine Idee zu tollkühn, die Kombination: Gewinner – Ozean. Die See ist wunderschön, kann aber ebenso häßlich sein und zurückschlagen, daß einem keine Zeit zum Denken bleibt.

Das Anschreibebuch für zollfreie Waren fällt mir heute in die Hand. Die letzte GATSBY-Crew bunkerte für einen 14-Tage-Dänemark-Törn: 14 Flaschen Schnaps, 12 Flaschen Sherry, 12 Flaschen Sekt, 15 Kästen Bier à 24 Dosen. Da können wir nicht mithalten. Sehen sogar schlecht aus. Nur: Soviel kann man doch nicht saufen! Die Rechnung klebe ich in mein Buch ein. Für den Fall, daß mein „Buchhalter" wegen unserer Ausgaben mosert.

---

28. Tag: Samstag, 8. Juli   Pos 38°21'N – 56°10'W   Kurs 290
Etmal 140 sm   Wind SW 7–8, ab mittags SW 9   Baro 1007 mb
Wetter strahlend blau, mild   Wasser in der Ruderplicht, das mit Eimern gelenzt werden muß

Wache vier hat ungewollt wieder „zugelangt". Merkmürdig: 90 Prozent aller Unwetter beginnen in Heikes und Jogis „Schicht". Auch wenn sie übertreiben, bei ihnen ist wirklich immer was los. Sie bekommen einen „gefürchteten Ruf". Und wieder in einer Samstagnacht. Sie können sich nicht darüber freuen, jedesmal als erste mit dem Sturm kämpfen zu müssen.

Das erste Reff binden wir nachts um drei Uhr ein. Viel zu spät. Ärgere mich schon deshalb fürchterlich. Ludwig fiert das Fall. Ich zerre am Vorliek. Er setzt das Fall durch. Fast wortlos erledigen wir das Reffen. Tolles Gefühl, die Arbeit wie blind im Griff zu haben. Danach rolle ich noch einen Meter von der Fock 1 ein, die wir gestern gegen die Genua getauscht haben. Und das ist auch wieder so ein seltsamer Zusammenhang: Sind die Reffs eingebunden, legt der Wind noch zu.

Für alle Fälle verteile ich Tupper-Eimer. Ich meine, sich über der Kloschüssel zu erbrechen, verschlimmert den Zustand. Es stürmt ordentlich. 40 Knoten. Einfach super, wie das Schiff auf der Steuerbordseite durch die Seen geht. Ich liege in der Ruderplicht, eingepackt im Overall, und schaue zu. Jürgen nervt. Will mehr Focktuch. Läßt nicht locker. Was ist das für eine komische Idee? Schon neulich stöhnte er vor jedem Reffvorgang: „Nicht noch weniger Segelfläche." Will er mich provozieren? Wir rennen mit 7 und 8 Knoten gegenan!

Die Sonne brennt. Der Himmel strahlt blau mit wenigen Wolken – ein Mistral-Himmel. Um zwölf Uhr bergen wir die Fock. Stürmen trotzdem mit 5 Knoten gegen eine aufgewühlte See. Gischt bis ins Cockpit ist normal. Frühstück – Knäckebrot, Käse, Leberwurst. Dazu bringe ich auf Wunsch Tee an den Steuerstand. Die Mittagssuppe reiche ich nur durch den Niedergang ins Cockpit, wo die dichtgedrängte Crew finster dreinblickt. Die Arbeit am Herd, im Haltegurt hängend, ist beschwerlich. Fördert aber die Moral.

Ab 14 Uhr über 40 Knoten Wind konstant. Werden eingegischtet. Es ist an Deck keine Ecke vorhanden, in der man Schutz suchen kann. „Ein Nachteil", meint Jürgen. „Zugunsten des Windwiderstandes wurde auf Aufbauten verzichtet." Er bezeichnet GATSBY als Rennyacht. „Ein Schiff in der Qualität sollte einen kardanisch aufgehängten Tisch haben." Jürgen hat Sorgen. Die Hälfte meiner Truppe ist ausgefallen. Angst und Furcht spielen dabei mit. Zusammengekniffene Lippen und Bier. Die Kajüten sehen katastrophal aus. Ich habe zwar die Devise ausgegeben: In seiner Koje kann jeder machen, was er will – aber ständig in einer Plünnenhöhle leben und liegen, geht auf den Geist. Schon der Anblick muß krank machen. Um an Deck zu gelangen, benutzen wir wieder Ludwigs Kabine. Er regt sich darüber auf, findet keine Ruhe. Aber soll einer über Bord fallen?

Ich stehe hinter dem Ruder. Die Beine breit gestellt, den Hintern gegen den Kamelhöcker geklemmt. Die Sorgleinen am Heckkorb eingepickt. Ich bin allein. Heute nacht verschieben sich die Wachzeiten wieder. Die drei Stunden – von 21 bis 24 Uhr, die Hängewache – übernehme ich.

Es regnet, es stürmt mit 40 bis 45 Knoten. Nässe rundum. Der Kragen ist dicht. Habe ein Frotteehandtuch eng um den Hals geschlungen, damit die Gischt nicht durch den Kragen in die Wäsche läuft. An den Füßen hohe Gummistiefel. Unter dem

Schrecklich: An Deck gischtet es.
In der Koje rollt man hin und her.
Im Salon ist es feuchtwarm.

Overall weite Kordhose, zwei Hemden, einen Pullover und den Troyer. Ich möchte auf jeden Fall trocken und warm bleiben. Auf dem Kopf meine rote Wollmütze und die Kapuze vom Ölzeug drüber. Gute, freie Sicht nach allen Seiten. Es poltert häufig an Deck, so alle zehn Minuten. Ich ziehe dann automatisch den Kopf ein. Und Sekunden später schüttet es übers Deck. Das Wasser rauscht lange nach. An Süllkanten, Beschlägen, Tauwerk. Die Abflüsse in der Ruderplicht schaffen die Wassermassen nicht schnell genug ins Meer. Mit der rechten Hand greife ich instinktiv zur Pütz und schöpfe. Tu' ich es nicht, läuft zuviel Wasser durchs Armaturenbrett in Heikes Koje.

Mit zwei Reffs im Groß und gekürztem Vorsegeltuch sehe ich kein Risiko. Nur der flache Bug knallt ab und zu fürchterlich auf die sechs bis sieben Strich von Backbord anrollenden Wellen. Ungemütlich, aber nicht gefährlich. GATSBYS Sturmsegel-Eigenschaften sind phantastisch. Das Gefühl, so ein gut gezeichnetes Schiff zu segeln, ist sagenhaft. Und macht übermütig.

Ich fühle mich geborgen hinter dem Steuerstand. Der eigentliche Ort meiner Identität. Ich empfinde eine ungeheure Lebensfreude, begleitet von einer düsteren Vision: Sie wären alle von Bord. Die Kojen allesamt leer. Wie das wohl wäre? Ich verharre bei diesem Gedanken. Niemand würde sich kümmern um mich. Und ich müßte auf niemanden Rücksicht nehmen. Solo einlaufen in Manhattan. Die Gesichter des Empfangskomitees – ungläubig. Das tolle Entsetzen bei „Chaos und Company". Bruchstücke meiner Gedanken... Sie geben mir Ruhe. Vertreiben mir die Zeit.

Gehe noch die Wache für Diana und Heike. Die Mädchen liefen mit bedrückten Gesichtern rum gestern abend. Reif für die Schönheitsfarm am Tegernsee. Ihnen fehlt der Sinn für logisches Denken. Eine Tasse Milch stellt man nicht bei Lage frei auf den Tisch. Und wundert sich schon gar nicht, wenn das Ding Beine kriegt.

Es gischtet und gischtet. Das Wasser gurgelt in den Abflüssen. Der Luftdruck fällt weiter. Paul kommt und geht. Jogi kommt und geht. Mit ihm erlebe ich eine wundersame Stunde. Ist es Furcht, ist es Angst? Die Zigarette läßt er ungern ausgehen. Und passiert es doch, kämpft er krampfhaft im Schutz der Plicht mit dem Feuerzeug. 55 Zündversuche, bis der Tabak glüht. „Es zeigt, daß Raucher Zähigkeit besitzen. Gell?!“ Mit ihm erlebe ich aber auch einen sintflutartigen Regenguß. Gegen sechs Uhr. Ich ahne, das ist der Höhepunkt. Die See sieht im Zwielicht erschreckend aus. Wellen von sieben, acht Metern knallen gegen GATSBY und überschütten uns. Ich hole meine Nikonos aus dem Kompaßbüdel und mache zwölf Aufnahmen.

Tagebuch Ulrike: *Vergangene Nacht baute sich ein erneuter Sturm auf, der das Schiff oft drei Meter in ein Wellental springen ließ. Bei 35 bis 40 Knoten Windgeschwindigkeit ist der Tag für alle schlimm. Dauernd knallen wir gegen etwas, und an Essen ist den ganzen Tag nicht zu denken. Mir tut irrsinnig eine Rippe weh. Sie sticht mich. Bei jeder Bewegung denke ich, ein Messer ist drin. Mit einem Schmerzzäpfchen geht es mir besser.*

Jürgen löst mich ab: „War es ein Hurrikan-Ausläufer?“ – „Alle Anzeichen sprechen dafür. Schlagartige Regenfälle. Heiße, feuchte Luft.“ Ursache für einen Wirbelsturm sind die Temperaturgegensätze. Von Grönland strömt eisige Luft nach Süden und trifft auf die warme Luft über dem Golfstrom, die sich in Richtung Norden bewegt. „Das ist wie Öl ins Feuer gießen.“ Die kalte Luft schiebt sich unter die warme und drückt sie nach oben. So entsteht ein Orkan.

Ich schlafe eine Stunde auf dem Boden im Salon. In Gummistiefeln und Ölzeug. Denn vielleicht werde ich noch mal an Deck gebraucht. Allmählich nimmt der Wind ab. Die See röhrt. Wir machen weiter unter gerefftem Groß. Der Versuch, die gereffte Fock zu setzen, scheitert. GATSBY stürzt damit förmlich in die Brecher.

Heike wird diesen Tag nicht vergessen: *Die ganze Nacht habe ich nicht geschlafen, über meinem Kopf wurde ständig mit einem Eimer Wasser geschöpft. Das ist das letzte! So ein Seegang, so ein Geschaukel, ich möchte nicht mehr leben. Ich habe wirklich große Angst. Alle Klamotten sind naß, hinzu kommt, daß bei jedem Regenschauer und jeder Gischt das Wasser auf meinen Schlafsack läuft. Als ich um Mitternacht die Achterluke aufschiebe, um zu fragen, wie es Wilfried geht, habe ich den Satz noch nicht raus, da bin ich von Kopf bis Fuß richtig geduscht. Ich will nicht mehr. Um sieben Uhr bin ich endlich kurz für eine halbe Stunde eingeschlafen. Beim kleinsten Geräusch aber wieder hoch. Um zehn Uhr bin ich aufgestanden, nachdem ich den Toilettengestank und die feuchte Wärme in der Kajüte nicht mehr aushalten konnte.*

---

29. Tag: Sonntag, 9. Juli   Pos 39°20'N – 58°35'W   Kurs 300
Etmal 127 sm   Wind SW 9, ab mittags W 6   Baro 1006 mb
Wetter Schauer, bedeckt   Flaschenpost abgeschickt

Jogi und Paul befinden sich im Zwiespalt. Wer von beiden geht in Amerika zuerst an Land? Nach langem Hin und Her einigen sie sich. „Wir stellen beide gleichzeitig einen Fuß auf den Kai."

Das Gespräch gefällt mir. Inmitten von nassem Segelzeug, das übers Deck verteilt liegt, schlummere ich darüber ein. Als ich wieder „da" bin, scheint die Sonne. Es weht ein frischer Segelwind. Die feuchte Wärme ist unter Deck nicht auszuhalten, vermischt mit durchgeschwitzter Kleidung, dem Geruch ungewaschener Körper und Toilettendünsten. In der Achterkajüte wird heiß diskutiert. Diana wird von ihren Kojenkameraden eine Rüge erteilt. „Jetzt räumst du endlich mal Kleidung und Gegenstände weg." – „Soll ich mich in den letzten Tagen noch umstellen? Ich kann mir das ja bis New York überlegen." Diana zeigt erschreckende Spuren der Überanstrengung. Das Gesicht ist eingefallen, die Bewegungen wirken eckig. „Alles ist salzig, die Haare, die Hemden, mein Kojenzeug, das Kopfkissen, die Handtücher. Fast alles, was ich mithabe. Das ist nicht gerade der Geschmack, auf den ich stehe." Das Bettzeug ist nicht nur salzig-klamm. Es hat auch Patina angesetzt. Jeder hat nur einmal Bettwäsche für die Überfahrt, und in Horta hat sie keiner gewaschen. „Wie hältst du es so lange ohne Essen aus?" frage ich Diana. Sauerstoffmangel ist für sie das Schlimmste. Aber auch: „Ihr hättet mich auffordern sollen, Wache zu gehen." Ich tröste sie: „Zehn Minuten hättest du gebraucht zum Eingewöhnen, und nach einer Viertelstunde wären dir die Arme abgefallen, so kraftraubend war das Steuern letzte Nacht." Mir schmerzen durch das viel zu große Rad die Schulterblätter.

Wo Kaffee gefiltert und heißhungrig Gericht Nr. 5 (Kartoffelsalat mit Würstchen und Rote Grütze) verschlungen wird, ist bald alles in Butter. Tischthema: Essen, Sturm, Belüftung. Einige schleichen auf dem Zahnfleisch. 30 Stunden in ruppiger See und schlaflos in den Kojensegeln stecken länger in den Knochen. Unschwer sich vorzustellen, wie wir aussehen.

Im Radio hören wir die letzte Nachricht aus Deutschland: Steffi Graf und Boris Becker sind Wimbledonsieger.

---

30. Tag: Montag, 10. Juli   Pos 39°00'N – 61°35'W   Kurs 265
Etmal 139 sm   Wind NW bis SW 4–6, abends SW 7–8
Baro 1012 mb   Wetter einzelne Wolken   Ernste Beanstandungen

---

Ein Tag zum Faulenzen. Überhaupt hat er lustig-schadenfroh angefangen. Den „Nie-Zuhörern" am Frühstückstisch erteilt das Wetter eine Lektion. Ludwig am Ruder fährt ruckartig eine „heiße" Lage, und schon spritzt kochender Kaffee auf Jogis nackten Bauch. Der springt, als hätte man ihm Feuer unter dem Hintern gemacht, wie eine Rakete hoch und kracht mit dem Kopf gegen die Decke. Bauch verbrannt, Schädel brummt, Polster versaut. „Ich habe euch gewarnt." Plötzlich sitzen alle auf dem Salonboden. Wie ich seit Tagen. Es ist der ruhigste und bequemste Platz zum Essen auf dem Schiff.

Während der Mittagsflaute motoren wir, primär um die Batterien zu laden. Das Ohr unseres Autofachmanns nimmt sofort wahr, daß die Welle unruhig läuft. Ich stoppe die Maschine und hole tauchend Sargassokraut aus dem Propeller. Kleinere Reparaturen werden ausgeführt, Winden und Blöcke mit Marinefett gängiger gemacht, das Großsegel-Vorliek wird mit Vaseline eingefettet (damit es in der Nut besser rutscht). Paul und Jogi versuchen, das Kompaßlicht zu reparieren. Die Fassung ist korrodiert. Der Ärger wäre mit einem O-Ring für eine Mark vermieden worden.

Ich lese nonstop das Buch „Schwimmen nach Kambodscha". Umwerfend komische Filmdreherlebnisse in Südostasien.

Einige Männer rasieren sich. Für die Frauen, die sich gewaschen haben und Zöpfe flechten?

Ernste Beanstandungen: mangelnde Belüftung, zu kleine Stauräume, keine Griffleisten in Backbordkabine und Salon, Niedergangsluken lecken, fehlende Netze über den Kojen, keine Strecktaue an Deck zum Einpicken der Sorgleinen, schlappe Kojensegel, dürftige Wasserkapazität, Sprayhood ist Spielerei, zu viele Zwiebeln.

Die Backschaft ist seit den Azoren schweißtreibend. Jürgen macht sie unter allen Bedingungen exzellent. Er kann das so gut wie keiner und keine andere. Ich nenne ihn Meister der Backschaft. Wegen GATSBYS Lage wünscht er, daß ich heute beidrehe, damit er bequem aufklaren kann. Nun habe ich mir als Fahrtensegler nie den Luxus erlaubt, wegen solcher normalen Tätigkeiten beizudrehen. Bin ich nie drauf gekommen. Aber auch: Niemand hängt die Küchentücher sorgfältiger auf die Reling als Jürgen. Überhaupt, er hat immer etwas auf der Reling hängen, ein Handtuch, Shorts, ein Hemd. Bis New York.

Mit Waschbord-Lage und Reff in die Nacht hinein. „Nicht schon wieder Sturm!" Aber Jogi scheint am Schiff, diesem Ort der Anstrengung, der Spannung, der überreizten Nerven, Gefallen zu finden: „Diesmal bedrückt der Sturm mich nicht."

---

31. Tag: Dienstag, 11. Juli   Pos 39°39'N – 63°50'W
Kurs um 300, 220   Etmal 114 sm   Wind SW 9–11,
ab mittags NW 5–7   Baro 1000 mb   Wetter bedeckt
Gläserne Inseln am Horizont

„Ich will nicht mehr!" – „Wieder in der Nacht!" – „So langsam stinkt es mir gewaltig auf diesem gottverdammten Kahn." – „Was für ein exzentrisches Wetter!"

Heulender Sturm schlägt nochmals zu. Wie ein Silvesterkracher, der unverhofft im Wohnzimmer losgeht. Ohne Ankündigung durch Barometerfall. Ich komme gar nicht mit dem Reffen nach, so schnell geht alles. Die Bändsel zum Festlaschen des schlagenden Tuches schneiden in meine aufgeweichten Handflächen. Ich kämpfe mit dem harten, flatternden Segel wie Tarzan mit dem Krokodil. Das liegt daran, daß das Vorliek lose aus der Mastnut rutscht.

Und daß der Baum untypisch hoch montiert ist. Als ich das allerletzte Bindereff durchgesetzt habe, kann ich mich kaum halten, so aufgewühlt und erschöpft bin ich. Das ist alles andere als ein Spielspaß. Diana, die mir mit der Taschenlampe leuchtet: „War spannender als ein Krimi im Fernsehen – in der ersten Reihe.“

Ich beging beim Reffen einige Fehler. Habe drauflos gearbeitet, ohne nachzudenken – zu impulsiv. Ich hätte koordinieren sollen. Baum war nicht abgesenkt, habe am falschen Ende gezogen, warum habe ich keine Winschkurbel gefunden? Paul beobachtet am Kartentisch gespannt die Windanzeige: eine Stunde lang über 60 Knoten. „Warum soll ich das tun?“ Jogi: „Sonst glaubt uns das kein Mensch.“ Ich: „Es gibt einen Weltumsegler, der kontrolliert solche Angaben anhand von Wetterkarten. Ein Freund ist auch schon reingefallen. Anstatt 10 Beaufort waren in dem Seegebiet damals höchstens 6.“

Ich bin wieder Rudergänger. Traue ihnen die Übersicht am Rad nicht zu. Mein Gespür für die Gefahr ist ausgeprägter. Eine Welle füllt die Plicht. Paul, der sich darin festgegurtet hat, japst nach Luft. „Ich habe Wilfried nicht mehr gesehen, so wurden wir zuge-

Skeptischer Ludwig.
Er betrachtet diese Fahrt nur als Gewinn an Erfahrung.

schüttet“, sagt er später. Und das über Stunden. Ich mache die Nacht durch. Von überall kommt das Wasser: von oben, von unten. Es stürmt unvermindert. Paul und ich bewachen GATSBY wie zwei erbärmlich bibbernde Häufchen Elend.

Jürgen löst Paul ab. Der Ingenieur zeigt keinerlei Regungen. Weder Furcht noch Angst – noch Begeisterung. Tut cool seinen Job. Um zehn Uhr vormittags dann sintflutartiger Regen mit 65 Knoten Wind. Einmaliges Bild. Nämlich überhaupt nichts zu sehen. Null Sicht für 20 Minuten. Dann Schluß, Ende. Aber die See!! Oh, oh... Die kann nicht von den paar Stunden Sturm herrühren. Eher von einem echten Wirbelsturm (Ausläufer), die sekundenschnellen Temperatursprünge sind dafür deutliche Zeichen. „Ozonloch und Polkappenschmelze sind schuld, daß es immer mehr Hurrikane gibt“, meint Paul.

Die Wellen knallen unters Heck, daß einige aus ihren Kojen flüchten. Wir glauben, kleine gläserne Inseln am Horizont zu sehen, so stürzen die Wellenberge übereinander: ein Chaos, das ich bis in den Nachmittag allein durchsteuere. Hellwach und voller Konzentration. Das Rad locker in den Händen. Ich habe Bedenken, daß wegen der harten Wellenschläge aufs Ruderblatt die Steuerseile brechen. Wir werden geschmissen wie Früchte in einer Sortiermaschine. Von Wellen aus drei Richtungen, Kreuzseen, die sich nach allen Seiten brechen. Grau in grau Meer, Himmel, die Gesichter meiner Crew. Wann gibt es endlich Ruhe?

Moderater Westwind. Zaghafter Versuch, im Zentrum des Tiefs mit Fock gegenanzugehen. Ulrike hockt auf dem Kajütboden und tönt: „Hoffentlich habe ich in Manhattan auf dem Flohmarkt nicht dieses Wetter.“ Und sie schreibt: *Ich habe mich oft gefragt, ob diese Plackerei einen Sinn hat, und ich kann es nur aus vollem Herzen bejahen. Man darf so etwas nie machen, um sich oder anderen etwas zu beweisen. Aber um sich selbst näherzukommen und kennenzulernen, alte Verhaltensformen aufzuweichen, die Natur sehr elementar kennen- und vor allem lieben zu lernen, dafür ist so eine Reise sinnvoll.*

Friedhofsstimmung. Sie hocken im Salon, festgekrallt zwischen den Möbeln. Blicke für die zerrüttete See, für meine „gläsernen

Inseln“, hat niemand. Einen locke ich mit Fremdenführergehabe an Deck. „Da, schau, diese Wasserberge – einmalig.“ Er kann nicht staunen, im Nu ist er eingedeckt von einer brechenden Welle. Pitschnaß und ohne Ölzeug, flucht er laut. Wir lachen. Er wird böse, grinst diabolisch: „Dieser Gewinn ist ein Alptraum.“ Hastig greift er nach den betreffenden Magazinen im Salon und wirft sie in hohem Bogen über Bord: „Mit dieser Zeitschrift will ich nichts mehr zu tun haben.“ Eine Gewinnerin ergänzt: „Ich glaube, die anderen 47992 von den 48000 Einsendern sind die eigentlichen Sieger.“

Es knistert im Gebälk. Die Gespräche über Steaks, Salat und Süßigkeiten lenken nur sporadisch ab. Die gereizte Lage beruht auf Gruppenbildung. Ich habe mit flapsigen Redensarten versucht gegenzusteuern, doch der Unterschied ist zu frappant. Und ich bin zeitweise zu müde, zu apathisch. Erdmann, der „Fuhrunternehmer“, hat neben Gegenwind Wassersorgen. Auch der vierte Tank ist leer. Jetzt bleiben uns noch etwa 160 Liter. Der durchschnittliche Wasserverbrauch eines Deutschen liegt bei 145 Liter am Tag. Als ich mich beschwere, beschweren sie sich zurück. „Ihr habt mich betrogen. Haare gespült. Wäsche gewaschen.“ Kess halten sie dagegen: „Ich nicht! Wir nicht!“ – „Wozu sind eigentlich die schönen Waschräume da? Mit Waschbecken? Mit fließend Heiß- und Kaltwasser? Mit Dusche und Spiegel?“

Die Antwort kommt ins Logbuch: *Ab sofort für die Hygiene kein Frischwasser verwenden. Ausgenommen Frauen, die ihre Tage haben.*

Ich habe keine Lust, irgend etwas zu kochen. Meine Deckshand Paul wird zum Koch gekürt. Es gibt Gericht Nr. 15 (Erbsensuppe mit Würstchen).

---

32. Tag: Mittwoch, 12. Juli Pos 39°10'N – 65°00'W Kurs 260
Etmal 58 sm Wind NW 6–7, abends 4–5 Baro 1008 mb
Wetter bedeckt, Luft 29°C, Wasser 26°C Bermuda in Süd

„Shorts anziehen! Bermuda liegt in Süd“, verkünde ich lauthals aus dem Luk. Der Spaß kommt nicht an. Tatsächlich liegen die Inseln 200 Meilen in Süd. Die Strapazen der Crew sind gewaltig. Und

Paul und Diana, die „Starwache“.
Neben Kurs steuern und Segel trimmen soll die jeweilige Wache für Ordnung an Deck sorgen, gewissenhaft Ausguck halten und schon mal Kaffee kochen.

Amerika kommt nur langsam näher. Heike schreit nach Land, möchte es nur kurz sehen. Klebe ihr daraufhin ein Foto mit Schäfer, Schafen und einer fetten grünen Wiese von Hanns-Jörg Anders ans Schott über die Koje. Die Schneiderin träumt von ihren Klamotten: „Zu Hause sind die Schränke voll, und hier laufe ich wochenlang in Schwarz und Pink rum." Ich bringe ihr eine „Vogue"-Ausgabe, damit es ihr besser geht. Ha, ha...

Wir kommen wahrhaftig langsam voran. Es liegt nicht nur an dem widrigen Wetter, sondern auch an der Drüllerei, an der mangelnden Aufmerksamkeit. Sie haben inzwischen gelernt zu steuern, auch wie die Segel bei dem jeweiligen Wind zu stehen haben, was Abfallen und Anluven ist, nicht nur Kompaßkurs zu halten, sondern den Wind einzubeziehen. Nur – sie tun es nicht optimal, auch nicht optimal nach ihren Fähigkeiten. Das kostet uns Meilen. Weil Zigarette und dergleichen wichtiger sind.

Auf meinen Knien liegt das Buch „40 Jahre Bundesrepublik" als Schreibunterlage. Ich kaue auf dem Bleistift. Was soll ich fürs Tagebuch formulieren? *Ludwig und Oliver trinken wie üblich ihr Diebels. „Einmal und nie wieder", werden sie jeden Tag gedacht haben. Irgendwann aber werden sie denken: „Dieses Einmal gelebt und erlebt zu haben, hat sich doch gelohnt, die Mühe, der Frust, die Fahrt im ganzen gesehen."*

---

33. Tag: Donnerstag, 13. Juli   Pos 38°30'N – 67°30'W   Kurs 290
Etmal 121 sm   Wind umlaufend 0–5   Baro 1004 mb
Wetter Nieselregen   Dritter Dampfer seit Horta

Der geringe Schiffsverkehr beschäftigt uns sehr. Hatte ich doch Jürgen Steinhoff versprochen, einen Standort via Handelsschiff abzusetzen: „Auf der Nordatlantikroute begegnen wir täglich einem Schiff." Aber auch der Bulk-Carrier, den ich heute anspreche, fällt aus. Der Funker will nicht.

Mehrfach tauche ich, um die Log-Vorflosse am Bug zu richten. Die hat sich beim Reinknallen in eine Welle quergestellt. Dadurch zeigt das Log unregelmäßig an. Folge: Logspiel nicht möglich. Was heute sonst noch passiert, überlassen wir den Müllers. Jogi: *Ein*

Nach zwei schweren Stürmen in Folge: die große Trockenorgie. – Ein Rudel Delphine: Wir stehen an der Reling und sind ganz hingerissen.

kleiner Höhepunkt der Reise. Ich sehe vom Ruder aus plötzlich ein Rudel Wale. Genau vor uns. Entfernung circa 150 bis 200 Meter. Das Boot hat gute Fahrt. Ich fahre mitten durch das Rudel! Die Wale tauchen links und rechts weg. Ich sehe sie unter Wasser an uns vorbeigleiten. 100 Meter hinter uns tauchen sie wieder auf. Dann kommt der Regen. Und 100 Liter in die Tanks.

Diana: *Wilfried lud zu einem Rumpunsch ein. Das Rezept war einfach: ein Viertel Rum, drei Viertel Regenwasser in den roten Eimer und dann ab ins Glas und Prost. Gab ein ganz neues Trink-Feeling. Hoffentlich fährt Jogi nicht ganz und gar darauf ab, ich habe nämlich keinen roten Eimer.*

---

34. Tag: Freitag, 14. Juli Pos 39°28'N – 70°33'W Kurs 300 Etmal 157 sm Wind NNW 3–5 Baro 999 mb Wetter bedeckt, reißt nachmittags auf 200 Meilen bis Sandy Hook

---

Eine Null-Schlaf-Nacht. Halsen, wenden, reffen. Und wieder wenden. Viele Male. „Komm her, ich sehe nichts." – „Ich sehe auch nichts." – „So ein Schiet, so ein elendiger." Nach 34 Tagen auf See werde ich nicht immer an Deck gebraucht. Man hilft sich selbst.

Ein Kurs mit schlagendem Großbaum holt uns aus dem Schlaf. Der Erfinder des „Konterseils" hat dasselbe nicht gesetzt. Die Wache fragt Oliver: „Freust du dich auch auf New York?" – „Na ja, wenn ich es sehe." Ach, der arme Junge, was hat er gelitten! Vielleicht haben wir zu häufig gefragt, ob es ihm gefällt. High ist er, als wir die ersten amerikanischen Musiksender empfangen.

Die Fahrt geht zu Ende, was bedeutet, daß fleißig in New-York-Reiseführern geblättert wird. Es bedeutet auch, daß Gespräche einsilbiger werden. Neben New York ist Schlafen ein unerschöpfliches Thema. Essen und eine trockene Wache gewinnen immer mehr an Bedeutung. Das Leben an Bord ist auf die Grundbedürfnisse reduziert. Die Verschlossenheit einiger bedrückt mich. Stille auch bei Jogis „verdrüllten Konterseilen" (Gericht Nr. 19). Selbst zwei Flaschen Rotwein zu den Spaghetti fördern die Stimmung nicht.

Versuche heute stündlich, über Kanal 16 Funkkontakt zu bekommen. Es wird höchste Zeit, daß wir uns melden. Der Veranstalter wird nervös werden. Aber es klappt mit unserem UKW nicht. Planen Sandy Hook anzusteuern, 20 Seemeilen vor New York.

---

35. Tag: Samstag, 15. Juli   Ankern 18.30 Uhr westlich Sandy Hook auf 5 m Tiefe   Etmal 154 sm   Wind umlaufend 0–3 Baro 1011 mb   Wetter blue sky, Luft 27°C

Bis zuletzt fordert uns die Fahrt heraus. Wir müssen unsere Ankunft avisieren. Steinhoff wartet. Kommen jedoch auf den Funkkanälen nicht durch. Es herrscht ein Gewühle wie zur Rush-hour in Manhattan. Nach stundenlangen schweißtreibenden Versuchen erreiche ich endlich gegen Mittag das New Yorker Büro: „Sixty miles to go."

Sandy Hook entpuppt sich als entzückende sandige Landzunge. Umringt von Speedbooten und Seglern (from Germany, wow!), segeln wir bis zum Ankerplatz. Hier wollen wir uns für New York frisch machen. Der Bügelanker fällt auf fünf Meter Wassertiefe. Ich springe gleich mit Indianergeheul im Indianerland in die braune Brühe.

Die Aktivitäten sind beachtlich: Deckwäsche. Spüle blitzblank. Das Groß wird optimal eingelegt. Die Klos werden gereinigt wie nie zuvor. Herzlicher Umgangston. Stolz. Glanz in den Augen.

Ich mixe einen Eimer Rum-Orangen-Zitronen-Punsch. Die Zungen werden flink und nach einem Glas locker: „Ich hatte eigentlich abgeschlossen, bevor ich an Bord kam." – „Man darf es nicht machen, um sich und anderen etwas zu beweisen." – „Amerika! Eigenhändig!" – „Ich habe ein Testament gemacht." – „Global gesehen, hat diese Plackerei einen Sinn gehabt." – „Schad', daß keiner zu Hause hat sehen können, wie ich das Schiffle durch den Sturm steuerte." – „Dieses Kochen in der Pantry, immer auf einem Bein." – „Es stinkt einem schon ein bißchen, wenn beim Einschlafen zwei, drei Tropfen Seewasser genau aufs Augenlid fallen." – „Toll, daß wir den vor vielen Monaten aufgestellten Zeitplan auf den Tag genau eingehalten haben."

So freudig, begeistert, bewundernd hätte ich sie gerne unterwegs erlebt. „Bewunderung ist nichts Schlechtes." Das hält mich nicht

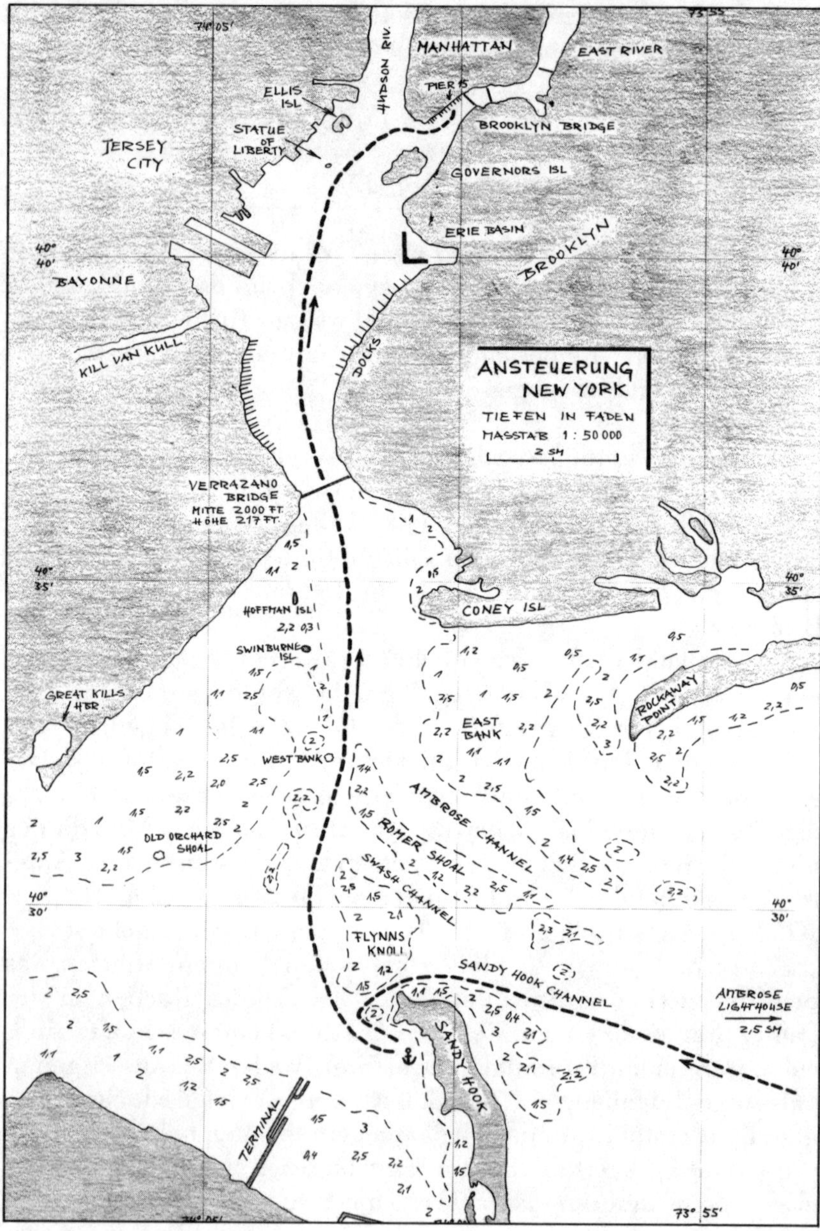
ANSTEUERUNG
NEW YORK
TIEFEN IN FADEN
MASSTAB 1 : 50 000
2 SM
MANHATTAN
EAST RIVER
HUDSON RIV.
PIER 15
BROOKLYN BRIDGE
ELLIS ISL
STATUE OF LIBERTY
JERSEY CITY
GOVERNORS ISL
ERIE BASIN
BROOKLYN
BAYONNE
KILL VAN KULL
DOCKS
VERRAZANO BRIDGE
MITTE 2000 FT.
HÖHE 217 FT.
HOFFMAN ISL
SWINBURNE ISL
CONEY ISL
GREAT KILLS HBR
WEST BANK
EAST BANK
ROCKAWAY POINT
OLD ORCHARD SHOAL
AMBROSE CHANNEL
ROMER SHOAL
SWASH CHANNEL
FLYNNS KNOLL
SANDY HOOK CHANNEL
SANDY HOOK
AMBROSE LIGHTHOUSE
2,5 SM
TERMINAL
74° 05'
73° 55'
40° 40'
40° 35'
40° 30'

ab, ihnen gegenüber Fehler zuzugeben: Verschiedene Male habe ich zuviel Tuch gefahren. War unfreundlich. Verkrampft in der ersten Zeit wegen Sicherheit, Müdigkeit, Überforderung. Und daß ich die Finger zu sehr auf der Bar hatte; habe eben Horror vor zuviel Alkohol auf See. Auch mit dem Proviant wäre eine großzügigere Handhabung möglich gewesen. Und seglerisch hätte ich allen mehr zutrauen sollen.

---

36. Tag: Sonntag, 16. Juli   11.40 Uhr längsseits Pier 15, Manhattan Yacht Club   Horta – New York 2208 sm = 19 Tage, 3 Stunden   Insgesamt Cuxhaven – New York 4085 sm

---

Ziele zu haben, ist Leben. Soviel Erlebnisstolz habe ich lange nicht beobachtet.

Wir werden auf den letzten Meilen vom Verlagsboot begleitet. Die Redakteure Steinhoff und Sandmeyer winken. Astrid lächelt müde. Der eigens angeheuerte amerikanische Fotograf arbeitet. Es ist diesig. Vor Manhattan noch ein Spi-Manöver. Und noch eines. Alles für die Public Relations. Für meine?! – Komisch, bei dem Gedanken: „zu Ende!“ werde ich ganz weich. Einige haben Tränen in den Augen. „Mei, die Wolkenkratzer! Das ist ja doch wie die Macht Gottes.“ Ulrike kurbelt aufgelöst am Ruder. „Daß gerade ich Manhattan Seaport ansteuern kann!“

Abschließen möchte ich die Überfahrt Horta – New York mit Ulrikes Tagebuchnotizen: *Gegen acht Uhr nähert sich die Barkasse mit den STERN-Leuten und Frau Erdmann. Glückwünsche. Herzliche Atmosphäre. Das Größte für mich: Zwei Stunden war ich am Ruder und segelte das Schiff – nein, u n s e r e GATSBY – vorbei an Freiheitsstatue und Manhattan bis zur Pier 15. Genau machten wir um 11.41 Uhr fest. Ich kann meine Gefühle nicht beschreiben. Wilfried nahm uns alle in die Arme und bedankte sich mit belegter Stimme. Jeder war ergriffen, und uns standen die Tränen in den Augen. Damit ist unsere Segelfahrt in eine andere Welt beendet. Eine Zeit in unserem Leben, die für immer in unseren Herzen sein wird.*

Man beachte: *Unsere* GATSBY. Ich habe mich geirrt. Sie haben doch gewonnen!

4

Manhattan
16. bis 21. Juli

PIER 15, SOUTH STREET SEAPORT

Manhattan, gesehen vom East River. Der Liegeplatz der Gatsby während ihrer sechs Tage in New York.

Für diesen Sonntag hatte ich mich an Pier 15 mit Steinhoff verabredet, vor fast einem Jahr. Ich hatte die Verabredung vornehmlich getroffen, um nicht als Zauderer dazustehen und nicht dauernd genervt zu werden: „Wann sind Sie da?“ Daß ich den Termin eingehalten habe, stärkt mich – da muß ich wohl einiges richtig gemacht haben.

Die Segel sind eingepackt. Festmacherleinen am Holzsteg sorgfältig belegt. Eine Spring ist gesetzt. Die Fahrt über den Atlantik ist abgeschlossen. Unsere konkrete Abmachung kann in Amerika nur noch die Einwanderungsbehörde konkreter machen. Erst nachdem die Paßnummern notiert, die Visa als gültig erklärt, die Zolliste klariert und 52 Dollar bezahlt sind, sind wir wirklich angekommen und dürfen uns frei bewegen.

Ich habe nicht erwartet, daß die Leute vom STERN hier Raketen abfeuern, eine Musikkapelle aufmarschieren lassen oder gar die Statue of Liberty in natura auf den wackeligen Steg plazieren. Aber etwas mehr als Fotos und Hallo hatte ich erhofft. Eine Kiste amerikanisches Bier, ein paar typische amerikanische Sandwiches wären uns willkommen. Indes stehen wir neun zerzauste Figuren mit weit gegrätschten Beinen auf Pier 15 des Manhattan Yacht Club – hinter uns die Wolkenkratzer des New Yorker Wall-Street-Viertels –, mit einer Büchse durchgeschütteltem Super-Bock-Bier von den Azoren in der Hand. Einige von uns lachen, andere umarmen sich und weinen, „mir zittern die Knie“, und zwei riechen nicht nur streng, sondern schauen auch ein bißchen stinkig drein. Der feste Boden unter den Füßen ist ihnen noch nicht geheuer nach fünf Wochen Transatlantik.

Eine amerikanische Motoryacht mit drei schicken Pärchen macht gegenüber fest. „Oh, you are from Germany! Und ihr seid den ganzen Weg gesegelt? Wow! Ich wußte gar nicht, daß Germany auch Küsten hat.“ Sie spendieren uns einen Pack Corner-Beer, und schon sind sie verschwunden: „Mal eben in Manhattan zu Mittag essen.“

Das Wasser zu unseren Füßen ist grün-schwarz. Es fließt leicht. Der East River. Der Himmel über New York ist blaßgrau. Ohne Struktur. Es nieselt. Sich vorzustellen, daß diese Insel bewaldet und felsig war, bevor die Europäer 1624 kamen, fällt uns schwer. Wir verholen uns ins Schiff. Plazieren uns auf den feuchten, klammen Salonpolstern. Ich schraube eine Flasche portugiesischen Brandy auf. Der Brandy ist gut. Alles ist gut und vorbei. Man schreibt sich gegenseitig Widmungen in die Tagebücher: *„Das nenne ich Sportsgeist: kotzen ohne zu motzen."*

„Across the Atlantic, das kann uns keiner nehmen."

„Hallo, Konterseil-Jogi! Das gibt's doch nicht, daß wir zusammen in die Achterkoje gelegt wurden. Ist echt wie ein Hauptgewinn. Wir haben uns immer gut verstanden, und ich habe mir Zigaretten geschnorrt. Ich hoffe, daß unsere Freundschaft von Bord auch an Land hält wie ein Palstek. Die Strecke Rheinfelden – Schwalbach ist ein Scheißdreck gegen unsere Höllenfahrt." (Permanent–Paul)

„Auch wenn viele unseren extremen Gewinn für verrückt gehalten haben, wissen wir, daß wir gelebt und erlebt haben."

Die Tagebücher werden von den Reportern „einkassiert" – für die große Story, die dann wegen einer bedeutenderen, aktuellen Geschichte keinen Platz im Heft findet. Fragen der Reporter. Die Antworten kommen zögernd: „Das Schiff war nicht geeignet." – „Die Fahrt hat zu lange gedauert." Lange Pause. „Der Türknopf an der Toilette ist mörderisch." – „Das Leben an Bord ist zu spartanisch." Stille. „Die Kojen sind fürchterlich." – „Die Sympathie wurde nicht gleichmäßig verteilt." – „Der Skipper ist zu alt." – „Mir ist sterbensschlecht vor Aufregung." – „Mir stinkt's, weil es der letzte Tag an Bord ist." – „Ich bin stolz. Ich bin stolz, daß wir es zusammen geschafft haben! Alle!" – „Es hat geknallt an und unter Deck – so what."

Noch ist New York gegenwärtig, ohne sichtbar zu werden. Nach den Interviews verholen wir uns, vom Schiff zu Fuß ins South-Street-Seaport-Viertel, den historischen Kern des alten New Yorker Hafens zwischen Pier 15 und 17. Dieser Bezirk wurde 1968 unter Denkmalschutz gestellt und saniert. Das beliebte Ausflugsziel liegt praktisch genau vor unserem Bug – Steuerbord voraus. Vorbei an roten und ockerfarbenen Backsteingebäuden, die nur drei bis fünf Stockwerke hoch sind, schlendern wir durch gepflasterte Straßen auf der Suche nach einem Lokal. Inzwischen frisch geduscht und nach Telefonaten mit zu Hause (Mutti hat dicke Erdbeeren geerntet, der Nachbar hat sich umgebracht), stellen wir uns auf ein großes Abschiedsdinner ein. Wir sitzen in einem italienischen Restaurant an einem Zwölfertisch und lassen uns professionell bedienen. Das saubere Besteck liegt, wie es sich gehört, die Messer auf der rechten Seite des Tellers. Campari-Orange, frische Blumen, Aschenbecher. Rotwein oder Weißwein? Salat, Filetsteaks „American size". Fotos mit den Kellnerinnen – gemeinsam und einzeln. Gelächter. Wann erlebt man schon so was? Wir legen paar Dollar dazu.

Dann weiter. Wir haben noch viel nachzuholen. Beim Abschiedsbesäufnis in „Canine's Bar", Ecke Beekman Street im alten Hafenviertel, stehen wieder alle breitbeinig am Tresen. Hier, bei Wein und Bier, können alle lachen. Auch diejenigen, die ihren Rätselgewinn ausdrücklich nur als einen Gewinn an Erfahrung verstanden wissen möchten. Es werden Sprüche geklopft. „Ich habe ihm Köder ausgelegt, aber er hat nicht angebissen, noch größere Köder, aber Erdmann biß nicht an." Es wird gefrotzelt. „Manche hatten es sich traumschiffsmäßig vorgestellt." Bald sind wir wieder unter uns. Die Reporter und Astrid sind müde. Sie ziehen ab ins Hotel.

Das Schiff nahezu im Blick, bleiben wir in der „Knoblauchkneipe" bis zum Aufstuhlen. „New York, GATSBY und du, ich könnte weinen." Als wir um drei Uhr in die Nacht hinausgehen, sagt Jogi: „Wilfried, ich habe nicht nur sechs Kilo abgenommen, auch die Eichpunkte müssen wegen Entwöhnung neu gesetzt werden."

Montag: Astrid weckt uns um zehn Uhr ziemlich unsanft. Sie ist böse, daß einige noch in den Kojen liegen. Um diese Zeit sollte eigentlich das Schiff geräumt sein. Die Gewinner im „Interconti" abgestellt. Ich spüre Astrids schlechte Laune. Ich weiß, ich habe mich gestern mehr um die Scheidenden als um die Ankommer gekümmert. Einen Seetörn kann ich nun mal nicht nur aus Pflichtgefühl absegeln. Und das nimmt sie mir übel. Ich kriege es nicht fertig, die Leute einfach am Kai abzustellen und zu sagen, das war's.

Der Veranstalter hat Astrid extra rüberfliegen lassen, damit sie mir behilflich ist bei den kleinen Reparaturen, der Bordwäsche, der neuen Ausrüstung, die zusammengetragen werden muß, und der Unterhaltung wegen. „Der arme Erdmann soll sich in den wenigen Tagen, die ihm bleiben, geistig und seelisch für die Rückfahrt aufrichten." Nur: mit zwei Reportern im Schlepp – wie soll das gehen?

Die Sonne scheint. Es wird heiß. In der Luft liegt ein leises Summen von den vielen Autos auf Brücken, Hochstraßen und in den Straßenschluchten. Ich entledige mich meines T-Shirts und schaue mich um. Wir liegen mit GATSBY völlig allein am hölzernen Schwimmsteg des Manhattan Yacht Club – mitten im Herzen von New York. Warum das so ist, beruht womöglich darauf, daß dieser wackelige Liegeplatz 100 Dollar am Tag kostet, auch für amerikanische Verhältnisse eine Menge Kohle. Motorboote stoppen deshalb in der Regel nur kurz, um Gäste abzusetzen oder zum Lunch zu pausieren. Auch für einzelne Stunden Liegezeit wird man von Studenten zur Kasse gebeten. Die Einnahmen gehen an den Museumshafen, der sich selbst erhalten muß und wie überall in der Welt zuwenig Mittel hat.

Nach fünf Wochen Nordatlantik ein Glücksgefühl, das viele teilen. Hier Ulrike und Jürgen.

Ja, 100 grüne Dollarnoten und kein Wasserhahn am Steg. Schade. Es bedeutet, daß Astrid und ich das Wasser eimerweise vom Eingang anschleppen müssen. Wir fotografieren uns gegenseitig – als Beweis, wie hart wir unser Geld verdienen müssen. Ha! Ha!! Gemeinsam klaren wir an Bord auf: lüften Matratzen, Decken, Kissen. Reinigen die Polster. Säubern Herd, Toiletten, Bilge. Der Mast muß gecheckt werden. Per Bootsmannstuhl hangle ich mich die 23 Meter hoch. Splinte, Blöcke, Rollen, Positionslampe – alles okay. Die Aussicht vom Masttopp ist Spitze. Nach Süden hin spiegelt sich Governor's Island im Wasser, wo das einzigartige Abenteuer Weltstadt New York begonnen hat. Nach Westen, Norden, Osten nur Glas, Beton und Stahl. Ich kann mir nach der radikalen Landschaftsveränderung den früheren Zustand dieser Gegend absolut nicht vorstellen. Nicht die Hügel, nicht den Duft der Wälder, die Hütten und Kanus.

Die Hafenroutine spielt sich nur langsam ein: Ölwechsel für die Maschine. Batteriewasser prüfen. Gasflasche checken. Steueranlage durchschmieren.

Der Museumshafen erstreckt sich von Pier 15 bis 17. Unsere Pier ist vergammelt oder, wie der „Dockmaster" es ausdrückt: „Completely rotten". Nur deshalb ist es möglich, daß hier an der Südspitze Manhattans, wo Baugrund Gold wert ist, ein Büromensch ein Boot ausbaut. Jeden Abend schleift, sägt und malt er an seinem halbfertigen, 7,5 Meter langen Holzrumpf, keinen Steinwurf entfernt von der Granit- und Marmorwelt der Hochfinanz. Seine Freundin handlangert. Na! Was soll wohl mit dem Boot passieren? Große Fahrt natürlich. Karibik! Auf dem baufälligen Kai liegen sagenhafte Dinge: Anker, Winschen, Taljen, Rahen und anderes altes Schiffszubehör aus der Rahseglerzeit. Ist wohl mangels Geld und Platz vom Museum nicht anderswo unterzubringen.

An den Piers dieses schwimmenden Museums vertäut liegen Raddampfer, Schlepper, zwei Windjammer, das Feuerschiff AMBROSE, das New-York-Fahrern lange Licht bot. Diese historischen Schiffe stehen zur Besichtigung frei, und man darf auf ihnen ziemlich unbehelligt rumturnen. Auf einem alten Schoner kann man sich für eine Fahrt um die Südspitze Manhattans einschiffen. Mittelpunkt des Besucherinteresses ist der Viermaster PEKING mit seinen fast 60 Meter hohen Masten. Manhattan ist nun für diese Bark nach einem nassen Leben, nach einer Million Seemeilen, der letzte Liegeplatz für diesen stolzen Segler aus der Windjammerzeit. 1911 wurde die PEKING in Hamburg bei Blohm & Voss für die „Flying P-Line" der Hamburger Reederei Laeisz gebaut. Jahrzehntelang ging das motorlose Schiff auf Salpeterfahrt nach Chile, also um Kap Hoorn. Sommer wie Winter. Im Schiffsrumpf ist ein Zehn-Minuten-Film von einer Umschiffung des Hoorns (von Ost nach West) im Jahre 1929 zu sehen. Die Aufnahmen sind echt, fast haarsträubend, naß und furchterregend. Gedanke: Warum gibt es heute keine solchen atemberaubenden Bilder von der See? Wohl weil die Segelschiffe zu leicht sind – folglich nicht den Widerstand bieten, den Sturmseen brauchen, um meterdick an Deck zu steigen. Die PEKING steht gut in Farbe. Masten und Rigg strahlen elfenbeinfarben. Alle Fallen, Stagen, einige Baumwollsegel sind angeschlagen, die Rahen gestellt, als würde man morgen wieder in See stechen.

Der Hafen Manhattan hat in der Frachtschiffahrt seine Bedeutung völlig eingebüßt. Die großen Containerschiffe legen heute in Brooklyn, Staten Island und Port Elizabeth an. Die meisten Piers liegen deshalb öde und verfallen. Werden abgerissen. Einige Straßen weiter nördlich, am East River, entsteht beispielsweise eine moderne Marina, „North Cove", für große Yachten, gleich am Welt-Finanz-Center.

Eine Reise, wie ich sie hinter mir habe, ist unheimlich anstrengend. Und so ein Arbeitstag in New York bei tropischer Schwüle nicht weniger. Folglich kommen wir nicht über das erste Pub hinaus – „North Star" an der Ecke Fulton Street, gleich gegenüber der PEKING. Natürlich war der Namensgeber ein Windjammer – aus Kalifornien. Im Pub kann man sitzen oder stehen. Trinken und essen. Und hat die Wahl unter vielen Biersorten von holländisch bis australisch, unter 47 Sorten Malt Scotch (wozu die Stilton-Cheese-Platte empfohlen wird) und unter 44 kleinen Gerichten. Wir entscheiden uns für „home made Hamburgers" zu 6.25 Dollar. Täglich. Und man kann im Pub erzählen. Über: Woher, Wohin, Sport, Politik, Wetter, Drinks, Unsinn.

Wir liegen im „Windschatten" der Viermastbark Peking. *Das 60 Meter hohe Rigg überragt den Museumshafen.*

Die Zeit, die mir in New York verbleibt, benötige ich für die Vorbereitung des Rücktörns. Und wann soll ich meine verlorenen acht Kilogramm gutmachen?

Obschon wir, Astrid und ich, jeden Abend im „Sweet's" (bestes Restaurant im Seaport-Viertel) Sekt und Lobster einfahren könnten, hängen wir im dunklen Pub rum, klönen uns gegenseitig was vor. Und werden als Fremde erkannt und freigehalten. Meist sind es die gehetzten Typen aus den umliegenden Büros, die unsere Gläser nachfüllen lassen mit Forster Beer (Astrid) und Glenmorangie, Northern Highland Malt Scotch (ich). Offensichtlich sind sie froh, sich hier nicht nur mit ihresgleichen (Weißhemden) unterhalten zu müssen.

Erschöpft sinke ich abends in den Schlaf. In einen unruhigen, traumzerrissenen, umtost von Air-Condition und Autogebrause. Ich schlafe miserabel im 160-Dollar-Hotelzimmer an der Lexington Avenue. Vielleicht vermisse ich die GATSBY-Schräglage-Beintechnik. Es ist so laut, als läge ich neben meinem Yanmar-Diesel auf der GATSBY in der Schiffahrtsstraße von Dover bei Nebel. Heiß und innerlich vibrierend, frühstücken wir hastig eine Straße weiter in einem Coffee-Shop – pancake and milk-coffee. Umgeben von Tisch- und Geschirrgeklapper, das mich an die Schiffsmessen meiner Dampferzeit erinnert. Viel lieber würde ich im Bauch der GATSBY liegen, aber der Veranstalter meint, ich soll mich „luxuriös erholen". Nach drei Nächten im Hotel habe ich endgültig genug. Mich reizt kein Fernseher, keine Zeitung, nicht weißer Badefrottee und auch nicht der Glamour. Und bald auch nicht mehr das kühle Bier in der Bar. Ich streike und will zurück auf „meine" GATSBY im Hafen neben der verrotteten Pier. Und Astrid will mit.

Die Hafenroutine wird fortgesetzt. Astrid holt jeden Morgen die Gummihandschuhe hervor. Greift in die Bilge, in Fächer und Ritzen. Wir stapeln die neu gekaufte Ausrüstung zuhauf in der Kajüte und rennen erneut los. Nach Taschenlampen, Glühbirnen, Sicherungen, Dichtungsmittel. Ausrüsten in New York bei 30 Grad! Glücklicherweise gibt es am Weg noch Sitzbänke, versteckte Cafés auf den Innenhöfen im Seaport-Viertel zum Ausruhen, wo niemand Anstoß nimmt, wenn man sich Kaffee nachgießen läßt. Und wo, ob ich nur 1.50 Dollar auf der Rechnung habe oder mehr, sich die Kellnerin noch erkundigt, ob's okay war; sich bedankt fürs Kommen und uns mit einem freundlichen „have a nice day" verabschiedet.

Gut, es ist nicht mehr als eine leere Formel, die zigmal am Tag mitgegeben wird. Es ist aber eine menschliche Geste.

Verkaufen mag in Amerika ein fröhliches Laster sein, in Deutschland ist es eine Last. Beispiel: Großeinkauf in unserem Supermarkt in Schleswig für die GATSBY-Reise. Zweitausend Mark und kein Wort an der Kasse. Man hatte dort offenbar das Reden eingestellt. Mürrisch und total desinteressiert ließ man uns die beladenen Wagen wegschieben. Dagegen Großeinkauf von Proviant in New York City: Im Food Imperium packt der Manager des Zwölf-Kassen Supermarktes persönlich mit an, um die Lebensmittel in die Tüten zu kriegen und dann in den Transporter, der uns den Reiseproviant kostenlos zum Hafen bringt. Die Kassiererin unterbricht immer wieder, um Neuigkeiten von unserem Trip zu erfahren. Am Ende schließt sie die Kasse: „Jetzt muß ich erst eine Pause einlegen." Das macht uns Amerika so sympathisch.

Zur Hafenroutine gehört, daß sich meine Ex-Crew wieder und wieder an der Reling zeigt. Sie haben ja noch drei Tage New York dazu gewonnen. „Wir wollen auch GATSBY good-bye sagen." Wie ist das für sie, wenn man nach 35 Tagen an Bord von dieser verrückten Fahrt in diese verrückte Stadt kommt? Wie ist das also nach wochenlanger Isolation ohne Zeitung, Fernsehen, Telefon, sich nicht um Einkauf oder Rot und Grün kümmern müssen? Ich habe ein paar Bemerkungen, Impressionen und Erfahrungen meiner Atlantiksegler in New York notiert:

„Wir liefen im Hotelzimmer immer hin und her."

„Kurios, die ganze Zeit auf See sind wir uns nicht in die Quere gekommen, und hier an Land gibt's gleich Streit. Stundenlang hat er nicht mit mir sprechen wollen."

„Wir kommen mit der großen Stadt nicht zurecht – nach dieser Einöde."

„Shopping – die schlechteste und verhängnisvollste Entscheidung, die man nach dem Atlantik treffen konnte."

„Sie flippt völlig aus. Rein ins Geschäft wie ein Wirbelwind. Anziehen, Spiegel. Ausziehen. Nächsten Rock, Kleid, und so weiter. Sie schnackt die Verkäufer schwindlig. Ein Glück, daß sie kein Wort verstehen können. – Drei Kleider!"

„Und jetzt muß ich eingekleidet werden. Verzweifelt kaufe ich eine schwarze Hose, ein schwarzes Hemd. Jetzt bin auch ich komplett – und kurz vorm Explodieren."

„Wir sind plötzlich allein in dieser riesigen, bombastischen Stadt und wissen gar nicht, was wir machen sollen."

„Abschied von GATSBY – so wehmütig hatte ich ihn mir nicht vorgestellt."

„Hast du nicht ein Stück von GATSBY, das ich zur Erinnerung mitnehmen kann?"

„Alles Gute für den nächsten Törn – und viel Glück."

Und irgendwann sind alle von der Bildfläche verschwunden. Ich hasse solche Gummiabschiede.

Am vorletzten Tag mache ich mich auf, New York zu entdecken. Die Sicht ist trübe. Nebelschwaden hängen um die beiden 411 Meter hohen Türme des World Trade Center, auf die ich vom Boot direkt gucken kann. Entlang des East River gehe ich Richtung Brooklyn Bridge. Es soll die schönste und erhabenste aller New Yorker Brücken sein – ein Werk des deutschen Ingenieurs John A. Roebling. Über den Peck Slip bin ich schnell im Zentrum des Seaport-Distrikts. Durch eine enge Gasse gelange ich in den „Nautical Seaport Shop", eine Buch- und Kartenhandlung mit Sitzgelegenheit, in der man ungestört in alten und neuen Büchern stöbern kann. Ich kaufe für die Weiterfahrt Detailkarten vom Bras d'Or Lake und einen Long-Island-Führer. Über die Fulton Street und den Broadway gelange ich in die Wall Street. Mein Gang durch menschengemachtes Gebirge endet wieder vor Pier 15. Einfach irre, daß dies mal hügeliges, felsiges Land mit Grün gewesen sein soll, als es den Besitzer wechselte für 60 Gulden und ein paar Sachwerte.

Dieses zu Fuß abgemessene Viereck ist „mein" New York geworden. Fulton Street, Broadway, Wall Street, South Street. Zu diesen Straßen bekenne ich mich! Ohne Plan und Einkaufsliste in der Tasche, ohne Ziel durchstreife ich diese Straßen. Ungestört, betäubt in der Anonymität der Masse. Alle rennen hier mit festem Ziel im Blick, nur ich schlendere. Einfach verrückt – und schon wieder normal.

Steinhoff findet sich am Steg ein. Plaziert sich erschöpft und verschwitzt auf den Blechstuhl vorm Schiff. Er kündigt stolz den morgigen Höhepunkt an. Die neue Crew ist vollzählig im Hotel. „Segelerfahrene Leute. Mit Grips und clever. Die haben sich die Stadtrundfahrtkosten zurückgeben lassen, weil die Air-Condition im Bus streikte und durch die beschlagenen Fenster nichts zu sehen war." Also wirklich „taff". Er hat auf der Basis unserer Erfahrungen ein ernsthaftes Gespräch mit ihnen geführt. Mehrere Seiten Text dafür vorbereitet und diese im entsprechenden Outfit vorgetragen. Ganz offiziell in der Redaktion. „Ich habe ihnen bewußt gemacht, auf welches Abenteuer sie sich einlassen, daß es extreme seglerische Situationen geben wird, die bis an die Grenze der psychischen Belastbarkeit gehen. Ich möchte, daß Fehler von der Hintour vermieden werden. Grundsätzlich machte ich darauf aufmerksam, daß diese Reise keine Spazierfahrt ist." Beeindruckt wurde es zur Kenntnis genommen und mit einem Glas Sekt begossen und andiskutiert: „Wir sind schließlich ganz anders und überhaupt – es wird ganz anders werden!"

Steinhoff ist richtig aufgedreht. Sein „briefing" muß ihn gefordert haben. Hastig reißt der Pilstrinker eine Dose Miller's High Life auf und versichert mir erneut: „Meine Einstimmung wird Wirkung zeigen." Ich denke: Hoffentlich hat er die neue Gang nicht vertrimmt.

5

New York – Cuxhaven
21. Juli bis 19. August

WER SPRICHT VON SIEGEN, ÜBERSTEHEN IST ALLES

Ein tolles Schiff. Souverän schüttelt es die brechende See ab. Glücklicherweise sind die Stürme nicht gegen uns.

Kurz nach zwölf Uhr sind sie da. Zwei Frauen. Sechs Männer. Es ist erst Stunden her, daß Verabschiedung war, ich die Wünsche noch im Ohr habe: „Viel Glück zurück", und jetzt heißt es unwiderruflich: „Herzlich willkommen".

Mein erster Eindruck: teils bürgerlich, teils verwegen. Die meisten Augenpaare glänzen. Ihr Eindruck im Tagebuch: *Astrid lebendig, natürlich, offen. Sie strahlt Persönlichkeit aus. Wilfried drahtig, eher schüchtern. Er spricht seinen norddeutschen Dialekt in leisen Tönen.* Einige duzen mich sofort, so als wäre ich der Bootsmann des Unternehmens. Ich schaue mir die gemeinsame Ankunft an. Helfe weder Taschen über den Steg schleppen noch die Gepäckstücke an Bord hieven. Die Fotokamera in der Hand ist mir dabei behilflich. Ich lichte die enorme Taschenflut ab und dann die strahlende Crew. Sie haben tütenweise Knabberproviant mitgebracht – für die Nachtwachen.

Eine Dose Perrier. Eine Dose Budweiser. Mit Blick auf die Brooklyn Bridge und „the City". Über uns ziehen dunkle, tiefe Wolken auf. „Ein schönes Schiff", ist zu vernehmen. „Ein tolles Schiff." Astrid setzt die Schiffsbesichtigung unter Deck fort. „Alles macht einen vertrauenerweckenden Eindruck." Einweisen. Einräumen. Umziehen. Astrid erleichtert durch ihre geschickte Umgangsart das Kennenlernen sehr. Kaffee, Kuchen und Blumen. Besprechung des Törns. „Nun wird es wahr und konkret." Leicht vorgebeugt, erläutere ich dieselben Dinge wie in Cuxhaven. Nur umfassender die Themen Sicherheit und Backschaft und Hilfsbereitschaft. Offenkundig wiederhole ich Steinhoffs gestrige Einstimmung im Verlagsbüro, denn eine Reaktion bleibt aus. Vielleicht liegt's auch an dem Schweiß, der durch die Hitze am Kaffeetisch reichlich fließt. Es ist schwül in New York. Die Reisezuversicht dokumentiere ich mit der Wikingerroute, die wir segeln wollen, also die nördliche. Start ist morgen früh, dann geht es über den Long Island Sound und Nova Scotia nach Neufundland. Hier und da Stops in Häfen und Buchten – je nach Wetterlage. Von dort der große Sprung ostwärts über den Atlantik nach St. Kilda, einer Hebrideninsel. Weiter rund Schottland nach Wick in der Nordsee, wo noch eine zusätzlich benachrichtigte Gewinnerin an Bord kommen wird.

Eine harte Nuß, diese Route. Fragen – warum nicht, wie eigentlich vorgesehen, Englischer Kanal, warum St. Kilda – werden nicht gestellt. Am Ende verteile ich wieder Seekarten, in denen jeder persönliche Eintragungen vornehmen kann und die für zu Hause bestimmt sind. Das ist der Moment, bei dem ich von den Ankömmlingen ein „Ah" erwarte. Es kommt nicht. Und der „Dollar-Regen" (Taschengeld) hat bereits gestern stattgefunden.

Das Abendessen ist in einem Lokal auf der oberen Etage des Pier-17-Pavillons angesagt. Mit Blick über den East River. Schon der Weg vom „Schrottplatz" Pier 15 zum Restaurant ist unvergleichlich. Museumsschiffe, Ausflugsboote, Shops, Fischmarkt, Lokale. Vergammelt, liebenswert, anziehend, abwechslungsreich. So wie New York überhaupt. Die Atmosphäre ist prächtig. Die Unterhaltung unvoreingenommen. Die Bestellung problematisch. Vorbei die Zeiten, da ich alle zum Apéritif mit einer Runde Campari-Orange beglücken konnte. Für die „Neuen" ist zu bestellen: Sherry, Wasser, Bier, Manhattan-Cocktail und andere Mix-Getränke. Und das Essen erst. Oh, oh, no.

Unseren Schlaftrunk nehmen wir im „North Star" Pub.

---

1. Tag: Samstag, 22. Juli   Von Manhattan nach Mt. Sinai Harbour
Kurs nach Sicht   Etmal 54 sm   Wind NE 0–1   Baro 1019 mb
Wetter diesig, 22°C   Neun Stunden Motoren im Long Island Sound

---

Der Veranstalter sorgt auch für frisches Lesefutter. Noch bevor wir in der Früh' ablegen, schickt er einen Büroangestellten, der die neusten Zeitungen und Magazine zur GATSBY bringt. Der Neger: „Across the ocean with these guys? – Oh no, God, I wish you all the best."

Nichts wie weg. Leinen los. Nein, da kommt noch jemand übern Steg gerannt. Es sind Heike und Paul, vom vorigen Törn. Sie bringen mir Fotoabzüge und möchten am liebsten wieder einsteigen. „Nur bis Neufundland." Doch noch sind wir vollzählig. Ein letzter Spruch von einem Neuling: „Wie beruhigend, Sie zu sehen. Ein Zeichen, daß man die Fahrt überleben kann."

Zurück bleibt Astrid. Wortlos. Breitbeinig, in Rock und Bluse, mit einem Büdel zwischen die Beine geklemmt, steht sie unbeweglich auf den Planken der Pier. Eine Seemannsfrau. Ich kurble am Rad – Strom, Wirbel, Schiffe – und blicke zurück über die Schulter. Sie wird klein und verschwimmt. Ohne daß ich es ahne, beginnt für mich ein unvergeßliches, ein irrsinniges Seestück. Zudem ohne Euphorie. Die Gegenwart: Stille – Gucken, Fotografieren, Filmen.

Wir verlassen New York durch den East River. Erstes Ziel ist der Hafen von Mt. Sinai an der Nordküste von Long Island. Den hat mir die Sekretärin vom Verlagsbüro empfohlen. Manhattan haben wir auf diesem Kurs zum Greifen nahe. Immer neue Perspektiven, atemberaubend im wahrsten Sinne des Wortes, tun sich an Backbord auf. Die Sonne will nicht recht rauskommen, gestört durch eine tiefe, enorme Wolkenbildung. Der Fluß strömt und wirbelt unerwartet stark. Das erfordert höchste Konzentration.

Nach acht Brücken erreichen wir den Long Island Sound. Das Gewässer wird breiter, und ich habe Zeit, meine Crew näher ins Auge zu fassen: Da ist Barbara (36), Lehrerin aus Berlin, sportliche, durchtrainierte Figur und langes, dunkelbraunes Haar; ihr Mann Willy (39), Kinderarzt an einer Klinik – er hat etwas Lustiges an sich, ist umgeben von einer Aura der Langsamkeit. Da sind die beiden Siemens-Ingenieure aus München, Reinhard (53), der älteste Teilnehmer überhaupt, solide gekleidet, mit skeptischem Blick, und Ingolf (47), stark, dynamisch. Mit Seglermesser am Hosenbund geht er allen Dingen an die Wurzel. Da ist Martina (37), Krankenschwester aus Tübingen, mit kräftiger Figur und schönen, spöttischen Augen, und ihr Mann Klaus-Josef (42), promovierter Chemiker. Und letztlich noch „Vater und Sohn“, Wolfgang (44) aus Frankfurt, Zahnarzt mit eigener Praxis, unruhig, sowie Dennis (20), Student der Betriebswirtschaft. Als einziger in meiner plaudernden, munteren Long-Island-Crew lächelt er nicht.

Mit Brandy – noch immer Azoren-Stoff – stoßen wir an auf Steinhoff und Co., Neptun und andere Götter der See und des Windes. Der Schluck aus der Pulle soll verbinden. Ein Seemannsbrauch. Martina macht „Kaltmamsell“, richtet erst mal Stullen und Salat an. Die meisten legen sich mächtig ins Zeug. Klaus-Josef schreibt Logbuch, Ingolf hetzt mit Fernglas und Seekarte über Deck. Er hakt jede Boje, jedes Seezeichen sorgfältig ab. Mit höchster Neugierde und Genauigkeit wird alles festgehalten und, falls nicht faßbar, diskutiert. Als Studierte sind sie es gewohnt, nichts unerklärbar zu lassen. Sie sind selbstbewußt und zeigen es auch. „Das Schiff segeln wir."

Mir nicht unangenehm. Ich bin nicht sonderlich aufgelegt. Nicht zum Plaudern, nicht, um groß die Aerodynamik zu erläutern. Ich bin mit den Gedanken woanders. Eigentlich nirgendwo. New York steckt mir in den Knochen. Ich spüre Müdigkeit in Körper und Geist.

Segelhandbuch lesen an diesem durchmotorten Flautentag: „Der Long Island Sound ist etwa 100 Seemeilen lang und 15 breit, erstreckt sich zwischen Block Island und der Nordostzufahrt des East River. An der Nordküste des Sundes sieht man mäßig hohes Hügelland, das von einem sandigen oder sumpfigen Küstenstreifen gesäumt wird. Die Küste wird durch mehrere tief einschneidende Flußmündungen gegliedert. Vor der Nordküste liegen ausgedehnte Bänke mit Riffen und Klippen. Die Küste von Long Island besteht aus breiten, gleichförmigen Felshängen von mäßiger Höhe. Davor liegt ein schmales, bewaldetes Küstenflach. Landmarken und Seezeichen gibt es in großer Anzahl..."

Davon können wir uns direkt überzeugen. Alle naselang Turm, Tonne, Pricken. Mit Hilfe des amerikanischen Küstenführers für Yachten kann ich ergänzen: „Die Küstenwache unterhält 975 Bojen und andere Seezeichen. Dieser Sund ist wie jeder andere große Wasserbauch auf der Erde. Die Winde sind unbeständig, schnell veränderlich. Selbst an Sommertagen kann ein Sturm innerhalb einer Stunde aufziehen und schlimmer sein als auf dem offenen Ozean, speziell wenn in dem 50 bis 75 Fuß tiefen Gewässer Tidenstrom gegen Wind steht. Der Sund wird „eingerahmt" von 8,5 Millionen Menschen. Zwanzig Millionen benutzen die Strände jeden Sommer. Die Anzahl der Boote soll sich auf eine halbe Million belaufen; davon, sagt die Coast Guard, befinden sich maximal 100000 gleichzeitig auf dem Sund. Der Tidenhub liegt zwischen drei und neun Fuß."

Sinai ist schnell erreicht. Eine riesengroße Motorboot-Marina mit wenigen Seglern. Und eigentlich, na, lassen wir die Logbuchzeilen von Klaus-Josef sprechen: *Der Hafen von Mt. Sinai ist auf ein Schiff von Größe und Tiefgang der* Gatsby *nicht eingerichtet.* Er hätte ruhig hinzufügen können, auch nicht auf eine Crew wie unsere. Duschen und sonstige Marina-Annehmlichkeiten sind – trotz 100 Dollar Liegegebühr – nicht auszumachen.

Auch diesmal habe ich Fabulierfreunde an Bord. Barbara in ihrem Tagebuch: *Die Küste von Sinai sieht malerisch aus. Sand, Busch, versteckte Häuser, Angelkähne, Segler. Es ist schwer, einen Liegeplatz zu bekommen. Noch schwerer,* Gatsby *durch die Festmacherpfähle zu quetschen. Wilfried ist skeptisch. Er befürchtet Schrammen am Rumpf durch Muscheln bei Niedrigwasser. Wir aber bleiben liegen und sind das Ausflugsziel im Hafen. Scharenweise kommen Skipper und Crews und bestaunen das Schiff aus Deutschland – dessen Bug über den Steg ragt. Ich schwimme im Meer. Köstlich. Wasser ca. 20*

Missing – gesucht wird die 14jährige Angelica. Die Firma hilft mit ihren Konservenetiketten, verschwundene Kinder wiederzufinden.

Grad. Ich laufe den Strand ab und suche nach Strandgut. Ich finde nichts Brauchbares. Einer unserer Crew fällt aus der Rolle. Spielt Nudist am Strand. Ein Polizist macht ihn darauf aufmerksam, daß es in den Staaten nicht erlaubt ist. – Abends kocht Wilfried Nudeln und Fleischsoße und zum Nachtisch Schokoladenpudding. Wir sind ausgehungert, stürzen uns drauf und genießen.

Mein Resümee des ersten Tages im Tagebuch: *Diese Truppe mag wohl seemännisch reifer sein, allgemein selbstbewußter im Umgang miteinander und mit mir, aber ganz sicher weniger unterhaltsam.*

---

2. Tag: Sonntag, 23. Juli   Von Sinai nach Essex/Connecticut River
Kurs 65   Etmal 48 sm   Wind NE 0–1   Baro 1015 mb
Wetter sonnig, 25°C   Ein romantischer kleiner Hafen

Fünf Seemeilen werden gesegelt, der Rest wird motort. Läuft makellos, die Maschine. Ölverlust nicht feststellbar. Startet auch problemlos. Getrennte Batteriesätze sorgen für die nötige Power.

Folge des Motorens ist eine gewisse Trägheit. Ich erzähle im Cockpit von der Namensgebung für Mt. Sinai: „Um 1800 waren die jungen Männer der Siedlung namens Old Man unruhig. In der Kirche nach dem Gottesdienst stöhnten sie über den reizlosen Dorfnamen. Wie konnte ein junger Bursche Eindruck auf die Hübschen in den Nachbarorten machen, wenn er sagen mußte, er komme aus Old Man? Jeder hätte einen besseren Namen finden können, meinten sie, indem er die Bibel aufschlüge und mit dem Finger auf irgendeine Zeile tippe. Gesagt – getan. Der Finger zeigte auf die Stelle, wo Moses vom Mount Sinai mit den Zehn Geboten herabsteigt. Prompt entschieden sie sich für Sinai, wie der Sandberg seither heißt." Amerikanische Namensfindungen!

Die Navigation stellt uns kleine Aufgaben. Tidenströmungen bringen uns ab vom Kurs. Flache Stellen müssen umfahren werden. Meine Mitsegler sind mir dabei behilflich. Falsch: Sie tun es ohne mich. Bojen werden beispielsweise mit einer Vehemenz gesucht, gedeutet und abgehakt, wie ich es nie zuvor erlebt habe. Nur der Sat-Nav verwirrt manchen. Daß die Koordinaten auf der Anzeige nie den derzeitigen Standort angeben, scheint unbegreiflich. Ich erkläre: „Nach dem Satellitendurchgang benötigt das Gerät eben 20 Minuten und mehr, um den Standort zu berechnen. Manchmal auch nicht. Das bedeutet: Mitkoppeln nach dem letzten gesicherten Standort und auf den nächsten Satellitendurchgang warten."

Die Sonne knallt vom Himmel. Klaus-Josef kämpft mit Sonnenbrand, mit Insekten und dem Schiffstagebuch: *Folgendes irritiert mich: Fliegen, die stechen können, gibt es hier jede Menge. Mücken, Bremsen, Wespen, Schnaken, das kenn' ich – aber stechende Fliegen ist eine mir bisher unbekannte Perfidie der Natur. Martina meint, sie seien ein Produkt der Gentechnik.*

Unser heutiges Ziel, Essex, liegt am „most beautiful river on the coast of Connecticut". Willy in seinem Tagebuch: *Die Einfahrt in den River hat ein Verkehrsaufkommen wie Schleimünde am Wochenende. Auch die Bascule Bridge erinnert an die Schlei (Klappbrücke Lindaunis). Anschließend große Spannung: Passen wir mit unserem 78-Fuß-Mast unter der nächsten Brücke – 80 Fuß – durch? Kribbelt mächtig, besonders bei Wilfried, der durchs steile Nachobenstarren beinahe achtern rücklings über die Reling gefallen wäre. Viel Platz war nicht. Und dann das Städtchen Essex, ein romantischer Hafen. Abendspaziergang und Kneipenbummel sind angesagt.*

Eintragungen sind auch in meinem Tagebuch fällig: *Noch in New York dachte ich: O Schreck, die Rückfahrt zu dokumentieren, ist eine gewisse Wiederholung. Aber es deutet sich das Gegenteil an. Diese Gewinner sind völlig anders – in ihrer Sprache, ihrem Denken und Handeln. Kartenspiele, Schach und Lesen fallen aus. Gestrickt wird nicht. Sicher eine andere, interessante Komponente. Und die Route ist ja auch von Reiz. Eine von Deutschen selten befahrene. Also: Im Augenblick motoren wir im sacht fließenden River. Die Landschaft ist grün, grün und hügelig. Wälder, Felder und kleine Häfen lösen einander ab. Wir legen uns in Essex bei der Brewer's Marina am Steg längsseits, einer neuen, handwerklich sauber gearbeiteten Anlage aus dicken Pinienplanken. Zwei Mädchen nehmen unsere Leinen entgegen. Sie managen den Steg samt Tankstelle und Eisblockverkauf. Studentinnen, die in den Sommerferien verdienen müssen. Wie oft in den Staaten. Dennis springt an Land und unterhält sich blendend.*

Wir anderen gehen ins „Griswold", ein uraltes Lokal, „durchweg geöffnet seit 1776", mit Livemusik, Banjo und Tuba. Es wird mitgesungen, mitgeklatscht. An den Wänden hängen wertvolle Bilder und Zeichnungen von Marinemalern sowie eine exzellente alte Handfeuerwaffen-Sammlung. Überm Eingang steht: „Because we cater to yachtsmen a coat and tie are not required." – „Weil wir Yachtleuten servieren, sind Jacke und Krawatte nicht erforderlich." Die erste Runde Bier schmeckt nicht, aber der Keeper hat noch acht andere Sorten Zapfbiere.

Doch zuvor gibt's ein Spitzenessen an Bord: Bratkartoffeln und Spiegeleier und gemischten Salat.

Drei Stunden steht Barbara dafür in der dampfenden Kombüse. Sie ist danach so erschöpft, daß sie aufs Bier an Land verzichtet und sich lieber mit den Mücken an Bord rumschlägt. In fünf Minuten 26 Stiche, zählt sie unter der Dusche. Doch es kommt noch ärger für sie – laut Tagebuch: *Um Mitternacht „Invasion" auf der GATSBY. Die Crew kommt fröhlich angetörnt zurück, eine Handvoll Ladies im Schlepptau. Ich wache auf und bin unheimlich sauer. Hätte ich rohe Eier greifbar... So drehe ich mich nur um und fluche ins Kissen. Es ist stickig und mückt.*

---

3. Tag: Montag, 24. Juli 11.15 Uhr auslaufen Essex mit Ziel Nova Scotia Kurs nach Sicht Wind SSW 2, abends 3 Baro 1017 mb Wetter diesig, ab 18 Uhr Nebel, Sicht 300 m Wasser, Diesel und Eisblöcke gebunkert

---

Ich verlasse die „Seaport Bakery" mit acht Broten fürs Frühstück unterm Arm. Zwar weiße Laibe, jedoch sagenhafter Geschmack und Festigkeit – für amerikanische Verhältnisse. Schicke sofort unseren Jüngsten, Dennis, los, um Nachschub zu holen. Uns stehen jetzt etwa vier Seetage bevor. Barbara: *Tag und Nacht segeln ist eine neue Erfahrung.* Für alle, soviel ich weiß. Damit es an Bord an nichts fehlt, gehen wir einkaufen. Wasser mit Kohlensäure wird verlangt. Wäscheklammern (40 Stück bisher verloren), Käse, Tabasco, Wurst. Ich werde mir ein paar amerikanische Yachtzeitschriften gönnen. Damit ich nichts vergesse, werde ich von Barbara und Reinhard begleitet. Dummerweise sagte ich gestern, daß ich gewöhnlich die Dinge aufschreibe – ob ich sie dann besorge, ist eine andere Sache.

Warten. Der Supermarkt öffnet spät. Gemeinsam hocken wir auf dem Rinnstein und betrachten das „blitzsaubere“ Essex. Eine verschlafene Kleinstadt mit entzückenden weißen Häuschen, Boutiquen und kleinen Geschäften. Galerien, Tankstelle. Überall Schüler-Studenten, die mit Ferienjobs wie Farbekratzen, Schleifen und Malen Geld verdienen. Fluß, Stadt und Umgebung gefallen mir sehr. Würde ich gerne wieder per Boot besuchen. Wenn man das Leben hier so betrachtet, mag man nicht glauben, daß die USA eine total durchorganisierte Großmacht sind. Mit vielen, vielen Problemen.

Nach dem Connecticut River hole ich Seekarten ins Mittelcockpit, nehme den Bleistift und verdeutliche in kurzen Sätzen, wie es weitergeht. Nach Lunenburg, Bras d'Or, Neufundland, St. Kilda. Meilen. Zeit. Winde. Danach geht es nochmals um Winschenbedienung, Segelstellungen (ruhig selbst daran arbeiten), Toilettensauberkeit, Wasserverbrauch (Ingolf wusch gerade seinen Doppelrippslip mit Frischwasser), Logbuch (bisher nur das allernotwendigste notiert), Motorengebrauch (erst mal nur ich).

Dennis, der 20jährige, schaut anfangs noch zu, stülpt aber bald die Kopfhörer vom Walkman über. Sein Vater zeigt sich informiert, denn er erzählt mir meine eigenen Geschichten und Erlebnisse, brav angelesen aus meinen Büchern: Radtour nach Indien; eine Schwiegermutter, die auch segelt; Liebe auf Tahiti; Wassereinbruch in der Biskaya.

Südwestwind. Endlich Segel hoch. Schwanke immer zwischen Fock und Genua. Welche ist es nun? Fragen aber tut eh' niemand. In aller Ruhe setzen und trimmen wir die Tücher für den Am-Wind-Kurs. Rollfockleine, Schoten, Großfall, Fockfall, Achterstag-Hydraulik, Baumhydraulik, Bullentalje, Unterliekstrecker, Umlenkrollen. Ich beziehe die Frauen und den Jungen in die Arbeit mit ein. Möchte die Situationen der letzten Tour nicht wiederholen: „Wie rum soll ich drülle?“

Nebelschwaden und seit 18 Uhr westlich von Block Island Nebel. Griff zur Tute. Griff zum Segelhandbuch: „Im östlichen Teil des

Long Island Sound tritt am häufigsten bei Süd- bis Südostwind Nebel auf und dauert gewöhnlich vier bis zwölf Stunden, aber es kommt auch vor, daß es vier bis sechs Tage ununterbrochen neblig ist." GATSBY schneidet mit schlappen 9 Knoten durch die platte See. Schräglage mittelprächtig – 30 Grad. Wolfgang steht in der Pantry und wundert sich: „Habe ich noch nie erlebt. Noch nie. Soviel Schräglage. Irre." Begeistert ihn offensichtlich. Stellt sich mit Barbara ohne Festhalten in den Salon. Wie Kinder, die ein faszinierendes Spielzeug entdeckt haben, juchzen sie.

Er: „Kann es mehr werden?"

Ich: „Sicher, allemal. Sind doch erst 3 bis 4 Beaufort."

Er: „Kann es dann kippen?"

Ich: „Nee, dieses Schiff kentert nicht. Hat 45 Prozent Ballastanteil. Sechs Tonnen Blei im Kiel."

Er: „Kielboote können doch auch kentern. Ich habe davon gehört."

Ich: „Bei kleinen, übertakelten Kielkreuzern passiert es schon. Bei GATSBY nicht. Und in diesem Seegebiet, das wir befahren, bestimmt nicht."

Wolfgang trimmt sich noch lange frei balancierend im Salon – mit einer Dose Miller in der Hand. Die erste, zweite, dritte? Es törnt ihn wahnsinnig an, das schräge Segeln. Flapsige Redensarten zwischen Barbara und ihm: „Wer steht am längsten freihändig?" Ich freue mich, daß da welche sind, die sich begeistern und wundern können. Der Frankfurter Zahndoktor hat sich mächtig auf den Atlantik gefreut. „Mal für einige Wochen aus meinen regelmäßigen Lebensgängen ausbrechen." Er hat eine Woche vor Abflug mit den Vorbereitungen begonnen. Zum Beispiel sich Kenntnisse angelesen.

Mein Tagebuch: *In leichter Wetterkleidung gehe ich mit Nebelwache. Willy und Dennis sind gerade dran. Ich fürchte, Dennis ist nicht so begeistert von seinem Gewinn wie sein Vater. Nur träge sein Gespräch: zwei Pässe (Österreich und Frankreich), keine Bundeswehr, Studium fällt ihm leicht, Freundin, guter Tennisspieler. Ich mühe mich, ein weiteres jugendliches Dilemma möchte ich nicht erleben. Finde es merkwürdig, daß er sich nicht mit den anderen unterhält. Auch mit seinem Wachpartner Willy nicht. Ich schreibe dies auf meiner*

Vorschiffskoje mit der neuen Mag-Light in der Hand. Die habe ich mir in Essex geleistet: 30 Dollar auf STERN-Kosten. Pardon. Aber seltsamerweise mache ich in fast jedem Hafen bei meiner Kostenabrechnung Minus. So muß man sich selbst behelfen. Der Nebel lichtet sich. Das Wasser gurgelt schnell an der Bordwand.

---

4. Tag: Dienstag, 25. Juli Pos 40°54'N – 69°28'W Kurs 80
Etmal 138 sm Wind SSW 4 Baro 1019 mb Wetter wolkenlos
Über die Nantucket-Bänke

An Deck, im Liegen und Sitzen, stoßen wir mit Sekt in Pappbechern auf Wolfgangs Geburtstag an. Alter: 44, geboren in Salzburg. Haarfarbe: strähniges Dunkelbraun, Größe: übermittelgroß, Ausstrahlung: verwegen, aktiv, nicht schüchtern, Beruf: Zahnarzt, der auch Taxi fährt. Familienstand: verheiratet, geschieden, verheiratet (glücklich).

Astrid hat mir für diesen Anlaß einen aus Tauwerk geflochtenen Schlüsselanhänger mitgegeben. Ist zweifellos blöd, ihm den zu schenken – macht keinen Eindruck. Von der restlichen Crew bekommt er einen „American Football“ – samt Unterschriften. Der geht drei Minuten später nach versuchtem Einlochen in den Niedergang über Bord, o Schreck, und ist im Nu achteraus. Wir segeln Schmetterling, machen 8 Knoten; ich verzichte absichtlich auf ein Bergemanöver. Sage deutlich, daß ein über Bord Gefallener ebenso schnell verschwunden ist. „Der Football ist ein gutes Exempel. Sichern wir uns also stets sorgfältig mit Händen, Weste, Gurt.“ Wolfgang schaut perplex drein. Denn er liebt dieses amerikanische Kampfspiel. Auch der Rest der Crew sagt nichts. Ist beeindruckt, wie rasch der Ball verschwindet.

Dies ist kein guter Tag für „Vater und Sohn“. Auf den Nantucket-Bänken steht es nicht besonders um Dennis. Stromkabbelungen und geringe Tiefe verursachen Gischt, Sprünge, abrupte Bewegungen. Ziemlich holprig segeln wir über 15-Meter-Untiefen. Einmal loten wir sogar lediglich zehn Meter. Viel Blau über uns. Und der Junge jammert und stöhnt: „Mein Bauch, mein Kopf.“ Er möchte nichts essen, nichts trinken. Er wünscht Kopfschmerztabletten. Wegen der

Bordgeräusche, „dem unaufhörlichen Knarren und Schlagen“, schläft er mit Oropax. Die heutige Jugend – zweiter Teil.

Nachtwache. Willy steuert einen Kompaßkurs von 80 Grad. Sein Wachkollege Dennis sitzt eingepackt im dunkelblauen Parka neben dem Ruderrad. Ich liege rücklings gegenüber auf der Cockpitbank. Schaue in den sternenübersäten Himmel. Nicht eine Wolke. Es wird seglerisch eine ruhige Nacht sein. Der Mast schreibt in stetem Rhythmus Kreise in den wolkenlosen Himmel. Die Segel zeichnen sich schwarz ab. Es geht mir bestens. Während ich nur das Rauschen der Bugwelle vernehme, denke ich: Wie gut es tut nach New York, den Häfen und dem Sund, das Segeln auf dem Meer. Das ist erfrischend, das ist etwas Wirkliches, etwas Absolutes.

„Ich will von Bord.“ Diese knappen Worte bringen mich in die Gegenwart zurück. Versauen meine Stimmung. Am liebsten wäre ich aufgestanden und in der Kajüte verschwunden. Es ist der blutjunge Segelanfänger, der das sagt. „Eigentlich wollte ich in Essex die Taschen packen. So ein Schiff ist nichts für mich. Oder sagt man Boot? Bei Klampe muß ich an das ähnlich lautende Musikinstrument denken. Das viele Wasser, das stete Geschaukel...“ Ich bin betroffen. Seine erste Bekanntschaft mit Salzwasser – und schon Resignation. Glücklicherweise ist es dunkel, so kann er mein verzerrtes Gesicht nicht sehen, das liebend gerne „o nein“ schreien würde. Unsicher fährt der Student fort: „Es ist nicht deine Schuld. Du bist sicher der Geeignetste für diese Sache (woher will er das wissen?). Ich fühle mich miserabel. Ich kann nicht schlafen, mich nicht konzentrieren.“ Ich denke: Besser, du wärst in Essex von Bord gegangen, dann hätte ich jetzt das Transportproblem nicht am Hals. Wohin mit ihm in Nova Scotia? Wie und mit welchem Flieger nach Frankfurt? Mit Widerwillen sage ich: „So ein schöner Abend, spürst du das nicht? Und du kommst mit solchem Blödsinn? Reden wir morgen drüber. Vielleicht geht es dir dann besser, und du hast deine Absicht vergessen.“

Er: „Es ist beschlossene Sache.“

„Weiß denn dein Vater davon?“

„Nein, ich wollte es erst dir sagen.“

„Na, dann habe ich noch Hoffnung.“

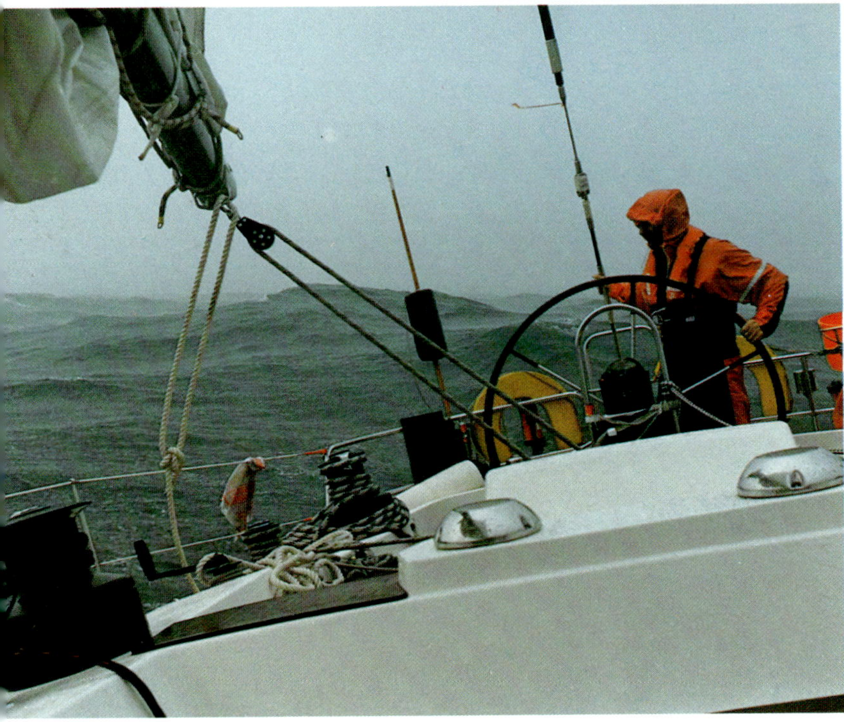

Nach dem vierten Sturm endlich New York, wo wir nach dem Passieren der Verrazano-Brücke den Spinnaker klarmachen. – Nächste Doppelseite: Unter Spi segelt GATSBY auf Manhattan zu.

Gatsby
BREMEN

Vorbei an der Freiheitstatue erreichen wir unseren Liegeplatz an Pier 15.
Gesellschaft leistet uns das Mädchen mit ihrem Wassertaxi.

Gatsby
BREMEN

Crewwechsel: Die 2. Mannschaft:
(v.l.n.r.) Wilfried, Willy,
Ingolf, Wolfgang, Reinhard, Barbara,
Dennis, Martina, Klaus-Josef.

Ein typischer Outpo
an der Küste Neufundland
Die Bucht von St. John'

Immer wieder ist Schwimmen auf offener See ein Erlebnis. –
Die Pantry, eine Ecke, in der sich das eigentliche Bordleben abspielt.

5. Tag: Mittwoch, 26. Juli Pos 42°12'N – 65°38'W Kurs 35 Etmal 194 sm Wind SW 5–7 Baro 1015 mb Wetter sonnig, Zirruswolken Ziel für morgen: Lunenburg

Happy Birthday, Martina! Mit kalifornischem Sekt stoßen wir auf ihren 38. Geburtstag an. Ein Abklatsch von gestern? Nur zum Teil. Mangels Wohlbefinden fallen Ingolf und andere beim Zuprosten aus.

Martina gibt Auskunft: Die pummelige Krankenschwester vom Typ „Spritze verwehren ist bei mir nicht" hat ein bewegtes Leben hinter sich. Darunter eine Heirat in Las Vegas. Wer kann das schon vorweisen? „Ruckzuck ist dort eine Ehe perfekt. Ein Boot bauen ist problematischer."

Sie hat nämlich auch ein Bootsvorleben. Mit ihrem ehemaligen Freund hat sie in Berlin ein Segelschiff gebaut. 15 Meter lang und aus Stahl. Vom Kiel auf! „Jeden Tag rannte ich vom Krankenhaus zum Schiff. Sieben Jahre lang." Selbst an so harte und diffizile Arbeiten wie das Ausbeulen des metallenen Rumpfes wagte sie sich. Mit einem Vierpfünder hämmerte die gebürtige Berlinerin den Rumpf glatt. „Ein Bootsbauer zeigte mir, wie man's macht, und dann hatte ich vier Monate zu tun." Leider ging nach Fertigstellung des Bootes die Liebe in die Brüche. Der Freund behielt das Schiff, sie einen 50-Prozent-Anteil (bei Verkauf fällig). Da gab es dann nichts zu segeln für sie. So ist dieser Segeltörn eine Wunschreise für Martina.

Sie kennt sich aus in der Seglerszene. Hat sie sich doch über Jahre, schon aus „beruflichen Gründen", intensiv mit der einschlägigen Literatur beschäftigt. Hiscock, Gebhard, Kammler sind ihre Lieblinge. „Beate Kammler", hakt Willy ein, „ist die einzige Weltumseglerin, der man auch im Stehen Komplimente machen kann."

Während der Sekt- und Palaverzeit krault Wolfgang liebevoll seinem Sohn Haare und Nacken. Ein schöner Anblick. Womöglich sehen sie sich selten. Und der Gewinn dieser Reise war ein Traum für den „Erzeuger". Dennis ist nämlich bei seinen Großeltern aufgewachsen. Das Irrwitzige ist, daß Wolfgang ohne Dennis' Wissen die Postkarte für das Preisausschreiben ausgefüllt und auf dessen

Namen eingeschickt hat. Als der Sohn dann vom Gewinn benachrichtigt wurde, fiel er aus allen Wolken. „Da hätte ich doch nie mitgemacht. Mit Segeln, Campen oder anderem Wildnisleben habe ich eh' nichts am Hut." Das hat er mir letzte Nacht anvertraut. „Über Monate dachte ich mit Furcht daran: Wie komme ich da raus, ohne meinen Vater, der unbedingt den Ozean machen wollte, zu enttäuschen?" Eine Woche vor dem Termin erklärte er sich gezwungenermaßen bereit. „Aber nicht mehr für lange."

Tee statt Kaffee. Knäckebrot statt Kuchen. Porridge statt Rindsrouladen. Crew plümerant. Bei Martinas Geburtstagsessen, von grünem Salat bis Cremepudding, nimmt nur die Hälfte der Seefahrer teil. Willy kämpft mit einer Bronchitis. Noch von New York: Wechsel zwischen schwüler Luft und Air-Condition. Er nimmt Antibiotika.

Es sind die Männer, die wegen Seekrankheit ausfallen. Sie hängen schlapp und apathisch rum. Streng genommen kann ich mir nicht vorstellen, wie schlimm Seekrankheit ist. Vor vielen Jahren hat es mich das letzte Mal ernstlich gepackt. Was mich beschäftigt: Der Krankenanteil insgesamt ist erstaunlich hoch. Letztens sieben von acht Mitseglern, diesmal sechs von acht.

Barbara im Tagebuch: *Ist der Bauch voll, dann ist der Kopf leer. In der Koje ist es am schönsten. Zu dumm, wenn man gerade Wache schieben muß, mit Backschaft dran ist oder gar kotzen muß. Zunächst schlägt die Seekrankheit bei fast allen zu. Kann uns nicht passieren. Willy und ich leben mit Memoran-Pflaster von Ciba hinterm Ohr.*

---

6. Tag: Donnerstag, 27. Juli   Pos 20 sm südlich Halifax
Kurs 70   Etmal 152 sm   Wind SW 5–7   Baro 1008 mb
Wetter Nebel   Neues Ziel Halifax, neues Ziel Bras d'Or Lake

Morgens stehen wir vor Lunenburg. Haben unser heutiges Ziel im Sinn, wenn auch nicht vor Augen. Eingehüllt in Nebel, steuern wir darauf zu. Das ist also die „30-Prozent-Nebelküste". Die Wettervorhersage war gut: Südwest 5, mittlere Sicht, außer bei Nebel. Nun, mit Nebelschwaden ist an dieser Küste eben immer zu rechnen. Aber heute ist er wesentlich eindrucksvoller: Sicht um 400 Meter.

Zu „Ehren“ des Nebels ziehen wir den Radarreflektor in die Saling, kippen den Schalthebel für das elektrische Nebelhorn um und legen die Handtute bereit. Mit gebremster Fahrt – 6 statt 8 möglichen Knoten – nähern wir uns Cross Island, an dem vorbei der Kurs in den Hafen führt. Hoffen, daß das triste Grau unter Land aufreißt. Lunenburg ist eine Fischer- und Bootsbauerstadt mit 3000 Einwohnern, 1753 von Lüneburgern gegründet. Hier haben sich die besten Bootsbauer der gesamten amerikanischen Ostküste niedergelassen. Der legendäre Schoner BLUE NOSE, das ungeschlagen schnellste Schiff der „North Atlantic Fishing Fleet“ der zwanziger Jahre, ist hier gebaut worden. Auch Marlon Brandos Filmschiff BOUNTY stammt von Lunenburger Helgen. Heiß darauf, Schiffe und Werften zu sehen, starren wir in den Nebel. 200 Meter Sicht? Manchmal weniger. Der Nebel wird undurchdringlich. Reißt nicht mal für Minuten auf. „Leute, bei dem Grau werden wir nie und nimmer nach Lunenburg kommen. Eher landen wir auf den Klippen, die die Hafenansteuerung flankieren.“

Ingolf und Reinhard meinen: Wir suchen uns die Ansteuerungstonne und hangeln uns die zehn Seemeilen rein. Wenn das so einfach wäre. Da liegen rechts und links zahlreiche Felsen. Ich wähle das kleinere Übel, an der Küste entlang nach Halifax. „Ist bestimmt auch ganz schön, die Hauptstadt von Nova Scotia, ein Hafen mit Dusche und allen Annehmlichkeiten einer Stadt.“

Doch auch Halifax muß auf unseren Besuch verzichten. Dichter Nebel mit Sichtweiten zwischen 100 und 200 Metern verbietet aus Sicherheitsgründen die Ansteuerung. Wir fahren zwar noch bis in Hörweite der Ansteuerungstonne, aber ich „Hasenfuß“ bin da bereits von der Hoffnungslosigkeit unseres Unternehmens überzeugt. Geflüster in der Wache. Ratlose Blicke. Ingolf bohrt mit fester Stimme, die Seekarte in der Hand: „Schau, alles breit und betonnt. Und Tonnen mit Nebelsignal. Die erste hören wir bereits...“ GATSBY segelt derweil weiter blind in die trübe Suppe hinein. Ich bin zur Kursänderung nicht zu bewegen. Das Risiko scheint mir zu groß und vor allem nicht notwendig. „In der Einfahrt, immerhin fünf Meilen lang, müssen wir mit anderen Schiffen rechnen – vor allem mit Trawlern. Wir befinden uns also in ständiger Kollisionsgefahr.

Ohne eigenes Radar müßten wir uns darauf verlassen, daß die anderen uns ausmachen, uns aus dem Wege gehen." Es wird weiter gemuffelt, man will, daß ich es riskiere. Zum Glück zögere ich nicht, schwanke keine Minute.

Feucht und mutterseelenallein in der Koje nimmt Dennis meinen Entschluß entgegen. Sein Gesicht zeigt Ängste. „Alles mache ich, nur nicht an Bord bleiben. Ich fühle mich eingeschlossen, wie im Gefängnis." Ich öffne ihm eine Dose Pfirsiche und stecke einen großen Löffel hinein. Soll er mal was essen, dann geht es ihm besser.

Barbara: *Wie der Nebel bedrückt uns der Wunsch von Dennis, die Reise abzubrechen. Er leidet offensichtlich sehr unter Seekrankheit und hängt nur apathisch rum. Ich kann seinen Entschluß akzeptieren, zumal er auch keinerlei Unterstützung von seinem Vater erhält. Schade, daß er sich so wenig selbst fordern kann. Es geht ihm aber*

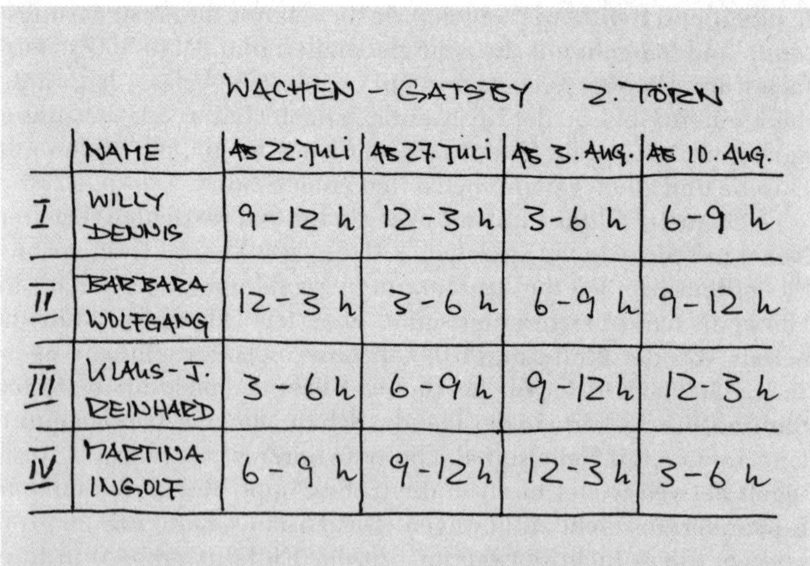

WACHEN – GATSBY 2. TÖRN

	NAME	AB 22. JULI	AB 27. JULI	AB 3. AUG.	AB 10. AUG.
I	WILLY DENNIS	9–12 h	12–3 h	3–6 h	6–9 h
II	BARBARA WOLFGANG	12–3 h	3–6 h	6–9 h	9–12 h
III	KLAUS-J. REINHARD	3–6 h	6–9 h	9–12 h	12–3 h
IV	MARTINA INGOLF	6–9 h	9–12 h	12–3 h	3–6 h

Dieser Wachplan hat nur bis St. John's Gültigkeit. Dort steigt Dennis aus. Ich übernehme seine Wache.

ganz offenbar permanent so schlecht, physisch und psychisch, daß er alle anderen Unannehmlichkeiten lieber in Kauf nimmt.

Es wird bitterkalt, und der Nebel schließt sich dichter und dichter um uns. Der Wind legt noch zu. Stärke 7. Ich binde ein zweites Reff ins Groß. Schließlich wird es so finster, daß man glauben könnte, es sei Nacht. Die Wachen kauern am Ruderstand, den Blick ins Ungewisse gerichtet. Die Bedingungen lassen sich kaum besser beschreiben als in Willys Notizen: *Es kostet Anstrengung, Wache zu gehen. Anstrengung? Es ist eine Qual bei dem grauenvollen Wetter. Eine Höllenqual. 24 Stunden Nebel sind echt nervig. Das Bewußtsein, hier in nächster Nachbarschaft auf Schiffe zu stoßen, macht mich so kribbelig, daß ich feucht unterm Overall werde. Dazu beschlägt dauernd meine Brille. Oder die Kompaßrose ist dicht vor Feuchtigkeit. Es geht ruhig an Bord zu. Gespräche kommen nicht auf. Jeder ist froh, wenn er in der Koje liegen kann und an nichts Kritisches denken muß. Zum Beispiel an: mit 7 Knoten in die Nacht hinein. Der hartgesottene Wilfried schreit zwischendurch vom Niedergang: „Kurs halten, Kurs halten", wenn wir mal 'ne schwache Halse fahren. Wir steuern jetzt im Zehn-Meilen-Abstand von der Küste sein Ziel an: Bras d'Or Lake. Morgen vormittag?*

---

7. Tag: Freitag, 28. Juli   Pos zw. Cap Ronde und St. Peters Island
Kurs 50, ab mittags 90   Etmal 172 sm   Wind S 6–7   Baro 1004 mb
Wetter Nebel   Drei Versuche, in den Bras d'Or Lake einzulaufen

---

Irrfahrt südlich von St. Peters Island. Unsere Sicht reicht nicht viel weiter als bis zum Bug. Im dichten Nebel suchen wir ein kantiges Landzeichen, eine Tonne... Irrfahrt im Nichts. Wortlos. Den Küsten sind scharfe Felsen vorgelagert. Fein säuberlich sind die Untiefen der südlichen Ansteuerung des Bras d'Or Lake in der Seekarte eingetragen. Gewissenhaft sind wir durch die Nacht bis hierher gesegelt. Jetzt wollen wir durch den See nach Neufundland. In den Bras d'Or Lake führt ein Kanal von einer Meile Länge, mit einer einstufigen Schleuse von 14 Metern Breite. Im See könnten wir überall ruhig ankern, in geschützten Pinienbuchten. Das Klima soll dort sehr angenehm sein. Mittelmeerähnlich. Tolle Aussichten. „Baddeck ist mit 965 Bewohnern der größte Ort am See." Ich halte mit den Informationen nicht zurück. Aus meinem Nova-Scotia-Reiseführer lese ich vor: „Direkt am Steg in Baddeck befindet sich das Lobster-Supper-Restaurant: Fresh unlimited lobster from June to October."

Barbara: *Ich freue mich auf Schwimmen und frisches Essen. Die Vorstellung, einen riesigen Lobster auseinanderzupulen, oder die Aussicht auf ein kühles Glas Wein auf der Veranda lassen Nebel und Bordfrust und Bedenken vergessen.*

Wo nehme ich den Anfang für mein Tagebuch her? Ich beginne bei mir selbst: *Es ist verdammt kalt an Bord. Kordhose, grünkariertes, flauschiges Hemd und Pullover reichen nicht aus. Ich friere im Nebel und ziehe trotzdem nichts weiter über. Navigiere mit Hilfe des Sat-Nav, mit Kompaß und Log in die Bucht. Als erstes möchte ich Tonne oder Land von Peters Island sichten. Stelle dabei enorme Strömungen fest. Unregelmäßige. Als die Sichtweite wieder auf eine Kabellänge zurückgeht und ich nur 19 Meter unterm Kiel habe, drehe ich ab. Verhalten, nur mit gerefftem Groß, segeln wir zurück. Abwarten. Vielleicht reißt es mittags auf. Irgendwann muß ja Schluß mit dem Dikkicht sein. Heute drängelt niemand. Sie halten sich zurück. Besessen von der Idee, meine Leute diesen Höhepunkt erleben zu lassen, und wild entschlossen, obschon die Sicht sich nicht deutlich bessert, versuche ich es nach einer guten Stunde erneut. Ich bin jetzt mein ärgster Feind. Breche jedoch bei zehn Meter Wassertiefe wiederum ab. Vor allem die starke Stromversetzung nach West irritiert mich. Der Sat-Nav arbeitet erstaunlich zuverlässig, liefert alle knappe zwei Stunden eine Okay-Position. So versuche ich es mit einem dritten Anlauf. Und wie gehabt: Bugwache, Cockpit-Ausguck, ein zuverlässiger Rudergänger und langsame Fahrt. Dennoch: Bei acht Meter Wassertiefe – rasch abnehmend – kriege ich Bammel. Aus, Schluß. Mit dem Heck durch den Wind, Schoten dicht und nichts wie weg. Mit dem Bras d'Or Lake will ich nichts mehr zu tun haben. Diese Entscheidung habe ich am Kartentisch getroffen, Echolot, Log, Seekarte vor Augen. Mensch, wie konnte ich nur bei diesem Mistwetter so dicht ans Land gehen? Eine halbe Meile, mehr war es nicht. Wie konnte ich nur in diesem „verseuchten" Gebiet stundenlang herumirren? Welcher Teufel hat* mich da geritten? Mit einem Schiff von fast drei Meter Tiefgang. Es schreibt sich jetzt leicht – Stunden später, nachdem alles ausgestanden ist. Was ich da seemännisch veranstaltet habe, war ein Unding. Mit meiner Erfahrung hätte es gleich nach dem ersten Versuch genug sein müssen. Schuld ist mein Bestreben, alles zu geben. Will sie mit Erlebnissen gespickt nach Hause schicken. Dabei sagte ich noch vor Tagen zu einem: „Erst kommt das Schiff und dann der Mensch." Richtig erschrocken war ich, als mir diese Offenbarung herausrutschte. In Gedanken ergänze ich: Wenn man Menschen kennt, liebt man Schiffe.

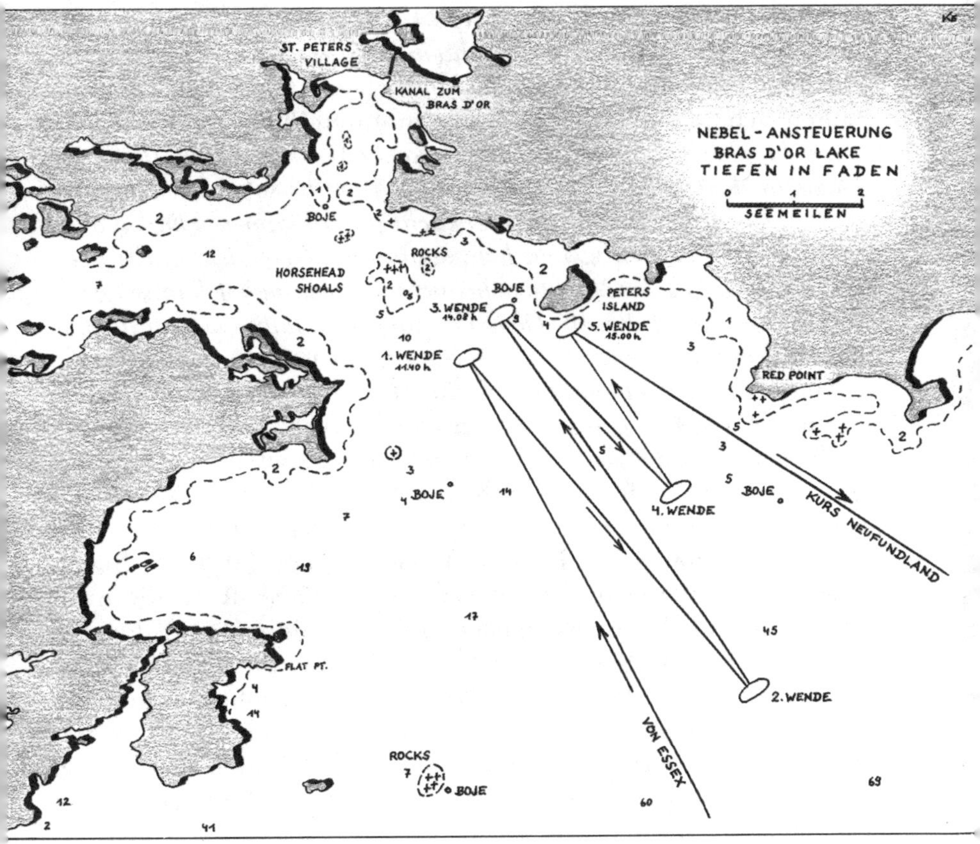

Grauenvoll, diese langen und ungewissen fünf Stunden im dichten Nebel.

Das eigentlich Überraschende ist – Klaus-Josef unterstützt meinen Abbruch: „Nehmen wir gleich Neufundland. Soll auch schön sein." Optimistisch verlangt er nach der „Suppenkelle". Nun, zu essen gibt es später. Ich will den Tag erst zu Papier bringen. Dabei steht es sich schlecht im Vorschiff. Es rumpelt wie im Kohlenkeller, der Mast quietscht, Fallen schlagen, Segel killen (wahrscheinlich stehen sie nicht), wie soll man sich da konzentrieren? Also: *Nachdem wir die Südtonne „Red Point" hart am Wind innen (!) passiert haben, werden die Schoten gefiert und St. John's als nächster Hafen avisiert. Die Gesichter einiger Gewinner wirken verzweifelt. Meilen? Tage? Ich reize sie: „Ob es da wohl einen Flugplatz gibt?" Vater Wolfgang liest „Brigitte", trinkt hastig ein Bier, ein Glas Wein und sagt: „Mir ist schlecht." Verschwindet in seiner Achterkoje.*

Einige reagieren auf meinen Abbruch emotionslos. Die Frauen halten sich tapfer. Barbara schreibt in ihrem Buch: *Zur Entschädigung für den entgangenen Lobster kocht Wilfried Chili con carne. Dazu trockenen Reis, Obstsalat, Wein, Bier. Es schmeckt hervorragend. Den Salontisch braucht er nicht auszuklappen. Die Crew ist malade. Die meisten ziehen Kriegsnahrung (Zwieback und Wasser) vor. Willy kann seine Nachtwache nicht übernehmen. Ich tausche mit ihm. Kälte, Nebel, Regen. Die Klamotten sind naß, die Kajütwände glänzen mir kalt entgegen, die Stimmung ist gedämpft. Kurs St. John's bedeutet noch mal drei Nächte Wache schieben.*

Eine Art Geborgenheit kommt über mich, als wir uns vom bedrohlichen Land entfernen. Zum Nebel stellt sich Dauerregen ein. Die Sicht bleibt total null. Schiffahrtsrouten verlaufen hier nicht. Und Fischdampfer hoffen wir rechtzeitig am Motorengeräusch zu orten. Ich schiebe mit Barbara viele Stunden Nachtwache. Wir stieren in die schwarze Unendlichkeit. In die nicht endenwollende Leere. Eingepackt bis zum Hals in Ölzeug, meinen wir, daß sich so die Seefahrer in alten Zeiten gefühlt haben müssen. Die verwegenen Wikinger in ihren Drachenbooten; Cabot, der diese Küsten in seinem Zweimaster entdeckte; Kolumbus in seiner Karavelle. Alle auf dem Weg ins unbekannte Dunkel. Tag für Tag mit den Ängsten der Ungewißheit leben. In dieser Nacht spüren wir einen Hauch davon in uns selbst.

8. Tag: Samstag, 29. Juli Pos 46°07'N – 56°58'W Kurs 80
Etmal 158 sm Wind SSW 7–8, nachts S 1–2 Baro 1004 mb
Wetter Nebelschwaden, Regen Regenbö mit 55 Knoten

Barbara in ihrer Elefantenschrift: *Guter Wind, zeitweise bis Stärke 8. Mit den Sturmböen schwirrt der elendige Nebel ab – nach 68 Stunden! Die Gatsby tanzt auf den langen, hohen Wellen. Ein tolles Schiff, souverän schüttelt es die brechenden Seen ab. Ich spüre keine Angst, kann die Berg- und Talfahrt genießen. Im übrigen herrscht Unlust, Langeweile, Müdigkeit und „Übleres".*

Wohin ich schaue – verdrossene Gesichter und Stille. Fast wünsche ich mir Ulrike, von der mein Freund Burkhard Pieske sagte: „Ich bin ja schon ein alter Sabbelkopp, aber mit Ulrike komme ich nicht mit." Mein Gott, der einzige, der sich an Bord wohl fühlt und es auch zeigt, bin ich. Ich brauche nur an den Schlamassel im Nebel von gestern zu denken und meinen Blick in die Unermeßlichkeit der See zu richten, schon könnte ich noch zwei Nachtwachen ohne Schlaf abreißen.

Dieses starke Gefühl hilft mir über alle menschlichen Macken hinweg. Soll ich die Ereignisse erzählen? Verklären? Eine Auswahl treffen? Im Telegrammstil: Rülpsen, Spucken, Messer ablecken, Freßlust, Langsamkeit, Launen, Unordnung. Mäkeln über Zwiebeln, Gewürze, Schwarzbrot, Wetter. Keine lockeren Sprüche oder Witze. Kurzum: Zugabteilstimmung.

Martina verwöhnt nicht nur ihren Mann in der Koje, sie verbreitet auch Optimismus und arbeitet wie ein Pferd in der Pantry, obwohl sie keinen Dienst hat. Läßt witzige, sinnvolle Bemerkungen los, zeigt ein verschmitztes, ironisches Lächeln, während andere tranig durch die Gegend torkeln. In ihrer trockenen, direkten Art notiert sie heute im Logbuch: *Am Nachmittag steht hohe achterliche Dünung herein. Klaus-Josef träumt von T-Bone-Steak und kotzt gleichzeitig.*

Willy träumt von wilden, saftigen, gut riechenden Allgäuwiesen. Richtig plastisch, wie sein Tagebuch farbig vermittelt: *Da mitten drin auf dem Rücken liegen und in den blauen Himmel starren! Mir geht hier dieses fortwährende, graubleiche Einerlei auf den Geist. Mit*

Dennis ist kein Gespräch möglich. Wenn er nicht am Ruder steht, liegt er apathisch im Cockpit. Die Wache scheint ihn unmenschlich anzustrengen. Teilweise hängt er wie ein Schluck Wasser über dem Rad – agiert wie ein verlangsamter Roboter, wie ein Handlungsunfähiger. Sein Zustand bereitet mir Sorge. Er ist ernstlich krank. Hilfe, Zuspruch kann ich ihm nicht geben. Mir geht es selbst dreckig. Unter Deck halte ich es nur in der Waagrechten aus. Das Aufstehen und Anziehen von Segelkleidung bereitet richtig Mühe und kostet Überwindung. Und dann diese Essensgerüche in der Kombüse. Muß bei dem Wetter gekocht werden? Mit meinem Bart läßt Porridge sich schlecht essen. Das klebrige Zeug bleibt an der Unterseite des Löffels hängen, zack, hängt es in den Haaren und klebt und stinkt.

---

9. Tag: Sonntag, 30. Juli   Pos 30 sm südwestlich Cape Race
Kurs 50   Etmal 136 sm   Wind NW 4–5, nachts 0   Baro 1009 mb
Wetter bedeckt, Nebelschwaden   Neufundland in Sicht!

In der Nacht läßt der Wind nach. Wird unbeständig und stirbt zur Abwechslung mal ganz. Vier Stunden Motoren machen die Dünungsflaute erträglich. Etwas später frischt es wieder auf, der Wind dreht, bläst nun aus Nordwest, uns also direkt ins Gesicht, und schiebt Nebelfelder heran. GATSBY macht eine gute Figur mit gefierten Schoten und leichter Schräglage: Alle Segel ausgerefft, windgebläht, 8 Knoten.

Barbaras Tagebuch: *Auf dem Kartentisch liegt groß mit Filzstift geschrieben eine Einladung zum gemeinsamen Frühstück. Eine gute Sonntagsidee. Ich freue mich und will das Besondere genießen. Es tut gut und hebt die Stimmung. Das Frühstück wird von Wilfried zubereitet. Da wir alle halb verhungert sind, fällt es deftig aus. Er serviert uns: Eier, Schinken, Speck, Schwarzbrot... Auch sein geliebtes Porridge fehlt nicht. In den Marmeladetöpfen stecken Löffelchen! Die Rundfunkandacht von Radio St. Pierre schafft eine appetitanregende Atmosphäre. Als Ingolf den Sender verstellen will, sagt der Weltumsegler: „So was erlebt ihr nie wieder.“ Zustimmung. Offene Gesichter. Als dann ab Mittag die Sonne rauskommt, kriechen alle aus ihren Löchern, strecken ihre müden Glieder an Deck aus und lassen Körper und Geist wieder trocknen. Neufundland in Sicht! Hurra (ein kleines), die Stimmung steigt. Sogar Dennis erwacht aus seiner Schläfrigkeit. Die Nacht kann kommen. Wir freuen uns auf den Hafen. Neufundland. Ein Name. Ein Land, das mir gefällt, obwohl ich es noch nicht kenne. Neufundland gehört zu mir, ist mein Land in meiner Phantasie. Ich freue mich unheimlich, dorthin zu kommen. In meiner Nachtwache nähern wir uns der Insel beträchtlich. Leuchttürme, Lichter von Siedlungen. Ich bin so gespannt und aufgeregt. Eine Sternschnuppe begrüßt mich, steigert die Vorfreude. Der Vorbote wünscht mir Glück.* So hat Barbara das gefundene Land empfunden.

Barbaras Prosa möchte ich hinzufügen: Neufundland gehört dem Meer. Die Küsten sind zerklüftet und zergliedert in Buchten, Meeresarme, Wasserstraßen und Fjorde. Es bietet dem Atlantik 5000 Meilen Küstenlinie. Überall lauern versteckte Felsen und Riffe. Und Nebel. Nichtsdestoweniger ist das Land wie geschaffen für die Seefahrt, denn seine geschützten Buchten sind zahllos. Die Küste mit den Fischern und den vorgelagerten Fischbänken ist das bestimmende Element Neufundlands.

„Waschküche" Neufundland: harter Wachdienst mit Nebelhorn und Furcht.

Cabot und seine Crew haben diese öden Gestade, groß wie Island, 1497 gefunden. Es gab nichts, was zu einer besonderen Benennung anregte, so daß sie das Entdeckte einfallslos und schlicht „New Found Land“ nannten – „Neu gefundenes Land“ – Neufundland. Doch Cabot hatte etwas gefunden, was er überhaupt nicht suchte: den Fischreichtum auf den Bänken vor der Insel. Seitdem kommen jährlich Tausende von Fischerbooten und beuten diese reichsten Fischgründe der Erde aus. Neufundland und speziell St. John's hat der Segen reich gemacht.

Cape Race. Ein markanter Punkt in der Seefahrt. Von hier aus werden die Meilen über den Nordatlantik abgesteckt: 1903 Seemeilen bis zum Pentland Firth jenseits des Ozeans, steht auf dem Bogen der amerikanischen Pilot Chart. Wir nähern uns dem Kap. Die Südostspitze Neufundlands ist eine der gefürchtetsten Ecken im westlichen Atlantik. Die am Kap vorbeiziehenden Gezeitenströme sind äußerst gefährlich, so steht's in meinem Neufundlandbuch. Sie sind unberechenbar. Der Strom – bis 5 Knoten – kann einen unaufmerksamen oder nebelblinden Schiffsführer Meilen vom richtigen Kurs abbringen und auf die Klippen setzen.

In unserer Ungeduld „schneiden“ wir das trostlose, windumtoste Kap in drei Meilen Abstand. Oder sind es weniger? Der Strom setzt glücklicherweise mit uns. Hinter dem rotgeringelten Leuchtturm steigen die baumlosen Hügel zur öden Tundra im Inneren der Avlon-Halbinsel an. In Neufundland nennt man Cape Race den Ort, wo der Nebel gemacht wird. Das trifft den Nagel auf den Kopf. Düstere Wolken beginnen den Himmel zu überziehen, die Luft wird kalt. Die ersten Nebelfelder treiben über den Leuchtturm heran. Doch nur langsam kommt der Nebel seewärts. Hängt als großer weißer Schleier vom Himmel nieder. Aber seine graue Wand gleitet unerbittlich näher. Um 19 Uhr, als ich dabei bin, etwas Eßbares aus der Bilge zu graben und wenig später wieder im Niedergang erscheine, ist es dicht. Nebelfahrt, grau in grau. Das Meer atmet leise. Der Nebel hält erst mal Abstand – eine viertel Seemeile –, ein schwacher Trost. Willy kommt mit der grausigen Vision raus: „Das wäre ein Ding, wenn wir St. John's nicht anlaufen könnten – wegen pottdichtem Nebel.“

10. Tag: Montag, 31. Juli   Fest 6.00 Uhr St. John's, Pier 7
Etmal 110 sm   Insgesamt von Essex 1060 sm = 6 Tage + 17 Stunden
Wetter super, wolkenloser, blauer Himmel, 25°C

Die Nacht im Nebel: Signalhörner. Lichter im Nebel, die zu identifizieren sind. Lichter, die nicht zu identifizieren sind. Dieselmotorengeräusche, die kommen, die gehen. Fernglas. Motor an. Motor aus. Scheißnebel.

Bei guter Sicht steuern wir im Zwielicht des Morgens die „Narrows" an, kahle, schwarze Felsen, die steil ins Meer abfallen und eine 200 Meter breite Öffnung freigeben. Klaus-Josef um fünf Uhr am Steuerrad: „Dort hätte ich den Hafen nicht vermutet. Dort hätte ich den Hafen nie..." Durch eine Flaschenhalseinfahrt gleiten wir in den Hafen.

Natürlich war Cabot der erste Europäer, der durch diese Enge in die total geschützte Bucht segelte. St. John's wurde somit die älteste Stadt der Neuen Welt – mit einer farbigen Vergangenheit. Engländer, Franzosen, Spanier kämpften darum wegen des Kabeljaus. Alleinbeherrscher wurden die Briten. Sie gründeten St. John's als kleinen Fischereihafen, und es war damit die erste englische Kolonie in Amerika.

Der erste Blick: ein Naturhafen, an dem nichts auszusetzen ist. Auf der Nordseite der Bucht eine alte malerische, verschachtelte Stadt, die sich an steilen Hügeln hinaufzieht und diesen wundervollen Hafen überschaut. Gegenüber Öltanks, Hochseefischereiboote, kahle, bemooste Berge. An der Ostseite, rund um die „Narrows" der Hafeneinfahrt, hölzerne Häuser, die wie Schwalbennester an den Felsen kleben. Ganz offensichtlich bilden sie ein eigenes kleines Gemeinwesen. Die Menschen leben und fischen wie die in den anderen 1300 „Outports" an der zerklüfteten Felsenküste Neufundlands.

St. John's ist ein traumhaft schöner Anblick. Ein liebenswerter Arbeitshafen. Wir gehen längsseits an dem Schoner SCADENIA. Willy schnappt sich unsere Vorleine und springt auf den Nachbar, um sie zu belegen: *Will dann nach achtern und sehe plötzlich einen riesigen Neufundländerhund mit roten Augen an Deck der SCADENIA, der mich*

St. John's, ein Naturhafen, an dem nichts auszusetzen ist. Ihn steuern wir durch diese Enge im Morgengrauen an. – Gleich nach dem Festmachen: Vater und Sohn reagieren sich mit einigen Sprints am Kai ab.

anstarrt, jede meiner Bewegungen verfolgt. Ich bleibe wie versteinert stehen, während Wilfried mich unwirsch nach achtern ruft zur Übernahme der Heckleine. Autorität des Skippers hin und her – ich trau' mich einfach nicht.

Achtern von uns am Stadtkai liegen ein Containerschiff und zwei Fischereifahrzeuge aus Rostock. Für deren Crew findet St. John's nicht statt, sie haben – in der DDR ist noch die SED am Ruder – auch nach 72 Seetagen keinen Landgang. Da hat es meine Crew besser: Sie fragt erst gar nicht. Noch vor dem Einklarieren schwirrt sie auf und davon. Nur mühsam kriege ich bis Mittag alle Pässe und Unterschriften zusammen.

Aber alles in der richtigen Reihenfolge: fest Pier 7. Heißer Kaffee und Tee für alle. Dennis und Wolfgang legen erst mal ein Dutzend Spurts auf dem Kai hin: befreit von Schiff und Meer! Wir verholen um einen Liegeplatz nach achtern. Kurz darauf, vom Hafenmeister persönlich und freundlich angewiesen, um fünf Liegeplätze nach vorne. Einklarieren mit Hindernissen. Frühstück in „Captain's Bar". Dennis will definitiv weg: „Jeder Tag ist ein verlorener." Ich versuche ihn noch umzustimmen: „Mensch, nur noch knapp 20 Tage. So was erlebst du nie wieder. An Land kannst du noch zig Jahre leben." Dennis bedeutet mir, sein Entschluß sei gefaßt, für ihn sei es höchste Zeit, Abschied zu nehmen. Er wolle uns nicht zur Last fallen und würde gerne sofort nach Hause fliegen. Ich unternehme keinen weiteren Versuch, ihn zu halten. Klaus-Josef und Reinhard haben offenbar eine schlechte Meinung von Leuten, die sich nicht quälen können, und sagen ihm offen: „Du hast anderen einen Platz gestohlen." Nun, er hat die Probe, auf die er sich eingelassen hat, nicht bestanden.

Ich also zum Reisebüro. Buche einen Direktflug nach Frankfurt. Wechsle in einer Bank Deutsche Mark. Dennis gebe ich für die Rückreise 1100 kanadische Dollar bar in die Hand. Er packt seine Siebensachen. Als letztes höre ich ein mächtiges, gurgelndes Ausspucken am Kai, als Schlußstrich gewissermaßen. Martina und Barbara beklagen, daß er sich ohne Abschied davongemacht hat. „Haben uns doch um ihn gekümmert, als er halb tot in der Koje hing."

Ich wasche mein Haar an Deck. Die Crew schrubbt Deck und kriegt sich in die Haare. Drei Promovierte zusammen arbeiten zu lassen, ist zuviel. Der eine möchte den Schlauch, der andere die Bürste. „Summa cum laude“, unser Chemiker, möchte sich endlich die Salzschicht im Bad abspülen. Mittagessen an Bord fällt aus. Gebe jedem zehn Dollar für die Selbstversorgung. Ergänze meine Reparatur- und Proviantliste. Strecke mich im Cockpit aus. Kaputt. Die Nacht über an Deck, am Vormittag Arbeit und Zickigkeiten.

Nach all diesem Streß aber kommt erst der Clou, als Martina mir gesteht: Sie ist im siebenten Monat schwanger! „Willst du es mit mir über den Atlantik riskieren?“ Sie sagt das wortwörtlich. „Wenn nicht, mußt du noch eine Flugkarte besorgen.“

Einziger Gedanke: Mir bleibt auch nichts erspart. Dennoch: Die fortgeschrittene Schwangerschaft erscheint mir kaum glaubwürdig. Martina sieht nicht richtig dick aus – nach vorn ausgerichtet. Sie ist eher von schwerer Bauart. Die neue Situation, die ich telefonisch nach Hamburg weitermelde, löst bei meinem „Arbeitgeber“ Verwirrung aus. Sie beschäftigt die Rechtsabteilung und ist Thema der Redaktionskonferenz. Was aber alle nicht wissen: daß Martina meine beste Kraft ist. Daß sie in New York nicht sofort unter Deck stürzte, sondern in Ruhe das Rigg inspizierte, Fallen und Winden prüfte, Ruderrad und Segeltuch in die Hand nahm. Noch wesentlicher: Sie ist geschickt in ihren Bewegungen, endlich mal jemand, der ein Auge fürs Bordleben hat. Und sie soll ich wegschicken? Was mich speziell an ihr freut: Die Krankenschwester mit zwei kleinen Töchtern zu Hause, deren Fotos sie sich ans Schott geklebt hat, ist nicht zimperlich, immer hilfsbereit und neugierig auf alles, was mit dem Schiff zusammenhängt.

Barbara: *Die Menschen sehen so blaß aus. Am Abend gemeinsames Essen im Restaurant „Victoria Station“, in der Waterman Road. Ich habe eigentlich keine Lust mitzugehen, tue es aber Wilfried zuliebe. Der Fisch ist hervorragend, stochere dennoch mangels Laune nur drin rum. Ich trinke viel Bier und gehe mit Martina vorzeitig zum Schiff zurück.*

Wir anderen machen noch einen Pub-Besuch. Kommen uns dabei nicht näher. Zu müde. Ich erinnere mich nur, daß Willy als einziger gut drauf ist. Er gibt eine Runde Bitter aus und noch eine.

11. Tag: Dienstag, 1. August   Pier 7, St. John's
Wetter traumhaft, 25°C   Kleinere Reparaturen am Schiff

Die „Höllenqualen" von gestern sind vergessen, sind weggespült. Über Vergangenes wird nicht gesprochen. Die Hochschwangere segelt mit über den Atlantik. Hamburg hat mir die Entscheidung überlassen. Die Promovierten scheinen sich nicht sonderlich zu mögen: „Ich glaube, der ist gar kein Arzt."

An Bord wird gearbeitet, das Schiff für die Etappe nach Schottland seeklar gemacht. Mastkragen mit Gummipackungen versehen und mit Tesastreifen abgedichtet; endlich die Kompaßleuchte in Gang gebracht; die Ruderanlage gefettet; der im Orkan abgebrochene Stock der IOR-Boje erneuert; ich lasse mich zum Rigg-Checken in den Mast hieven; stochere danach eine Stunde mit Gummihandschuhen in der Baby-Blake-Schüssel (Bordklo) herum.

Nach getaner Arbeit ein eisgekühlter Drink und „off for everybody" bis zum Abend.

St. John's ist heiß. Die Menschen dampfen im T-Shirt. Wir liegen mit dem Schiff unmittelbar im Zentrum der Stadt. Die Water Street (Hauptstraße) ist nur wenige Schritte entfernt. Entspannt hocke ich allein an Deck und schaue mir das Treiben an. Nur wenige Minuten kann ich es genießen, dann kommt der deutsche Honorarkonsul von Neufundland vorbei, um Guten Tag zu sagen. Ich bitte den älteren Herrn zu einer Tasse Tee an Bord. Seine Erscheinung ist beeindruckend: makellos, im dunklen Anzug – wie aus dem Herrenjournal. Grauhaarig, mit gepflegten Händen. Er kennt sehr gut die Kanadareisenden H.-O. Meissner und A.-E. Johann, die er seinerzeit betreut hat. Seit 35 Jahren wohnt er als Kaufmann in St. John's.

„Es läßt sich hier sehr gut leben." Die Sommer seien angenehm warm, die Winter mild, mit maximal zehn Grad Minustemperaturen: hervorragendes Klima. „Die fetten Jahre der Fischindustrie sind leider vorbei. Was mächtig kommt, ist der Tourismus. Und da hat Neufundland allerhand zu bieten", meint er. „Wildnis, Tradition, Schönheit, Geschichte, Meer." Zwei weitere große moderne Hotels wurden dafür in der Stadt gebaut. Das Land bietet in den letzten Jahren weitaus mehr Unterhaltung und Kultur. Man möchte die Jungen halten. – Eisberge interessieren mich besonders. Zu dieser Jahreszeit sei es auf dem Kurs nach England schier unmöglich, auf treibende Kolosse zu stoßen; „aber im Winter und noch mehr im Frühjahr driften sie en masse an der Hafeneinfahrt vorbei".

Neufundländer sind in Kanada, was in Deutschland die Bayern sind. Sie haben sich erst 1949 der kanadischen Einheit angeschlossen. Der Konsul zum Schluß im kühlen Salon der GATSBY: „Sie sind aber mutig, ohne Radar hier zu fahren." Er sagt „fahren". „Das ist gefährlich, das ist riskant bei all dem Nebel", fügt dann aber hinzu: „Fischerboote, die mit Radar ausgerüstet sind, havarieren allerdings auch miteinander."

Willys St.-John's-Tagebuch: *Frühstück bei Woolworth, das gleich gegenüber vom Schiff seinen Einkaufsmarkt hat. Eier, Speck, Pancake, Toast. B. sagt zu mir: Wolfgang geht mir auf den Keks. – Kleine Reparaturen am Schiff. B. und ich werden vom Honorarkonsul zu einer Fahrt auf den Signal Hill eingeladen. Auf dem 200 Meter hohen Hügel empfing Marconi 1901 die erste drahtlose Nachricht via Atlantik von England. Laufen einen wunderschönen Weg entlang der Steilküste zurück. Besuchen einen Pub. Kommen mit Fischern ins Gespräch. Schimpfen auf die Water-Street-Piraten. Jahrhundertelang wurden die Fischer von Stadt und Land ausgenutzt. Jetzt, da in der Fischerei nicht mehr viel läuft, wird ihnen nicht geholfen.*

Abendessen an Bord. Reinhard sagt: „Der gedeckte Tisch hat mir auch fürs Auge gut getan." Und dann in die City mit Livemusik – Open Air Concert mit verschiedenen Rockbands. Der Sommer wird offensichtlich hier ebenso genossen und gefeiert wie in Skandinavien. Die Crew beobachtet: Frauen und selbst junge Mädchen sind recht stämmig gebaut. Dazu dichte, dicke, lange Haarmähnen. Große Brüste und offene freundliche Gesichter. Stets farbig und sauber gekleidet. Einmalige Höflichkeit: Thank you, thank you – für jede Kleinigkeit. You are welcome. Die Neugierde auf die einzige Yacht im Hafen ist enorm. Unser Schiff wird ständig umlagert. Oh, how beautiful! Design? Länge? Werft? Motorleistung? Masthöhe? Vor allem danach wird gefragt: Warum gerade St. John's?

12. Tag: Mittwoch, 2. August   7.50 Uhr ablegen St. John's mit Ziel St. Kilda/Schottland   Kurs 65   Wind 0, ab mittags S 2–3   Baro 1010 mb   Wetter wolkenlos Spiegelglatte See und trotzdem Wind

Motormanöverfahren in engen Häfen ist mit GATSBY eine Freude. Der Kurzkieler mit dem Spatenruder reagiert immer, wie du es willst. Das verblüfft Crew und Beobachter, die wir haben, als wir in See stechen. Allerdings: Nach Joseph Conrad „sticht" man nicht in See. Man fährt hinaus.

Wie eine Spielwiese präsentiert sich das Meer. Stunde um Stunde motoren wir durch eine See, die nicht mal atmet. Keine Handbreit hohe Wellchen. Ingolf: „Vom Atlantik habe ich eigentlich mehr Wind und Seegang erwartet." Nachdem die Segel stehen und uns mit schönen 6 Knoten durch eine spiegelglatte See Richtung Schottland ziehen, hängt die erste frisch gewaschene Garnitur „Doppelripp" an der Reling. Dabei dachte ich, man hätte mich in New York gut verstanden. Daher wiederhole ich einen Teil meiner Instruktionen: Wasser aus den Tanks ist nicht zum Wäschewaschen da. Außerdem: Die Enden der Taue möglichst in der Plicht halten. Könnten über Bord gespült werden und in den Propeller gelangen. Ohnehin: Mehr Ordnung an Deck und ein Auge auf die Segel halten. Tassen und Teller nach Gebrauch nicht irgendwo abstellen, sondern vorspülen und im Becken deponieren. Und: Die See ist kein Mülleimer. Deswegen hatte ich schon mit der Vorgängercrew zu kämpfen. Ich bin überrascht, daß die Menschen trotz aller Umwelt-Infos sorglos mit der See umgehen. Also: Nicht wahllos über Bord werfen, was nicht mehr gebraucht wird. Nahrungsabfälle werden von Vögeln und Fischen gefressen. Zeitungspapier löst sich auf. Blechdosen verrotten. Das ist okay. Aber Folien, Plastikbeutel, Flaschen und Aludosen sammeln wir in den dafür unter der Spüle bereitgelegten Müllbeuteln.

13. Tag: Donnerstag, 3. August Pos 48°43' N – 48°40' W
Kurs 67 Etmal 170 sm Wind S 3–5 Baro 1010 mb
Wetter diesig, Nebelschwaden Paradiesisches Segeln auf den Neufundlandbänken

Willy serviert ofenfrische Puffbrötchen. Der Kinderarzt, Spezialist für das Überleben Frühgeborener, macht sich beim Backen Gedanken, ob man den Schiffsherd zum Brutkasten umfunktionieren könnte. Ergebnis: Man kann. Aber Musik und Nachrichten hören an Deck kann er nicht mehr. Plumps, sagte der Walkman, als er dem Mediziner beim Pinkeln heute morgen aus der Tasche fiel. Den Wetterbericht von St. John's hat er aber noch im Kopf: sonnig, 23 Grad, leichte südliche Winde. Im Golf von Mexiko treibt der Hurrikan „Dean“ sein Unwesen. Mit Zugbahn Westnordwest. „Ist ja weit weg“, sagt mein Wachpartner. Seit Dennis abgemustert hat, habe ich eine weitere Aufgabe: die Drei-bis-Sechs-Wache mit Willy. Leider beinhaltet das auch die Backschaft, wozu ich überhaupt keine Neigung habe. Hoffentlich will sich jemand beliebt machen und erlöst mich ab und zu vom Abwasch. Schließlich liegt das Kochen hauptsächlich in meiner Hand. Heiße Gerichte für neun Personen auf einer schlingernden Yacht zuzubereiten, ist nichts für Kochanfänger. Und ich weiß natürlich am besten, was die Vorräte so hergeben.

Reinhard und Klaus-Josef erzählen von einer Schule Wale, die sie in ihrer Wache hundert Meter entfernt an Steuerbord gesehen haben. Ingolf versucht mit der Schleppangel und Speck, Thunfische zu fangen. Zunächst muß er nur Möwen abwehren. Und Wolfgang begegnet in seiner Wache einem toten Wal, der von Möwen als Insel benutzt wird.

Segeln. Nebel. Segeln. Nebel. Ich erinnere mich nur an Segeln. Meine Tagebucheintragungen werden dürftiger. Mangels Interesses? Womöglich, weil ich im Nebel auf dem offenen Meer keine Angst habe, gefällt es mir, durch die graue Stille zu rauschen. Wir tun es phantastisch schnell und bequem. Keinerlei Seegang. Aber auch kein bißchen Welle. Mit gefierten Schoten gleiten wir über das platte Wasser. Lautlos vom Wind gefiltert. Hin und wieder kreist ein

Vogel ums Rigg. Halber Wind, ein blendender, betäubender Kurs. Die Segel stehen bauchig fest. Kein Knarren, kein Schlagen. In den Nebelbänken legt der Wind 5 bis 8 Knoten zu. Wir befinden uns in dem Gebiet, wo der kalte Labradorstrom auf den warmen Golfstrom trifft. Eine Wetter-Waschküche. Gesprächsfetzen aus dem Cockpit: „Traum von Atlantik." – „Das Schönste, daß keine geschäftlichen Fragen und Antworten wichtig sind." – „Ist ein Gewinn." Geht direkt ans Gemüt.

Barbara plaudert mit mir am Herd. Driftet ab in die Zukunft: „Was machst du, wenn die Fahrt beendet ist?" Solche Fragen irritieren mich. Sich zu offenbaren, liegt mir nicht. An Bord hat mir solche Fragen noch niemand gestellt. „Ja, was wird passieren, wenn ich zurückkomme? Ich weiß es nicht. Ich mag auch nicht daran denken."

„Was willst du später machen?"

„Segeln, Barbara. Segeln. Mich durchs Leben segeln. Zum eigenen Vergnügen. Charterfahrten. Auch wieder für eine Firma."

„Wird das denn gut bezahlt?"

Martina ist im siebten Monat schwanger. „Willst du es mit mir über den Atlantik riskieren?"

Merkwürdige Frage. Aber vielleicht für sie als langjährige Lehrerin von Wichtigkeit. „Ja, wenn du Freude an der Tätigkeit hast, wird doch alles gut bezahlt."

„Hast du wieder eine große Fahrt vor? Eine lange?"

„Pläne habe ich immer. Doch glücklicherweise bleiben die meisten ‚Kopfreisen'. Also, es wird irgendwann wieder was passieren, mit Sicherheit einen fordernden, logistisch anspruchsvollen Törn geben. Aber vielleicht keine Öffentlichkeitsreise."

„Und wie stellst du dir dein Einkommen im Alter vor?"

„Aus Segeln und dem Drumherum. Ein Zurück in den Alltag an Land ist ausgeschlossen. Dafür habe ich den Zeitpunkt verpaßt."

Die Beamtin sieht für mein späteres Leben schwarz.

---

14. Tag: Freitag, 4. August Pos 49°57'N – 45°25'W Kurs 67 Etmal 152 sm Wind SE 1–2 Baro 1010 mb Wetter diesig, Nebelfelder Wassertemperatur 19°C

Ein verrückter Segeltag: Nebel mit Sichtweiten um 50 Meter; Schwimmen auf 3500 Meter Wassertiefe; phosphoreszierendes Kielwasser; sternenklarer Himmel; Hunderte von Delphinen; Sonne, die heiß herunterbrennt. Das sind sechs Gründe, Seesegeln zu lieben. An Menschen gerichtet, die mit Segeln nichts anfangen können.

Logbuchführer Willy, der Bronchitis und andere Schwächen überwunden hat: *Ab Mittag strahlendes Licht, weißgefleckte Wolkendecke. Urplötzlich mit der Sonne gute Stimmung. Alle wuseln an Deck herum. Trocknen Kleidung. Lüften ihre Schlafsäcke, machen Notizen. Lesen „Kapital". Ein Fototermin wird festgesetzt. Wilfried hievt sich am Spibaum nach Luv raus, um uns in Aktion zu fotografieren. Endlich knipst er mal Lebewesen und nicht, wie seit Tagen, Wassertropfen an Metall, Plastik und Holzteilen. Und man glaubt es kaum: Es wird gebadet – bei Flaute mit umlaufenden Winden.*

Offenbar sind wir aus dem kalten Labradorstrom raus und im Golfstrom. Die Sonne steht hoch. Die Segel flappen zaghaft. Alle reißen sich die Kleider vom Leib, um Sonne zu tanken. Martina verbiete ich das Schwimmen. Sie wird an Deck von Wolfgang geduscht. „Wenn du Beschwerden hast, mußt du mir unbedingt sofort Bescheid sagen." Barbara läßt sich rücklings übers Heck in die See fallen. Ich bin total überrascht und springe ihr nach. Sie ist doch nicht in einem Anfall von Übermut leichtsinnig geworden? Daß die stille, langsame, zurückhaltende, abwägende Volksschullehrerin sich so blindlings in die Fluten stürzt, wundert mich. Nachdem ich mich von dem Schrecken erholt habe, schwimmen wir gemeinsam ums Schiff, waschen unser Haar. Ihr „Anfall" beruht auf dem Wunsch nach einem gepflegten, sauberen Aussehen, und sie liebt das Schwimmen im Salzwasser. „Dies ist bisher mein schönster Tag an Bord – auf See." Segeltörns in Finnland, in der Türkei, auf der Havel in Berlin hat sie auf dem Buckel. Früher, „ganz früher", ist sie deutsche Meisterin im Volleyball gewesen – mit Schweinfurt 05. Was man beim Schwimmen in 3455 Meter tiefem Wasser so alles erfährt. „Aha, daher deine durchtrainierte, wohlproportionierte Figur."

Sie und Willy geben ein attraktives Paar ab. Und beide „fressen" die Seglerszene: Moitessier, Graham, Roth, Pieske und Co. haben sie gelesen. „Trefft ihr euch ab und zu? Gibt es da noch Hilfsbereitschaft? Oder betrachtet ihr einander als Konkurrenten?" fragt sie mich.

„Wenn du beispielsweise mit Pieske am Tisch sitzt, läuft es oft so ab: Du redest dauernd über dich selbst, und er tut das gleiche, und es interessiert dich nicht, und es kümmert ihn nicht. Jeder fährt seinen eigenen Kahn – an Land wie auf See. Hilfe? Wäre sie erforderlich, bin ich sicher, wir würden uns beistehen."

Am Himmel ziehen Zirruswolken auf, die stark ausgefranst sind. Sie werden Wind, reichlich Wind bringen.

---

15. Tag: Samstag, 5. August   Pos 51°05'N – 41°17'W   Kurs 75
Etmal 148 sm   Wind SSW 3–5, abends S 7–8   Baro 1009 mb
Wetter bedeckt, Regenböen   Das Meer, ein Feuerwerk

Wolfgang ist sauer. Haferflocken, Weißbrot, Knäckebrot, Pancake weist er mit diabolischem Grinsen von sich. „Diese konservierte, weiße Nahrung könnt ihr euch..." Stocksauer wird der Zahndoktor, als ich ihn neben dem Bootsmannsstuhl, der am Mast hängt, mit der Bemerkung ablichte: „Dein vierter Stuhl." Er betreibt nämlich eine Praxis mit drei Behandlungsstühlen. „Mit Belastungen", wie er kundtut, „aber im nächsten Jahr bin ich schuldenfrei." Nach zehn Jahren selbständig sein! In der Tat ist er nicht der typische deutsche Dentalpraxisbesitzer, denn so lapidare Dinge wie Patienten mit gefälschten Krankenscheinen regen ihn mächtig auf. „Davon gibt's 'ne ganze Menge in der Frankfurter City." Das Logspiel – es geht um eine Flasche Azoren-Weißwein, den Wolfgang nicht verachtet – verliert er nur um eine Kabellänge, und das gegen Willy.

Der andere Arzt ist inzwischen obenauf. Willy Parks „Einparkzeiten" sind endgültig vorbei. Sein Wohlbefinden drückt sich dadurch aus, daß er mit seinem mitgebrachten Navigationscomputer (Schenk) stundenlang spielt. „Hab' ihn sogar auf dem laufenden", sagt er mit einem Lächeln bis zu den Ohren. Mir nimmt er die eine oder andere Stunde Nachtwache ab.

Willy ist der einzige, der sein Tagebuch auf neuestem Stand hält: *Genieße die Nachtwache. Ich fühle ein Ziehen im Rücken vor Glück:*

Nach den qualvollen Arbeiten am viel zu hoch montierten Großbaum haben wir eine Tasse Kaffee verdient.

Ich allein mit Schiff und Meer. Höre mit Bagas Walkman Alan Parsons Project. Das Zeitempfinden ändert sich, es hat keine große Bedeutung, welcher Wochentag ist, ich erfahre es aus dem Logbuch und habe es dann bald wieder vergessen. Die Wahrnehmung ist instinktiv ausgerichtet auf Wetter, Himmel, Meer, Schiff und Wind. Manchmal staune ich mit offenem Mund, so in der Nacht, als eine Delphinschule eine Zeitlang das Schiff begleitet und dabei phosphoreszierende Lichtbahnen hinter jedem einzelnen Delphin zu sehen sind. Begleitet von einem fast menschlichen Schnaufen nahe beim Rumpf. Das alles wirkt wie ein Feuerwerk, das für mich allein zickzackförmig, in Schlangenlinien um GATSBY *herum abläuft. Vielleicht eine halbe Stunde, womöglich auch länger. Mir kommt's wahnsinnig lange vor, dieses Naturschauspiel. Der erste Sturm seit der Abfahrt von St. John's zieht auf. Ungemütlich, aber gutes Gefühl.*

---

16. Tag: Sonntag, 6. August   Pos 51°50'N – 36°42'W   Kurs 65
Etmal 202 sm   Wind SW 8, ab mittags W 4   Baro 1001 mb
Wetter Schauer   Mein erstes 200er Etmal

Eine stürmische Nacht mit Reffen und „Dusche“ im Cockpit. Es wird Zeit, daß Wind und See der Mannschaft ein wenig Ehrfurcht vor dem Atlantik beibringen. Die haben gedacht, es geht so gemächlich weiter. Der Sturm trifft uns raumschots. Der Rumpf hoppelt wie auf mecklenburgischem Kopfsteinpflaster. In der Kajüte wird es einerseits lauter durch schlagende Fallen und klapperndes Geschirr, aber andererseits ruhiger, denn Dialoge und Monologe fallen aus.

Martina: „Jetzt beginne ich die Tage zu zählen bis Cuxhaven und freue mich riesig darauf. Mir fehlen die Kinder, und wenn See und Wind für mich zu dicke werden, träume ich halt von der Ankunft.“

Der Sturm bringt uns mächtig voran: 202 Seemeilen. Mein bestes Etmal. Ich denke an Sir Francis (Chichester), den alten 200-Meilen Etmal-Jäger. Er wollte den Atlantik mit solchen Durchschnittsetmalen überqueren, allerdings in den Passatregionen. Ob es ihm gelungen ist? Ich kann mich nicht erinnern. Ich gebe Campari-Orange aus. Wenig Zuspruch. Mangelnder Schlaf und Unwohlsein sind akzeptable Ursachen. Reinhard darf ich überhaupt nicht mit dem roten Getränk zu nahe kommen. Er bedenkt dann Neptun sofort mit seinem eigenen persönlichen Opfer. Rot ist offenbar seine Problemfarbe. Es schnürt ihm den Hals zu, „wenn beim Abwasch die rote Brühe von Spagetti Sugo oder Tomatensuppe in der Spüle schwappt".

So bleiben mir Barbara und Martina, mit denen ich auf das Superetmal anstoße. Barbara ist gerade damit fertig geworden, Reis und Tomatensuppe zwischen ihren Zehen zu entfernen. Nachts schepperte es so fürchterlich – oder war jemand vom Kurs abgekommen? –, daß der große Topf Tomatensuppe samt Reis vom Herd flog und der Inhalt sich gleichmäßig über den Boden verteilte. Und Barbara stand mit nackten Füßen mittendrin. Als Sportlerin mit ausgezeichnetem Gleichgewichtsgefühl rutschte sie wie auf einer Eisfläche, ohne sich weh zu tun. Und als ordnungsliebend erbarmte sie sich der Schweinerei durch Auslegen von Zeitungsseiten. Konnte aber nicht verhindern, daß ein Teil der Suppe den Weg in ihre Kajüte fand und das auf dem Boden liegende Buch „Gefährliche Liebschaften" rot färbte. Es war am Morgen eine „Scheißarbeit", den Boden zu säubern, der Reis hatte sich in alle Ritzen gequetscht.

Männer an Bord, die Frauen nur als Hausfrauen betrachten, gefallen mir nicht. Er tut keinen Handschlag neben einer leidlichen Backschaft. Dazu: „Wo ist mein Tee?", mit Blickrichtung Pantry. Oder: „Der Tee ist kalt." – „Ich trinke meinen Tee mit Zucker und Milch." – „Ein Tee wäre gut."

Beobachtung: Kaffee schmeckt selbst passionierten Kaffeetrinkern nicht mehr. Das war auf der Hinfahrt ebenso.

---

17. Tag: Montag, 7. August   Pos 52°52'N – 32°04'W   Kurs 70
Etmal 175 sm   Wind WNW 3–4   Baro 1002 mb
Wetter grau   Die Hälfte der Strecke ist geschafft

Gegenwärtig gibt es leichte Spannungen zwischen Barbara und Wolfgang. Sie reden schon seit Tagen nicht mehr miteinander. Vorbei die Zeiten, als sie nach der Wachablösung nachts um drei Uhr Wein süffelten und schwatzten. Mir kommt der Gedanke: Soll ich ihre Wache auflösen? Barbara schreibt: *Das schlechte, feuchte Wetter und die Gleichförmigkeit des Tagesablaufes machen mir zu schaffen. Wache. Schlaf. Essen (ich möchte mal wieder essen, was ich will). Ein warmes Bad. Zeitung. Post. Ein Kleid. Das sind meine Prioritäten.*

Eine Feier hebt die Moral wohl am besten. Reinhard hat auf dem 53. Breitengrad seinen 53. Geburtstag. Wir begehen das Ereignis wie gehabt mit kalifornischem Sekt und Gesang: „Happy Birthday to you..." Ich koche sein Lieblingsessen: Rindsrouladen, Prinzeßbohnen und Salzkartoffeln. Das köstliche Gericht wird aber, nachdem die Essensdüfte durch alle Kajüten ziehen, größtenteils verschmäht. Schade. (Dank gibt es sowieso nicht). Die rollenden Bewegungen des Schiffes fordern ihren Tribut. Der gutaufgelegte Willy: *Reinhard hat sich besonders rausgeputzt. Ist ja auch sein Geburtstag. Und bei dem Geburtstagsgeschenk von uns – original chinesischer „Playboy" – gehört sich das auch so. Muß Reinhard richtig überreden, das kostbare Stück auch mal mir zu geben. Anschließend wird's gleich wieder in die Plastikhülle verstaut. Da ist Reinhard eigen.*

Reinhard ist Kommodore des siemenseigenen Segelklubs am Starnberger See. Es wird dort mit gestifteten H-Booten gesegelt. Da seine Frau an diesem Atlantiktörn nicht teilnehmen wollte, hat er sich seinen Klubkameraden Ingolf ausgesucht. Ingolf ist unser „Finanzhai". Er kann sich stundenlang mit Aktienkursen und Kapital beschäftigen, ohne dabei – auch bei Sturm – zu ermüden. Seine Devise: „Das Geld muß man gestreut anlegen." Echte Tips gibt er nicht, da ist er zurückhaltend.

---

18. Tag: Dienstag, 8. August   Pos 53°36'N – 28°32'W   Kurs 70
Etmal 163 sm   Wind NW 6–7, ab 15 Uhr NW 8–9   Baro 1005 mb
Wetter bedeckt, kalt, 9°C   Die vierte Geburtstagsfeier

Heute hat Willy Geburtstag. Sein Tagebuch: *Sekt geht schwer runter. Muß ein Scopolamin-Pflaster kleben. Barbara bringt mir Porridge – eine Delikatesse, für die ich Ratsherrentopf oder ähnliches gerne stehen lasse.*

Ein schöner Tag ist es für Willy ohnehin nicht. Um drei Uhr in der Nacht bekommt er einen lautstarken Anschiß wegen zu später Wachablösung. Daß unser Schiff kräftig Wasser macht und er uns „rettet", stellt sich allerdings erst später heraus. Das Seeventil der Steuerbordtoilette stand sperrangelweit offen, und so konnte stundenlang Wasser übers Becken ins Boot gelangen. Als er das Klo, schon eingepackt in Ölzeug, benutzen will, tapst er in knöcheltiefes Wasser. Da unser Mediziner um drei Uhr nicht der munterste ist, dauert es seine Zeit, bis er unter großem Gestöhne gelenzt hat. Wohlgemerkt, die Sumpfpumpe ist defekt. Er muß mit der Pütz schöpfen.

Die Wache von drei bis sechs Uhr gefällt mir sehr. Kann ich doch nachts das Deck im Auge behalten. Und meistens brist es in dieser Wache auf. Mein Wachkumpel neigt glücklicherweise zu zeitigen Reffmanövern, so daß es in der Regel zügig und kraftsparender erledigt wird. Schlafmangel wird für mich beinahe zur Katastrophe. Regelmäßig um acht Uhr beginnen die Störungen. Einer der Frühstücker pflegt seine Speckeier immer direkt aus der Teflonpfanne zu essen. Damit er sich das Spülen erspart, schabt er mit der Gabel die Pfanne unüberhörbar sauber: kratz, kratz! Das muß man gehört haben...

---

19. Tag: Mittwoch, 9. August   Pos 54°51'N – 23°41'W   Kurs 70
Etmal 185 sm   Wind WNW 8–9, ab 12 Uhr W 6–7   Baro 1009 mb
Wetter bedeckt, 8°C   Schlafen nur mit Kojensegel möglich

In der Nacht frischt der Sturm noch auf. Glücklicherweise nicht gegen uns! Vor allem nimmt die Dünung enorm rasch zu. Das Steuern wird bei Raumschotskurs mit Rauschefahrt zum 150prozentigen Job. Vordenken und große Sturmerfahrung sind bei Gatsby nicht erforderlich. Der Kurzkieler reagiert sofort. Das macht ihn für diesen Zweck sehr nützlich. Die Tendenz, auszubrechen und eine Halse zu fahren, ist zweifellos bei unserem Vor-Wind-Kurs gegeben, aber ich bete allen vor, den Anforderungen standzuhalten. Aufmerksam, aufmerksam. Bloß keine Patenthalse, könnte wegen der Backstage leicht zum Mastbruch führen.

Gespräche fallen der Konzentration zum Opfer. Willy verrät mir, daß ihm die Drei-bis-sechs-Wache nicht gefällt: „Um diese Zeit in die klammen, nassen Klamotten zu steigen, kostet echt Überwindung.“ Er sitzt dann im Salon, flucht leise über die steifen, nassen Sachen und kann sich nicht recht aufraffen. Sein Tagebuch spricht ihm aus der Seele: *Wilfried gibt mir Entscheidungshilfe: „An Bord gibt's keine nassen Sachen, nur ein bißchen klamme, los, zieh' sie an.“ Bis ich alle Plünnen angezogen habe, ist eine halbe Stunde vorbei. Faserpelz dünn, Faserpelz dick. Socken dick, Faserpelzsocken, dicker Pullover, Overall, darüber Parkajacke, Schwimmweste mit Lifebelt, Gummistiefel, Wollmütze, Schal. Fühle mich bei „Niedergang auf“ wie ein Michelinmännchen: dick und aufgeplustert. Und wehe, es fällt einem dann erst ein, pinkeln zu müssen. Mein Kreislauf braucht immer 'ne ganze Weile, bis er in Gang kommt. Anziehen bei dem Seegang geht am besten zwischen Klo und Niedergang, da ist es recht eng, und man kann auf einem Bein stehend nicht umfallen. Kreislaufprobleme – mehr Blutdruck – habe ich wahrscheinlich, weil ich zu wenig trinke. Trinken tue ich deshalb wenig, weil das Pinkeln bei dem Wetter so anstrengend ist. Wilfried sagt, das rauschende Fahrwasser fördert es zudem. Die Konstruktion von aufblasbarer Schwimmweste und integriertem Sicherheitsgurt scheint mir nicht gelungen. Nach kurzer Zeit kriege ich 'ne Halsstarre von dem Gewicht im Nacken. Fühle mich in meiner Bewegungsfreiheit eingeengt.*

Kein Lächeln. Kein lockeres Wortgeplänkel. Wieso auch? Es ist duster, selbst tagsüber im Salon. Es ist unordentlich, schmutzig, kalt. Und leider naß. Immer, wenn eine See an Deck steigt, „gießt“ es durch die undichten Luken. Die Bewohner der Achterkajüte meutern. Ich kann sie verstehen und tröste sie, indem ich die nassen Kojenpolster für „feucht“ erkläre. Die kalte Ungemütlichkeit wird – teils – von Deospray gemindert. Es riecht nach Maiglöckchen oder Rosen.

Barbara deutet mir an, daß sie an Deck mehr einbezogen werden möchte, „damit du es leichter hast“. Neben Wacheschieben und Schotenreißen fällt aber jede weitere Tätigkeit – mangels Kraft – für die Lehrerin aus. Reff ins Groß einbinden, beispielsweise. Der Baum liegt selbst für mich, wie schon angemerkt, viel zu hoch, als daß man sicher daran arbeiten könnte. Nur mit Geschick und Erfahrung schaffe ich es jedes Mal, zügig das schlagende Tuch zu bändigen. Oder Smeerreep dichtholen: „Das packe ich nur unter Mithilfe und Gestöhne." Backstage umsetzen ist auch so eine tierische Arbeit bei diesen rollenden Bewegungen. Und an die knifflige Hydraulik für Mast und Baum lasse ich grundsätzlich niemanden ran. In der Tat vermittle ich ihnen wohl das typische Bild des Einhandseglers: „Alles läuft über dich, und du bist absolut und immer gefordert."

Tatsächlich bin ich wie ein Wahnsinniger in Bewegung: Segelmanöver, Steuern, Reparaturen, alles zwischen Kochlöffel und Spülbürste. Und neuerdings besteht auch kein Interesse mehr an Logbuchführung. Beobachte Wetter und See, auch im Schlaf, weshalb ich bei jeder Veränderung von Lage oder Geräusch sofort an Deck stürze. Behalte Martina, die Schwangere, im Auge. Wir gehen nett miteinander um. „Bewegt sich schon was?" frage ich und lege meine Hand auf ihren Bauch, dem man jetzt Dicke ansieht. Und necke sie mit Namensfindungen: „Nach Nora und Dana wäre Sina doch ganz passend?" Ich erzähle ihr die Geschichte von Sina und dem Aal – aus dem Erfahrungsschatz meiner Südseereisen: „Eine der wohl bekanntesten Legenden in der polynesischen Mythologie ist die von Sina und dem Aal. Sina war ein hübsches Mädchen, dessen Schönheit die Männer aller Inseln erregte und in das sich auch der Prinz von Fidschi verliebte. Um Sina näher zu sein und ihre Liebe zu erringen, verwandelte der Prinz sich dank seiner Zauberkraft in einen Aal und lebte in dem Pool, in dem Sina jeden Tag badete. Sina mochte den Aal und machte ihn zu ihrem Lieblingstier. Sie spielte täglich mit ihm. Als er zu groß wurde, wollte sie ihn los sein und warf ihn einfach in den Ozean. Der Aal jedoch kam wieder zurück. Sina, gestört durch seine Anhänglichkeit und nicht wissend, daß er ein verzauberter Prinz war, ließ ihm den Kopf abschlagen. Doch bevor es dazu kam, sagte der Aal: ‚Ich habe meine magische Kraft verloren und kann mich nicht mehr in einen Mann zurückverwandeln. Als Beweis meiner Liebe und damit du dich immer an mich erinnerst, wird dort, wo du meinen Kopf eingräbst, eine hohe schlanke Pflanze wachsen, in deren Schatten du dich ausruhen kannst. Wenn du durstig bist, kannst du von den Kokosnüssen trinken, die diese Pflanze tragen wird. Und wenn du die Nüsse sorgfältig anschaust, wirst du sehen, daß sie ein Gesicht haben, das einem Aal ähnelt.'"

Martina schreibt ordentlich Tagebuch; leider stellt sie mir nur eine Handvoll Seiten zur Verfügung: *Nach der üblen Nacht mit 50 Knoten Wind hat sich eine riesige Dünung aufgebaut. Viele Wellen sind über acht Meter hoch. Sie kommen von achtern und rollen unterm Schiff durch. Steuern ist anstrengend, ermüdend. Zähle schon die Tage bis St. Kilda. Es wird gewettet, wann wir die Insel sehen. Ich tippe auf Samstag früh. Klaus ist es übel, er liegt in der Koje und versucht etwas Essen im Magen zu behalten. Die meisten Gewinner stellen jetzt fest, daß eine Atlantiküberquerung doch nichts für sie ist. Zu rauh, zu eintönig und so weiter. Ich glaube, alle freuen sich aufs Land. Nur Klaus behauptet immer wieder, bis auf die Seekrankheit genieße er das Segeln.*

Überreizt schimpfe ich mit Klaus-Josef, als er ohne Gurt und Weste an die Reling springt, um Neptun das gewohnte Opfer zu bringen. Das hatte man nicht erwartet. Harte Worte kommen selten aus meinem Mund, wirken daher mehrfach und verstärken die Differenzen. St.-Kilda-Fragen tauchen auf. Die Inseln sind auf der Überseglerkarte nicht größer als ein Fliegenschiß.

Die Seekarte von den Inseln kommt auf den Tisch. Maßstab 1 : 2500. „Damit läßt es sich ansteuern." Die Karte vermittelt die Feinheiten über wie unter Wasser. St. Kilda ist hoch und rein. „Wenn nicht gerade Nebel aufzieht, sollte sie uns keine Probleme bereiten." Die Seekarte zeigt ferner, daß der Archipel vier Inseln umfaßt sowie einige einsame Klippen. Die zerklüftete Hauptinsel St. Kilda mißt gut zwei Meilen im Durchmesser. Winzlinge – nach der Weite des Meeres.

Der kleine Archipel ist eigentlich nur etwas für unerschrockene Naturliebhaber. Außer zahlreichen Seevögeln bekommt man dort nicht viel zu sehen. Er liegt gut 100 Meilen vor der schottischen Westküste. Schroff ins Meer fallende Klippen, Sturmwind und Regen prägen die Inseln. Mit Blick in Richtung Wolfgang: „Die haben dort keinen Flugplatz." Ein gutes Dutzend Militärs, die eine

Radarstation unterhalten, sind nämlich die einzigen Dauerbewohner. St. Kilda hat auf meiner Seekarte eine bei den vorherrschenden Westwinden geschützte Bucht: Village Bay. Geplant ist nur ein Tag – vor Anker.

---

20. Tag: Donnerstag, 10. August Pos 55°55'N – 18°52'W Kurs 80 Etmal 176 sm Wind SW 8–9, ab 10 Uhr W 10, zeitweise 11–12 Baro 986 mb Wetter leichter, kalter Dauerregen Hurrikanausläufer „Dean" vor Topp und Takel abgewettert

---

Aufwachen, aufwachen! schreit das Rigg. Schlafen konnte ich ohnehin nicht, dafür heult der Wind zu stark. Ich klettere also aus meinem Schlafsack und dann übers Kojensegel des Salonsofas. Um nicht beim Ankleiden auf den naßkalten Boden zu treten, lege ich Zeitungspapier aus – Seiten aus der ZEIT. Heute ist Donnerstag, da erscheinen daheim ZEIT und STERN. Wir unterhalten uns über die Blätter. „Durchblättern genügt", höre ich. Eine Recherche an Bord ergibt: Ganz genau gelesen, regelrecht studiert, wird eigentlich nur das ausführliche Fernsehprogramm.

Als ich mich am Frühstückstisch umschaue, verblüfft mich, wie sich das Aussehen der Mannschaft seit St. John's verändert hat. Graue Stoppelbärte, hohläugig, wirrer Haarschopf, ziemlich abgekämpft. Barbara meint, die geröteten Augen kommen vielleicht vom Playboy-Lesen! Ich sehe wahrscheinlich ähnlich zerzaust aus. Auf meiner 271-Tage-Nonstopfahrt hatte ich absichtlich meinen winzigen Spiegel in einer unmöglichen Ecke angeschraubt, um nicht immer mein zerfurchtes Antlitz sehen zu müssen.

Ein Gewinner – dies in der dritten Person, um Distanz zu schaffen – erscheint in seinem seit Tagen gewohnten Outfit mit erhobenem Arm im Salon: „Der achte Tag ohne Waschen und Wäschewechsel." Und als Nachschlag: „Ich pflege meine Kleintierzucht." Stille. Gefrotzel? Na, der Typ zeigt gerne Originalität. Die soll er meinetwegen haben. Ich beordere ihn sofort ans stürmische Steuerrad. „Damit deine Zucht in Kälte und Nässe abstirbt." Er akzeptiert. Das wiederkehrende, lähmende Einerlei macht sich verschieden bemerkbar. Oder ist es Ausdruck von Angst?

Draußen ist der Teufel los. Die aufgewühlte See ist die Gefahr, ein Seegang, den der derzeitige Sturm nicht geschaffen haben kann. Die Wellen brechen sich am Rumpf und peitschen ins Gesicht. Einige Gewinner sind bereits außer Gefecht. Liegen im Kojensegel und träumen von Landfall und Filetsteak. (Nehme ich mal an.) Jedenfalls Ruhe und Erholung finden sie bei diesen heftig rollenden Schiffsbewegungen nicht. Der Bug taucht gefährlich tief in graublaues Wasser und drückt und spritzt es weiß-grünlich beiseite. Es wird kritisch. Dazu ein Luftdruck im „freien Fall“ – zwei Millibar pro Stunde seit Mitternacht. Die Besorgnis wächst. Bedeutet das Orkan? Die folgenden Stunden hat Willy, der nie solch ein Unwetter auf See erlebte, beschrieben: *Welle ist lang und unvorstellbar hoch, schätze so zehn bis zwölf Meter. Sitze angeleint im Rudercockpit. Wind und Welle kommen achterlich bis raumschots. Gesegelt wird nur mit dreifach gerefftem Groß. Wilfried ist am Rad, schießt mit 15 bis 20 Knoten die Wellen runter. Es sieht beim Blick nach achtern wie im Gebirge aus. Gischt fegt waagrecht von den Wellenkämmen. Beim Brechen eines Kammes entsteht der Lärm einer durchfahrenden Lokomotive. Habe Respekt, bin auch fasziniert von dem Schauspiel. Habe das Gefühl, daß die Situation schwierig ist, aber zu bewältigen.* GATSBY *verhält sich großartig, vermittelt einen sicheren Eindruck: ein richtig intensives Gefühl zum Schiff. Wilfried, mein Wachgänger, ist konzentriert am Kurbeln, strahlt Ruhe aus, aber auch Kampfbereitschaft. Blicke zum Rigg, Himmel, Windanzeiger, nach hinten zu den Wellenbergen. Dann murmelt er: „Das Stück Großsegeltuch muß auch noch geborgen werden.“ Einen Moment sackt mir das Herz in die Hose, habe Angst bei der Vorstellung, ohne Segel vor Topp und Takel querzuschlagen, habe Angst bei der Vorstellung, Wilfried turnt an Deck, um das schlagende Tuch einzuholen, und ich sitze am Ruder ohne Fahrt im Schiff, kann nicht manövrieren. Wilfried beruhigt mich: „Mit dem Prügel von Mast bleibt allemal Fahrt drin.“ Und dann geht's zur Sache. Bin schnell beruhigt, als ich merke, daß* GATSBY *weiter Fahrt macht, obwohl der Druck aus dem Segel ist. 6 bis 8 Knoten sind es immer noch. Wilfried fetzt über Deck, verbeißt sich ins Großsegeltuch, das an der Saling hängt. Er reißt und rackert und zerrt. Bin gespannt, achte konzentriert auf Kompaß und Wilfried.*

Dauert alles verdammt lange. Ich klopfe ihm erleichtert auf die Schulter, als er endlich wieder im Cockpit sitzt – prustend und Wasser spuckend wie ein Seelöwe. Barbara hat sich am Kartentisch verschanzt. Martina ist zeitweise noch auf den Beinen – Mensch, und das mit ihrer Wamme –, ich darf gar nicht daran denken. Wilfried sagt: „Die müssen wir besser auch noch festlaschen – in der Koje."

Übernehme Barbaras Wache und wechsle mich mit Wolfgang am Ruder ab. Mit 8 Knoten Fahrt und mehr und 60 Knoten Wind die Wellenberge runter. Hab' mich ein Stück weit an diese Extremsituation adaptiert. Es erleichtert enorm, daß wir vor dem Sturm ablaufen. Nach zwei Stunden Ruderstehen mit Wolfgang fangen wir an zu singen: „We all live in a yellow submarine..." Gott sei Dank hören sie uns unter Deck nicht. Wilfried will mich nach sechs Stunden Wache aufmuntern und sagt: „So was erlebst du nie wieder." In dem Moment habe ich meine Sternstunde. Hinter uns bricht sich eine Sturmsee, aus dem Augenwinkel sehe ich achteraus eine weiße Wand, und Sekundenbruchteile später werde ich gegen das Ruder gedrückt und mit Wasser überschüttet. Durch den Kragen läuft es am Körper abwärts. Die Füße sind naß. In Mund und Nase schmeckt das Wasser wie am Wannsee. Im Cockpit steht es so hoch wie in einer Badewanne und schwappt hin und her. Läuft durch die zu kleinen Lenzrohre nicht schnell genug ab. Wilfried lenzt flott mit einem Eimer. Hat anscheinend Erfahrung drin. Ich falle heute todmüde in meine Koje, mein Allerheiligstes. Es kostet mich Überwindung und Anstrengung, die Wetterkleidung auszuziehen und aufzuhängen. In unserer Kajüte sieht es aus wie nach einem mittleren Erdbeben.

Ohne Segel, vor Topp und Takel, wann habe ich das zuletzt erlebt? Vor zehn und mehr Jahren in einem Taifun bei den Philippinen. Ich segle heute auch nur so, weil ich befürchte, die Steuermechanik hält der Belastung nicht stand. Das Rad eiert. Mein Vertrauen in die Anlage schrumpft jetzt täglich.

Barbara steckt ab und zu den Kopf aus dem Niedergang. Sie wirkt angestrengt und in Sorge. Der Windmesser vor meinen Augen (am Kartentisch) mit seiner Digitalanzeige, die unregelmäßig 62, 60, 58, 65, 70 Knoten anzeigt, ist nicht ermunternd. Das alles plus Fahrt. Grau – innen und außen. Das Leben und Befinden an Bord in dieser Phase ist belastend, wegen der undichten Luken. „Man meint, wenn es so reinströmt, das Schiff hat ein Leck und sinkt gleich."

Sie halten tapfer mit, auch wenn es nicht immer gelingt. Barbara kocht heute „eigeninitiativ" Kaffee (speziell für mich); außerdem Tee, Porridge, Fünf-Minuten-Terrine und spät abends Kartoffelsalat. Nachdem der Luftdruck um ein Millibar steigt, zischt sie, auf dem Boden hockend, weil es der ruhigste Punkt des Schiffes ist, genüßlich eine Dose Bier.

---

21. Tag: Freitag, 11. August Pos 60 sm südlich Rockall
Kurs 65 Etmal 178 sm Wind WNW 6–9 Baro 994 mb
Wetter wechselhaft, 5°C Handschuhe werden wichtig

Das Reisefieber ist erloschen. „Wann kommen wir aus diesem dunklen Tunnel von Nebel, Sturm, hohen Wellen, düsterem Himmel und nasser Kälte raus?" fragen manche. Vor allem das Wetter geht in die müden Knochen. Eiskalte Finger schon nach einer knappen halben Stunde am lederbezogenen Nirorad. In Handschuhen! Die richtigen Handschuhe werden ganz wichtig. Es stellt sich heraus, daß bei Feuchtigkeit nicht diejenigen mit den Markennamen, sondern einfache Arbeitshandschuhe die geeignetsten sind.

Brutal ehrlich gesagt: Es ist dreckig im Schiff. (Als Entschuldigung mag das widrige Wetter gelten.) Gekochter Reis, der löffelweise beim Essen auf den Boden fällt, wird nicht aufgehoben, die Toilette nicht sorgfältig abgepumpt. Die vielen Küchenhandtücher starren vor Schmutz. Die Frauen möchten sich waschen, aber bei diesen Bedingungen? Morgen?! Einige hängen echt durch. Ihre Gesichter drücken aus: Es reicht. Sie können sich mit nichts beschäftigen. Das Rollen und vor allem die ständige Nässe an und unter Deck gehen auf den Geist. Jeder Reisende weiß: Bei Feuchtigkeit/Nässe/Muff sind Regreßansprüche an den Veranstalter möglich. Ob sich jemand mit dem Gedanken trägt? Vermutlich nicht. Das ständige Einerlei macht sich auch im Kopf lähmend bemerkbar. Erzählt wird wenig oder in verkürzter Form. Nur einer martert sich das Hirn, er liest die ZEIT und unterhält auch noch diejenigen, die nicht mehr mögen: Klaus-Josef.

Die anderen halten sich an aktuelle Statements. Wolfgang schiebt seine Kappe hoch und sagt: „Immer noch 8 bis 9 Windstärken. Mir geht es langsam gegen den Strich.“ Reinhard bemerkt nach seiner Wache: „Die Wellenkämme brechen nicht mehr so spektakulär, stiegen nur noch zweimal ins Cockpit.“ Die sportliche Barbara: „Im Schiff ist eine elendige Schaukelei. Aus meiner Oberkoje zu kommen, erfordert Akrobatik.“ Und Martina, die in einer unteren Koje schläft: „Mir hängen dauernd tropfende Sachen im Gesicht.“

Und ich? Ich fühle mich ausgelaugt. Merke die psychische und physische Anspannung, die so ein Törn mit sich bringt. Dieses ständige Wachsein, auch im Schlaf, und die Sorge um alle und alles ist eine arge Belastung. Ich bin sehr pflichtbewußt und leistungsorientiert. Das ist das Unmenschliche an dem Job: Ich muß funktionieren, egal was passiert.

---

22. Tag: Samstag, 12. August   Fest um 16 Uhr an Tonne in Village Bay, St. Kilda   Etmal 170 sm   Insgesamt von St. John's 1756 sm = 10 Tage + 8 Stunden   Stürmische Regenböen und blauer Himmel wechseln einander ab

---

Nachtwache. Martina auf meine Frage, wie es sich steuert: „Wenn man nicht zuviel rumrödelt, läßt sich der Kurs gut halten. Vielleicht ein bißchen schwammig.“

Seit dem Hurrikan sind bei mir auch wieder Tagebuchnotizen fällig: *O Gott, der fünfte Tag in Folge mit 8 und mehr Windstärken. Das heißt Sturm. Passende Worte – starke – fallen mir nicht ein. Es ist eklig. Hygiene gleich null. Naß und saukalt obendrein. Die Sonne steht tief und ist nur ein heller Fleck am verschleierten Himmel. Es wird Zeit, daß etwas Ruhe ins Boot kommt. Ich sehe schwarz für einen erholsamen Ankerplatz in St. Kilda. Die Bucht ist recht offen. Nach Osten.*

„Laaaand in Sicht!“ Klaus-Josef ruft es um 11.05 Uhr, die Arme hochreißend vom Ruder. Zum Glück ist er es, der die hohe Insel

Graue Eissturmvögel stehen sekundenlang in der Luft. – St. Kilda hat atemberaubende, bizarre, zerklüftete und ausgewaschene Küsten.

zuerst gesichtet hat. Er kann sich am besten von uns allen euphorisch geben und reißt die anderen mit. Dafür bekommt er als Extra einen doppelten Rum, original Westindien-Rum. Freude kommt auf und Spannung. Wann werden wir dort sein? Die Seekarte ist plötzlich heiß begehrt. Zügig kommen wir näher; die Sicht ist zwar ausgezeichnet, aber es dauert so seine Zeit. Zumal wir den Conachair, den mit 426 Metern höchsten Berg der Inseln, aus über 40 Meilen Entfernung sichten konnten.

Eine Riesenschüssel Kartoffelsalat mit Frikadellen verkürzt uns die Zeit. Danach ein heißer Topf Tee mit Rum. Ich lasse mich von Barbara mit der Insel im Rücken fotografieren, Klaus-Josef legt seine Badehose bereit.

Endlich gegen 17 Uhr, mit Hagelschauern und zwei stürmischen Regenböen, kreuzen wir in die Village Bay. Der fleißige Willy: *Die gras- und moosbewachsenen Berge der Inseln leuchten frischgrün. Wir machen an einer Tonne fest, die normalerweise für das Versorgungsschiff der Inseln vorgesehen ist. Wolfgang und ich legen mit Hilfe des Schlauchbootes eine Akrobatik-Slapsticknummer beim Festmachen hin. Wilfried tobt am Steuerrad. Erst nach vielen Versuchen gelingt es uns, die rostige, schwere Tonne einzunehmen.*

Nach dem chaotischen Festmachen Stille und Staunen. Staunen über das Licht und das Grün auf und zwischen den Hängen. Staunen über Tausende von Vögeln: Baßtölpel, Papageitaucher, Möwen, Eissturmvögel. Staunen über die Vielzahl der Steilhänge. „Schwindelerregend." Und letztlich Staunen über Klaus-Josef, der ins elf Grad „warme" Wasser jumpt. „Ich will wohlriechend an Land gehen."

Wir liegen im Windschatten der Insel Dun. „Kaum zu glauben: pausenlos gebeutelt und jetzt ein ebenes Deck." – Die Wildheit Duns ist ein bewundernswertes Meisterstück von St. Kilda – mit Felsformationen, die als Hintergrund förmlich nach der Kamera schreien. Gemächlich verholen wir uns in zwei Dingifuhren zum Strand vor der Blechhütten-Ansiedlung. Eine heitere Gesellschaft, die die Strapazen der Anreise fast vergessen hat. Hier, direkt am Wasser, ist der Militärstützpunkt, eine wissenschaftliche Station inklusive Kneipe und Souvenirshop. In dieser Kneipe erscheinen wir sieben (Reinhard bleibt an Bord) inselfremden Gestalten unrasiert, ungewaschen, abgerissen und verlangen nach Bier. „Habt ihr überhaupt Bargeld?“ fragt der Wirt, bevor er die Dosen mit Guinness rausrückt.

Willys Darstellung: *Klaus geht standesgemäß in karierten Bermudashorts an Land. Werden von Major Gordon empfangen. Sehr freundlich und gentlemanlike. Eben englisch. Er hat unser Anlegemanöver durch das Fernglas beobachtet – o Gott, o Gott, o Gott. Andererseits hatte er noch nie Atlantiksegler in seiner Bucht. Schwankend, breitbeinig laufen wir durch viele Gänge der Inselstation – sieht aus wie eine Polarstation – und finden einen Pub und Guinness. Im Pub*

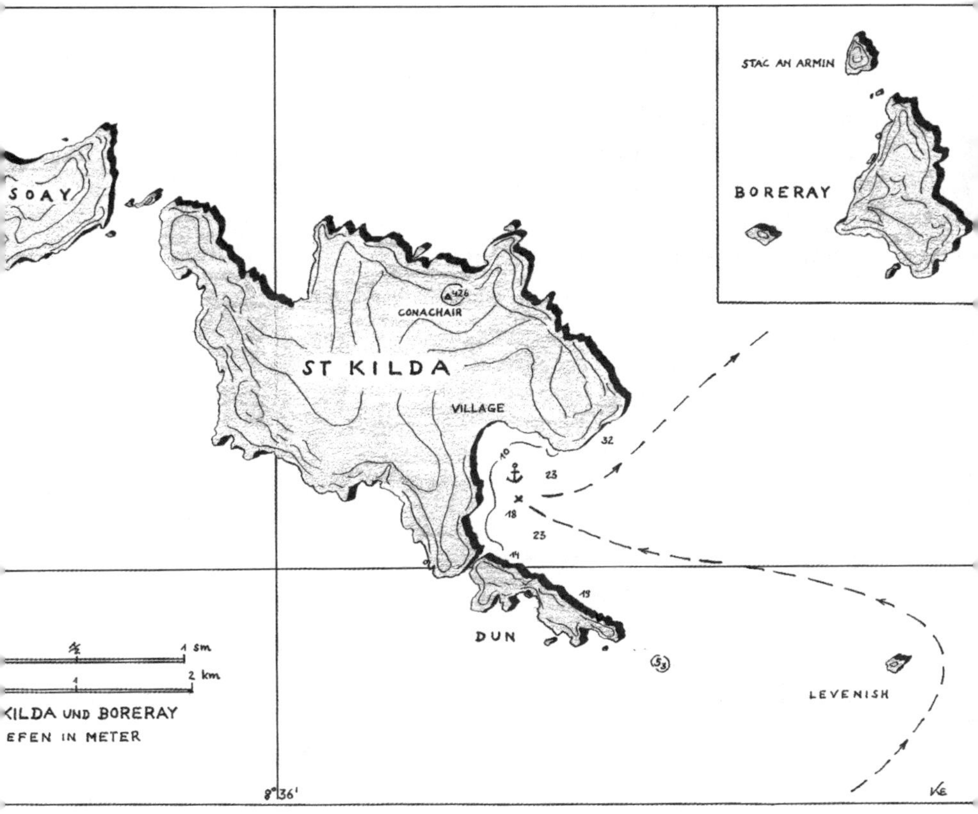

Die Inselgruppe St. Kilda: wunderschön und viel zu schade für ein paar Stunden.

lagern im Regal hinter dem Tresen Särge mit Teddybären. Die stammen vom Postabwurf des Flugzeugs. Vorher wird als Test ein Teddy am Fallschirm geworfen, und wenn der Schirm sich nicht öffnet, wird der Teddy im Pub „begraben". Die vielen Leute, Rauch, Hitze und Geräusche überfluten mich. Ein Wahnsinn, was da an Reizen anfällt. Auf der Insel leben rund 20 Soldaten, Tierärzte, Wissenschaftler und Vogelkundler. Dauer sechs Wochen bis zwei Jahre. Im Dunkeln Rückfahrt in Wilfrieds Wassertaxi. Alle sind angeduhnt – high von zwei bis drei Dosen Guinness und der Atmosphäre. An Bord koche ich um Mitternacht mit Martina noch Knoblauch-Spaghetti. Geraten etwas streng, die Krankenschwester hat Salzwasser zum Nudelkochen benutzt. Werden trotzdem gegessen.

Ich verschwinde vom Eßtisch ohne Abschied. Kopfüber stürze ich mich in meine Koje und denke nur an Schlaf. Mit dem Major konnte ich mich kaum unterhalten, bekam einfach die Worte nicht in die Reihe. Weder die richtigen noch irgendwelche. Jetzt spüre ich, daß ich mich übernommen habe. Die Anstrengung, mit allem zu Rande zu kommen, ist auf Dauer zuviel für einen. Besonders, wenn dann noch in der Nacht Segel killen oder absichtlich Halsen gefahren werden, „um zu checken, wie lange der Erdmann braucht, bis er an Deck ist".

---

23. Tag: Sonntag, 13. August   10.40 Uhr ablegen St. Kilda mit Ziel Wick/Schottland   Kurs nach Sicht   Wind SW 4–6
Baro 989 mb   Wetter eisblauer Himmel   Auf in die Nordsee!

Papageitaucher kreisen ums Boot, graue Eissturmvögel stehen sekundenlang in der Luft. Wir haben eine atemberaubend bizarre, zerklüftete, ausgewaschene Steilküste an Steuerbord, die die Entstehung der Erde erahnen läßt. Und Gischt, die – 200 m hoch in die Luft geschleudert und vom dominierenden Westwind über die Felshalbinsel getragen – in der geschützten Village Bay auf dem Bootsdeck als Regen niederkommt. St. Kilda ist eine Welt aus Felsen, Meer und Seevögeln.

Leichter Bodennebel hüllt die Bucht ein. Von der Station sind nur Antennenanlagen sichtbar. Schemenhaft die Ruinen der Sied-

Bei Nebel und Kälte werden die richtigen Handschuhe wichtig. – Reinhard feiert auf dem 53. Breitengrad seinen 53. Geburtstag. Das Geschenk der Crew: ein original chinesischer „Playboy".

PLAYBOY

Gespräche fallen der Konzentration zum Opfer. Essen wird zur Akrobatik. Schlafen ist nur mit Kojensegel möglich.

FRONT

Die haushohen Wellen nimmt Willy zwei bis drei Strich von achtern. Das Barometer fällt in diesem Orkan bis auf 986 Millibar.

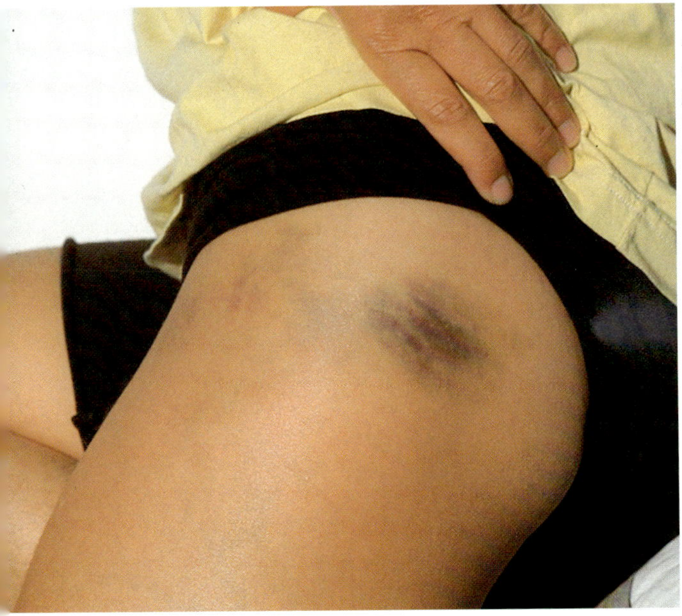

St. Kilda ist in Sicht. Die einen freuen sich euphorisch. Andere pflegen Prellungen und blaue Flecken. Ich bin total erschöpft.

lungshäuser und Mauern, die die Felder umgeben. Man ist dabei, diese dächerlosen, verfallenen Steinhütten zu restaurieren. Noch nie fuhr auf der aufgeweichten Hauptstraße ein Auto. Wir haben im Pub nicht nur Dosen aufgerissen, sondern auch Informationen geschluckt: Vor 57 Millionen Jahren aus einem überfluteten Vulkan entstanden, war der Archipel schon den Wikingern ein Begriff. „Hirt", Stätte des Todes und der Finsternis, nannten sie Sankt Kilda. Einen „heiligen" Kilda hat es nie gegeben. Der Ursprung des Namens ist daher ebenso unklar wie die Abstammung der ersten Siedler. Verbannte aus Schottland könnten es gewesen sein. Im 19. Jahrhundert wanderten dann viele Bewohner der Inseln aus. In Übersee suchten sie ihr Glück. Andere fanden es in den Fabriken von Glasgow, Manchester und Leeds. Zurück nach Hause kamen nur wenige. Überalterung machte sich bemerkbar. Am Ende gab es nur noch 36 Bewohner, die die britische Regierung nicht mehr unterstützen wollte. 1930 wurden die letzten wegen Lebensmittelmangels evakuiert – nach Syke und auf andere Inseln an der schottischen Westküste.

St. Kilda ist der letzte wilde Platz auf meiner Route – und in mir flattert Angst: Pentland Firth, wie wird das werden? Wird in der kniffligen, engen Passage der höllische Tidenstrom, den selbst Dampfer meiden, uns „verwirbeln"? 8 bis 10 Knoten Strom und mehr, sagt die Seekarte. Be careful – sei vorsichtig! Dazu eine windige Wetterecke. Und Wick, der nächste Hafen, liegt gleich um die Ecke des Firth. Da muß ich rein. Steinhoff hat mir dort noch eine Gewinnerin zugewiesen. Eine in Reserve benachrichtigte. Als Trostpreis die Nordsee, o je! Egal. Willy sagt: „Du bist überreizt." In Wahrheit bin ich kein bißchen überreizt. Ich bin niedergeschlagen. Ich bin traurig. Meine Mitsegler geben sich entspannt und guter Laune, sie gehen höflich miteinander um, aber sich sonst aus dem Wege. Und die Nacht durchschlafen konnte ich wieder nicht. Ein äußerst ärgerlicher Vorfall vergällte mir die Ruhe. Willy: *In der Nacht werde ich durch einen Bumser am Boot geweckt. Bin wie der Blitz an Deck: Die Festmachertonne liegt neben der GATSBY an Steuerbordseite. Rufe nach Wilfried, und gemeinsam drücken wir die schwere rostige Tonne mit den Füßen vom Rumpf weg, was nur unter*

Die Magie des Nordatlantiks ist das Licht. – Jürgen Steinhoff und Astrid, die Macher im Hintergrund, bereiten uns einen großartigen Empfang.

Mühen gelingt. Trotz ablandigem Wind drückt das Schiff auf die Tonne. Dann dämmert es uns: Wind gegen Strom ist die Ursache. Kommen vom Faß frei, begutachten das Malheur – das Riesending hat ordentliche Kratzer hinterlassen, hat die Abrißkante achtern, ein Sandwichlaminat, stellenweise wie Pappe eingedrückt. Wilfried ist wütend, hat er doch GATSBY fast besser behandelt als uns – Pardon. Im Sturm, im Hafen: „Das Schiff, das Schiff... Ich könnte heulen." Er und später Martina gehen Tonnenwache bis zum Hellwerden. Die Situation wiederholt sich nicht.

Habe ich da Mist gebaut? Verdammt, warum habe ich nicht den Bügelanker benutzt? Vermutlich wäre nichts passiert. Antwort: Mit nur zehn Metern Acht-Millimeter-Ankerkette (mehr ist nicht an Bord) hatte ich bei 8 Windstärken kein Vertrauen.

Gemecker in der Pantry. Wir diskutieren das Frühstück. Zähle neun verschiedene Brotaufstriche, dazu Schwarz- und Weißbrot aus Dosen, Müsli, Haferflocken und Pulvermilch, ein Exportprodukt, das uns allerdings der Chemiker mieszumachen versucht.

„It's a long way to sail to St. Kilda." Für uns war es ein verflixt harter Weg. Und dann nur für ein paar Stunden Pause. Ein gemächlicher Strandgang, Besichtigung der Ruinen am Scheitel der Bucht oder ein Klimmzug an den hoch aufragenden Klippen der Insel Dun, nur wenige Meter vom Liegeplatz entfernt, das alles ist uns verwehrt. Denn wir haben einen Zeitplan, den schlimmsten Feind des Seemanns. Wir müssen zügig weiter. „Auf in die Nordsee!" schallt es an Deck. Barbara steuert uns bei böigem Wind aus der Bucht: *Groß gesetzt, Slipleine zur Tonne eingeholt, Genua ausgerollt, und schon rauscht das Kielwasser. Es geht heute alles problemlos. Hand in Hand und recht leise. Liegt es am Sonntag, dem wunderschönen Landfall oder an Wilfrieds ermahnender Rede in der Früh, doch endlich mehr Hilfsbereitschaft untereinander zu zeigen, die Frauen in der Pantry zu entlasten? Möwen krächzen an der Küste. Die schnelle Fahrt, die stabile Lage des Schiffes wird genossen. Und vor allem der beeindruckende Flug und die Schönheit der Baßtölpel werden bewundert. Der vorwiegend weiß gefiederte Vogel hat eine Spannweite von annähernd zwei Metern. Auf der Insel Boreray, an der wir eine Stunde nach der Abfahrt dicht vorbeigleiten, nisten zigtau-*

send Vogelpaare: Tordalks, Lummen, Papageitaucher, Eissturmvögel und Kormorane. Irrsinnig lebhaft ist der winzige, 350 Meter hohe Felsen. Vollgeschissen mit Vogeldreck. Ach, ich könnte den ganzen Tag am Ruder stehen und durch dieses Gefieder segeln.

Die Insel Boreray ist überhaupt nicht zugänglich, sie ragt steil aus den Tiefen und ist ein Dorado für Ornithologen. 25 Prozent aller im Nordatlantik lebenden Baßtölpel sollen hier brüten. Der Himmel, blau mit weißen Flecken, strahlt wie lange nicht mehr. Die Crew hockt an Deck, sonnt die schlaffen Muskeln. Zwischen Mast und Wanten hängen Girlanden von Kleidungsstücken. Auf der Reling Geschirrtücher zum Trocknen.

Heute ist zum erstenmal auf der gesamten Fahrt ein Arzt gefragt. Die Steuersäule hat Halsschmerzen; sie quietscht und ächzt jämmerlich beim Drehen. Mehrere von Willys Injektionsspritzen, gefüllt mit Feinöl, helfen prompt. Das schwergängige Rad dreht sich wieder einwandfrei. Wie gut, wenn ein Doktor an Bord ist!

An Backbord lassen wir die flachen Inseln Flannan. Steuerbords weit entfernt liegt die Hebrideninsel Harris. Am Himmel prangt ein malerisches Wolkenbild.

---

24. Tag: Montag, 14. August Um 20 Uhr fest Wick
Etmal (gesamt) 215 sm Wind S 4–6, SE 9–10 Baro 990 mb
Wetter leicht bedeckt Pentland Firth

Am Vormittag sind alle „schwer“ aktiv: scheuern, ordnen, waschen. Ich genoß es, nur zu sagen: „In Wick nehmen wir noch eine achtzehnjährige Gewinnerin an Bord.“ Barbara staunt: „Was eine Corinna so alles ausmacht.“ In allgemeiner Übereinstimmung wird aufgeräumt.

Trotz einer schlechten Wetterprognose ist der Tag sonnig. Mit ablandigem Wind segeln wir dicht unter der schottischen Nordküste: ohne Welle, man beachte: ohne Welle! Verfallene Häuser, verlassene Dörfer, eine spärliche Vegetation, tiefe, sandige Buchten und markante Felsenkaps wechseln miteinander ab. Den Pentland Firth, die Enge zwischen den Orkneys und dem Festland, erreichen wir zwei Stunden vor Stillwasser. Mit Hilfe der Maschine stieben wir durch die Stromwirbel. Der Strom setzt mit 3 Knoten gegen. In Gedanken schon im Hafen, verabschiedet sich Willy in die Koje: „Zum Antritt meiner Wache sind wir in Wick. Ich freue mich." Auch Barbara legt sich aufs Ohr: „Ich freue mich auf den Hafen." Sie freuen sich. Daß wir noch etliche Kreuzschläge einlegen müssen, stört sie nicht. Im Kopf sind alle, mich eingeschlossen, bereits beim Duschen an Land, beim wohlverdienten Essen in einem Restaurant oder einfach geborgen im Hafen.

Gegen 18 Uhr frischt der Wind auf. Zwölf Meilen vor dem Hafen reffen wir Vor- und Großsegel, genau drei Kabellängen querab von Duncansby Head. Das ist der nordöstlichste Punkt des schottischen Festlandes. Die Klippen aus reinem Sandstein erreichen Höhen bis 60 Meter, ihre Gipfel sind flach und mit Gras bewachsen. Das können wir gerade noch erkennen, danach ist es zappenduster. Es regnet und stürmt sich ein. Aus Südsüdost – also genau gegenan. Motor aus und hart am Wind weiter. Barbara: *Nach dem Motoren nutze ich die Gelegenheit, mich mit warmem Wasser zu waschen. Mein Haar, mein Gesicht, meinen Körper. Ich mache mich im Steuerbordklo landfein. Ein Balanceakt, wie sich schnell herausstellt, denn der Wind hat enorm zugelegt, und bei Schräglage schwappt das Wasser aus dem flachen Becken. Aber was soll's, nur noch eine schlappe Stunde und...*

Duncan Head samt Leuchtturm weist den Schiffen die westliche Einfahrt in den Pentland Firth.

Barbara ist wohl die erste und einzige, die sich bei glatten 50 Knoten Wind und 40 Grad Krängung in der engen Zelle das Haar shampooniert. Schönheit muß leiden! Ist uns bekannt. Derweil bricht an Deck der Teufel los. Diesmal bin ich der Wildgewordene. Die Mannschaft refft nicht schnell genug, zieht an den falschen Tauen oder versucht sich gar an der Baumhydraulik. Schlimmer: Zu viele Hände stürzen sich auf eine Aufgabe. Und genau das Gegenteil des Beabsichtigten tritt ein: Es passiert gar nichts. Ich fluche und verfluche sie mit allen mir zur Verfügung stehenden Schimpfwörtern. Ich brülle sie nieder. Lasse den Stau ab. Wäre normales Wetter – der Hafenmeister im acht Meilen entfernten Wick würde mich hören. Willy sieht mich folgendermaßen: *Als ich aus dem Niedergang komme, steht Ingolf patschnaß am Ruder. Es regnet und stürmt. Ich löse den keine Miene verziehenden Ingenieur ab. Doch vorher wird das Groß gleich zweimal gerefft. Alles, was die Crew dabei macht, ist falsch – wo wir auch dran ziehen. Wilfried wirft sich dazwischen und brüllt und tobt. Wortfetzen fliegen hin und her, werden vom heulenden Wind mitgerissen. Glücklicherweise. Erklärungen sind nicht möglich. Es muß schnell gehen. Das Land ist so nah. Die See überspült das Deck. Eine kurze steile See, dazu Gischt, Regen, Sturm, alles, was man sich so wünscht, kurz vor dem heißersehnten Hafen. Sicht praktisch null – Regen auf Brille – kurze Drehung des Kopfes in den Wind – Brille frei.*

Ich bin sehr skeptisch, ob wir es riskieren können, bei auflandigem Sturm in den winzigen Hafen einzulaufen. Aber da ist Corinna, die wartet in Wick. Was tun, fünf Meilen vom Hafen entfernt? Telefon? Genau – aber der Hafenmeister ist nicht zu erreichen über UKW. Versuche es wiederholt. Keine Antwort. Martina: *Alle sind sehr deprimiert – der wievielte Tag mit 9 Windstärken und mehr? Die Stimmung sinkt auf den Nullpunkt. Vor allem Klaus ist sehr frustriert, da er sich seit Tagen auf ein tellergroßes T-Bone-Steak freut. Wilfried versucht, nachdem er unsere Gesichter gesehen hat, nochmals Funkkontakt zu bekommen. Der Hafenmeister gibt grünes Licht, vorausgesetzt wir haben einen guten, starken Motor.*

Die Vorstellung, bei null Sicht und – hm – ohne Seekarte von Bucht und Hafen, bei jetzt immerhin 10 Beaufort einzulaufen, läßt mich nochmals zögern. Ich taste mit Blicken ihre Gesichter ab, wie sie da unter Deck hocken oder eingeklemmt stehen. Martina strahlt nicht, Barbara zeigt kein verschmitztes Lächeln für mich, Klaus-Josef, Reinhard, Ingolf sehen verbissen, ausdruckslos drein. Alle warten darauf, daß etwas passiert, so oder so. Und ich? Soll ich etwa in die Nordsee abdrehen? Corinna sitzenlassen?

Willy: *Kurs auf die Hafeneinfahrt. Regen von oben, Gischt von vorn und von der Seite. Falkenauge Klaus hält Ausschau bei einer Sicht von nur 50 bis 100 m. Dann schemenhafte Umrisse der Küste – mit hochfliegender Gischt. Wilfried teilt uns ein. Ruhig, gewissenhaft, besonnen, fast sanft. Offenbar ist es ihm peinlich, daß er sich vor einer Stunde so „verausgabt" hat. Beim Näherkommen schält sich nach und nach deutlicher die Hafeneinfahrt raus. Die Welle schiebt uns ordentlich. Doch ein Pfiff aus der Trillerpfeife und noch einer vom Molenkopf her gebieten uns Einhalt. Wir haben die falsche Einfahrt im Visier. Wir machen kehrt, die Fendercrew auf dem Vordeck fliegt bei den Wellen meterhoch in die Luft. Minuten später laufen wir durch einen schmalen Schlauch ins richtige Hafenbecken. Gehen längsseits an einem Zweimaster. Sind alle groggy, naß und hungrig. Werden vom Hafenmeister empfangen – nett, freundlich, vermittelt uns den Eindruck, daß er weiß, was draußen für ein Wetter ist. Wilfried will ihm für die „Trillerhilfe" dezent zehn Pfund zustecken. Das Geld weist er weit von sich. Seltsam, ich dachte, Schotten wären geldbewußter.*

Nach dem Festmachen drücken mich die Frauen, geben mir einen Kuß. Ich denke, für das gute Anlegemanöver. Nein, der ist fürs „In-den-Hafen-fahren".

---

25. Tag: Dienstag, 15. August Ablegen 16.30 Uhr Wick mit Ziel Elbmündung Kurs 130 Wind S 7 Baro 990 mb Wetter kalt, bedeckt Corinna um 10 Uhr angemustert

---

Schottland und Whisky gehören zusammen. Also liegt es nahe, eine Brennerei in Wick zu besichtigen. Als wir vorm Tor stehen, ist gerade Teatime. Sorry. Aber wir wollen uns wenigstens mit einer Flasche Gebranntem eindecken. Im Store sind nur zwei Stück vorrätig, und die kaufe ich praktisch Klaus-Josef vor der Nase weg. Er konnte sich nicht recht entscheiden. Nun ist er grantig: „Du magst mich nicht, das habe ich schon länger gespürt.“ Ich: „Unsinn, ich hab’s nur eilig. Versuch’s woanders.“ Leider führt kein anderer Laden den einheimischen Malt-Whisky. Pech für ihn. Und Pech für mich, denn er verzeiht es mir nicht.

Corinna steht wie verabredet morgens auf dem Kai. Und ich finde, das ist wieder einer dieser unverständlichen Zufälle. Man verabredet sich von Kanada aus für Wick, und es klappt. Blond, mittelgroß und leise schlüpft sie im Achterschiff unter. Neugierig und herzlich wird sie von allen willkommen geheißen. So, als ob endlich anderes Blut an Bord guttäte.

Vor dem Ablegen gehen wir gemeinsam Fish and Chips essen – den besten „in the Kingdom“, sagt der Hafenmeister. Corinna, eine Hessin, ist ganz beeindruckt von der frischen, schmackhaften Fischportion. „Am liebsten möchte ich nachfassen, aber ich weiß nicht, wie es nachher wirkt.“ Nun: Wir haben eine Stunde später den Leuchtturm von Wick gerade querab, da schwimmt der schotti-

In Wick nehmen wir noch die achtzehnjährige Corinna, eine Ersatzgewinnerin, an Bord.

sche Fisch schon wieder in schottischem Wasser. Die „Neue“ hängt grünlich im Cockpit. Willy: „Jetzt bin ich wieder ohne Wachgängerin. Mein Verschleiß ist unheimlich.“

Das Leben in der „Waschtrommel“ beginnt von neuem. Die seefeste, schwangere Martina: *Nachts geht's wieder los. Im Nu haben wir Windstärke 10, also 40 bis 55 Knoten auf der Digitalanzeige. Und dann noch ziemlich von vorn. Und ich in der Luvkoje. Ich habe langsam die Nase gestrichen voll – vom Segeln.*

---

26. Tag: Mittwoch, 16. August   Pos 57°20′N – 00°10′E   Kurs 130
Etmal 112 sm   Wind SSW 7–10   Baro 996 mb
Wetter teilweise bedeckt, 8°C   Segeln wie auf dem Hackbrett

Daran gibt's nichts zu rütteln: Diese Rückfahrt ist kein Trip für Sonnenfreaks. Eingekeilt in irgendwelche Windschutz bietenden Ecken, reißen wir die Stunden an Deck ab, die dunkelblauen Parkas dicht bis zum Hals. Corinna, ihres Zeichens aktive Jollenseglerin, stellt fest, daß alle Polster naß sind. „Igitt!“ Wolfgang klärt sie auf: „Bei Wilfried gibt es keine nassen Sachen unter Deck, nur feuchte.“

Ingolf „gräbt“ mit dem Kuli ins Logbuch: *Nicht gerade angenehm, Gischt und Wind direkt ausgesetzt zu sein. Dazu Sturm und kurze hohe Wellen. Wir fühlen uns wie auf einem Hackbrett, so hauen die gegenlaufenden Wellen gegen die Bordwand. Zum Glück steigt das Barometer auf 1000 mb, so hoch war es schon lange nicht. Und der Wind geht auf 7 zurück. Haben Schiffen und Bohrinseln auszuweichen.*

---

27. Tag: Donnerstag, 17. August   Pos 180 sm nordwestlich
Helgoland   Kurs 140   Etmal 146   Wind SSW 5–7
Baro 1008 mb   Wetter bewölkt   See tückisch

Faustregel: 24 Stunden Ruhe gestehe ich Seekranken zu. Folglich ist Corinna morgens mit Wache dran. Ich hole sie an Deck, setze sie ans Steuer. Wachzeit! Verwundert schaut die Crew drein. „Das ist wohl nicht zumutbar!“ Aber der jungen Seglerin bekommt es. Im

Laufe des Vormittags ist sie obenauf, bringt sich mit Ideen und Ratschlägen ein. „Warum hüllt ihr eure Kamera nicht in Plastik ein und deponiert sie am Kompaß, statt bei jeder Gelegenheit unter Deck zu hasten?" Oder Stunden später bei der Backschaft, als sie Windengeräusche hört und sofort die Handtücher fallen läßt: „Ich werde an Deck gebraucht."

Die Tagebücher siechen. Enthalten nur noch Daten und Fakten. Selbst die Eintragungen unseres Ruderdoktors fallen spärlich aus: *Corinna ist lustig, witzig und voller Wißbegierde. Hätte bestimmt gut in die Crew gepaßt – von New York an. Zwei trübe Gesellen sind in einen Hungerstreik getreten wegen der Backschaft, beziehungsweise wegen Aussetzens der Backschaft. Lächerlich.*

Auslöser des Ärgers bin ich. „Die beiden Backschafts-Drückeberger essen heute zuletzt", sage ich mit einem Zwinkern beim Speckpfannenkuchenbacken. So aus der sicheren, aktiven Position am Herd kann ich mir den Scherz erlauben – denke ich. Doch nicht mit meinen Selbstbewußten. Sie „beißen" an. „Mich hat man noch nie einen Arbeitsverweigerer genannt." Endlich Leben im Schiff. „Beschwert euch beim Veranstalter", tue ich die Sache leichthin ab. Ein Unding, mich überhaupt spülen zu lassen. In Wick hatte ich meinen Dienst müde an die nächsten weitergereicht, doch die meuterten, nörgelten, und schließlich machten es – zu meinem Leidwesen – die Frauen.

---

28. Tag: Freitag, 18. August   Fest um 17.50 Uhr Helgoland
Etmal 174 sm   Wind SSW 4–5   Baro 1019 mb   Wetter fein
So freue ich mich eben für mich

Mit Corinna kehrt ein neuer Ton an Bord ein: „Aufstehen, Darling!" Nie kam Wolfgang schneller aus seiner Koje. Und man staune: Gewaschen und gekämmt erscheinen sie an Deck. Das Mädchen bringt Gefühl und ein Auge fürs Bordleben mit. Sie faßt auch an, wenn sie nicht dran ist.

Barbara leidet sichtlich unter der „Drückeberger"-Atmosphäre. Bekommt eine Magenverstimmung. Sie mag Knatsch nicht. Ein ausgleichender Typ, der Konflikten möglichst aus dem Wege geht:

Gerne hätte ich mich auch persönlicher eingebracht, doch die Zusammensetzung der Crew ließ für mich nur distanziertes Verhalten zu.

Willy notiert heute: *„Lieber, willst du Spaghetti?“*

„Nein.“

„Magst du keine Spaghetti?“

„Doch.“

„Hast du keinen Hunger?“

„Doch.“

„Willst du also Spaghetti? Hm, hm.“

„Nein.“

„Die Spaghetti haben Barbara und ich gekocht.“

„Ja, dann will ich welche.“

Tolle Atmosphäre, tolles Gefühl, in Helgoland zu sein. Am Abend sind wir unter uns. Es ist Wilfrieds Vorschlag, ihn „en famille“ zu verbringen. Aber rechte Stimmung will nicht aufkommen. Einer verweigert erneut das Essen. Andere sind tranig. So freue ich mich eben für mich.

Helgoland in Sicht. Die Fahrt ist geschafft. Es gibt keine Überraschungen mehr. Aber auch keine Mißverständnisse. Unser Wagemut wird mit schönstem Segelwetter (halber Wind) belohnt. Die Mannschaft ist gut aufgelegt. Martina: „Die letzten 24 Stunden werden für einen geordneten Rückzug genutzt.“ Der Phantasie gebe ich noch was zu tun: 1968 lief ich nonstop und solo von Kapstadt den roten Felsen an. Mit einem Kribbeln im Rücken erzähle ich davon: „Helgoland war der zentrale Punkt all meiner Fahrten. Unbekümmert lief ich ein: Hier bin ich, war allein um die Welt! Kein Mensch konnte es so recht glauben. Tatsache: Man glaubte mir zunächst nicht. Ohne Segelschein! Ohne Segelverein! Niemals! Ich hielt dagegen, mit Eigensinn und Improvisation. Der wachhabende Hafenwart drückte mir seine belegten Stullen in die Hand. ‚Essen Sie erst mal was.‘ Ich war total abgemagert, aber innerlich voller Kraft. Ihr Unglaube konnte mir nichts anhaben. Ich hatte ja als Beleg Logbücher, Hafenbescheinigungen, Presseberichte, Muscheln am Schiffsboden – und meine Freundin Astrid. Ja, das war 1968. Heutzutage kümmert sich kein Mensch mehr um einen Weltumsegler. Weltumsegeln ist out.“

Tagebuchauszüge der Teilnehmer. Die kompletten Aufzeichnungen stellten sie mir freundlicherweise für dieses Buch zur Verfügung.

„Die Reise"

19. 7. 89 – 20. 8. 89

19.7.
Letzter Schultag
Schule bis 10.00

Meine Taschen stehen gepackt in der Reisegarderobe

Regen – Regen – Regen

Im übrigen herrscht Unlust, Langeweile, Müdigkeit und „Jibbles". Habe bisher noch keine Lust zum Lesen.

(Bratkartoffeln mit Ei). Paul und ich konnten spülen. Wilfried löste mich von meiner Schicht ab, was mir sehr entgegen kam. Außerdem habe ich den Knotenhöhepunkt erreicht (11 Knoten).

Freitag, 4.8.

Das war eine Nacht! Feucht, neblig + kalt. Ich war froh um 0h in mein Bett kriechen zu können. Alles war feucht und naß. Windstärke 3-4 Am, Regen immer noch Nebel. Mittags

Nachts frischt der Wind auf Stärke 8 auf. In Böen bis 50 KT. See bis 5 m. Schlafen kann bei diesem Seegang keiner. Morgens sind alle wie gerädert. Frühstück gibt es mittags. Wind nimmt im Laufe des Tages ab auf 4, kommt aber achterlich, sodaß das Boot ganz schön rollt. Am Nachmittag backt Wilfried Scones. Das war so der 1. Eindruck des Nordatlantik nach der Schönwetterperiode. Ich zähle meine Unterhosen und komme auf jeden 2. Tag eine frische

Der Seegang macht einigen Crew-Mitgliedern „ein bißchen" zu schaffen. Zum Opfergang ist keiner bereit. ...ansonsten ruhiges Bordleben mit Skat im Cockpit, lese unsinnig. Zwei Fischkutter in einiger Entfernung gesichtet.

Samstag 29. 7. 89

Gute Wind sogar bis Stärke 8
Die Gatsby tanzt auf den langen, hohen Wellen.
Ein tolles Schiff
Ich verspüre keine Angst kann die Berg- und Talfahrt genießen.

Es könnte alles so schön sein!

26°

Ein warmer Regen

Herr Steinhoff läßt Dollars regnen

, schmeckt wirklich einmalig!

Traumhaftes Wetter. Wir trinken ein Bier
Pullover 89 Dollar.
Abendessen an Bord
Kneipentour.

„Paul komm her, ich sehe nichts mehr", rief ich, „ich sehe auch nichts" war seine Antwort. „So eine Scheiße" dachte ich und blieb mir angeschnallt am Steuer hängen. Dann endlich kam Wilfried an Deck, es hat ihn aus dem Bett „geholt".

Was wird sich verändern? Und wie?

12.10 startet der Flieger und nun gibt es kein Zurück mehr. Ich habe Kopfschmerzen, ich überlasse mich dem Service.

Wenn es was zu kassieren gibt, langen auch die Amerikaner kräftig zu, aber sie sind freundlich dabei und bedanken sich. Im Helgoländer Hafenbüro ist letzteres nicht üblich. Trotzdem will ich den gelösten Sandy-Hook-Abschied wiederholen. Ganz unter uns. An Bord. Nachdem wir im Südhafen fest sind und gegessen haben, hole ich eine Flasche Weißwein nach der anderen (von Kalifornien und den Azoren) aus der Bilge. Jedoch diesmal wirkt mein verläßliches Mittel nicht. Die Themen bleiben „landläufig" und ernst: Beruf, Corinnas Möglichkeiten als Hörgeräte-Akustikerin; Tennis, die Millionen der Steffi Graf; Häuser, Renditen und Mieten; Geld, „die erste Million ist die schwerste"; Toiletten: emanzipierte Männer setzen sich drauf. Und mehr solcher Themen.

Die Gewinner wirken ausgebrannt. Die Herbheit des Törns, ein Leben in „Wildnis", hat einige überfordert. Ihr vorgestelltes Idyll hat sich nicht verwirklicht. Nun sind sie im Kopf schon ins Landleben zurückgekehrt. Kurzum, sie sind kaputt, und ich fühle mich zu schlapp, das Gespräch zu wenden. Dabei haben wir wahrhaftig eine seglerische Höchstleistung vollbracht und alles an Bord erlebt, was man nur erleben kann. Speziell für mich gilt: Mit Nicht- und Gelegenheitsseglern bin ich ohne Schaden heimgekehrt, ohne daß sich überhaupt jemand verletzt hat – und genau pünktlich. Das ist doch ein Grund zur Freude. Prosit!

Ich überlege, mit wem ich das nächste Mal segle. Mit Astrid? Oder allein? Besser mit Astrid. Am liebsten allein.

---

29. Tag: Samstag, 19. August   Helgoland – Cuxhaven 33 sm,
fest 13.10 Uhr   New York – Cuxhaven insgesamt 3632 sm
Wetter blauer Himmel, stille See

Cuxhaven ist nicht New York. Man freut sich aufs Ankommen, aber es geht nicht unter die Haut, es elektrisiert nicht. Die Kugelbake, das Wahrzeichen der Stadt, ist nicht die gespenstische Skyline Manhattans. Aber als dieses berühmte Seezeichen in Sicht kommt, stellt sich die für gestern erhoffte Fröhlichkeit doch noch ein. Alle sind gelöst. Persönliche Eindrücke und Empfindungen werden offengelegt. Reflexionen. Das Schiff wird gelobt. Der Mast geküßt! „Manchmal beschlichen mich Zweifel am Wert des Gewinns." – „Es ist tatsächlich alles gutgegangen." Wolfgang ist happy, springt an Deck herum wie Rumpelstilzchen: „Wenigstens haben wir überlebt."

Willys letzte Seite: *O Gott, die vielen Menschen. Sektempfang am Steg. Und Sonne! Und ein bissiger Hafenmeister. Wilfried spricht zur Crew. Bedankt sich bei jedem einzelnen. Reinhard erdrückt den armen Skipper fast. Der hartgesottene Wolfgang wird ganz weich. Ich bin ergriffen, mir rollen die Tränen herunter, ziehe mich zurück, kann nicht reden. Bin mit den Gedanken und Gefühlen noch draußen – weit draußen.*

Auch Steinhoff ist gerührt. Sanft und zurückhaltend geht er mit uns um. Der Initiator ist heilfroh, daß „seine Gewinner" wieder an Land sind. Die Berichte von unterwegs haben ihm gewiß schlaflose Nächte bereitet. Einen tragischen Unfall hätte sich sein Magazin wirklich nicht erlauben können. Er hat sich derart engagiert, daß ich ihn mir als harten Reportertyp, Marke Illustrierte – mit Vertrag und Tausendern in der Tasche – schwerlich vorstellen kann.

Interviews. Heißbegehrt ist Martina: „Was regt ihr euch denn so auf? Der Atlantiktörn war die beste Schwangerschaftsgymnastik überhaupt. Ich kann's nur weiterempfehlen."

„Es war ein tolles, einmaliges, für mich sogar elementares Erlebnis", meint ihr Mann Klaus-Josef. „Bei Windstärke 10 lernt man, sich auf das Wesentliche zu konzentrieren."

Barbara: „Wir hatten jederzeit zu Wilfried und GATSBY vollstes Vertrauen."

Und jemand, der nicht genannt werden möchte: „Die Wellen waren enorm. Haushoch. Als die Gefahr unmittelbar auf uns zukam, habe ich mir vor Angst in die Hose gepinkelt."

Reinhard: „Die schönsten Tage meines Lebens."

In seiner bedächtigen Art fügt Ingolf hinzu: „Wettermäßig hat es uns schwer erwischt."

Ich ergänze: „Es hat auch diesmal ordentlich geknallt – auf und unter Deck. Schließlich waren beide Routen über den Nordatlantik kein Spaziergang. Aber die Tatsache, daß acht und neun unterschiedliche Charaktere es so lange an Bord aushielten, ist schon ein Erfolg. Das soll uns erst mal jemand nachmachen."

Noch ein paar Kreuzschläge auf der Elbe, und das Unternehmen „Sternstunden“ ist beendet. Ich bin glücklich, und bei der Crew stellt sich Fröhlichkeit ein.

Und dann die typische Journalistenfrage: „Würden Sie es nochmals tun?" – „Davon kann man nicht ausgehen. Wer soll wohl das Risiko tragen? Für die meisten deutschen Firmen findet das Meer eh' nicht statt. Folglich ist es unwahrscheinlich, daß sich Vergleichbares bald wiederholt."

Steinhoff kontert: „Das nächste STERN-Jubiläum ist in neun Jahren."

Ich mache mich – selbstverständlich – nochmals ans Tagebuch: *Ich bin hagerer, fast mager, als ich an Bord meine Sachen zusammenpacke. Schluß. Aus. Vorbei. Tschüß, GATSBY, warst ein gutes Schiff. Im nachhinein noch dieses: Von Barbara bekomme ich ein Paar Socken geschenkt. Beste Neufundland-Qualität. Von Heike (Törn 1) habe ich schon ein Paar, das selbstgestrickte. Also nehme ich zwei Paar Wollsocken als „greifbare" Erinnerung mit nach Hause. Und Reinhards strahlendes Gesicht: Unser Gruppenveteran sieht zufrieden aus. Zutiefst. „Aber schön war es doch." Das Gefühl, gerade ein kitzliges Abenteuer bestanden zu haben, beflügelt ihn, uns im Hafenlokal die ganze Nacht zu unterhalten. Dieser letzte gemeinsame Abend in Cuxhaven birgt noch weitere Überraschungen. „Das spartanische Leben in der Enge, das miese Wetter, gemeinsam aus einer Dose löffeln: Wann hat man schon so was?" Vieles hat sich bereits verklärt und wird sich mit wachsender Entfernung weiter verklären, ebenso wie vieles nur im Augenblick des Schreibens gültig ist. Jeder Einzelne wird das Gefühl mit nach Hause nehmen, mit dieser Reise etwas Besonderes erlebt zu haben, das nicht zu kaufen ist. Einige hatten in unserer Fernsehgegenwart eine direkte Wiederbelebung mit den Elementen auch unbedingt nötig. Qualität kommt von Qual. So gesehen, war das Unternehmen „Sternstunden" allemal ein Gewinn.*

6

Die Reise im Rückblick

VOM WINDE VERWEHT

Die Wuhling an Deck wie im Kopf haben wir zu Hause schnell vergessen.

In alle Winde verstreut. Vom Winde verweht, standen sie ratlos, außer Atem, melancholisch wieder vor ihrer Haustür, meine Mitsegler – vor ihrem Acht-Stunden-Tag. Und erzählend: Fragen, Antworten, Fragen. Das Abenteuer Atlantik – unter diesen ungewöhnlichen Bedingungen – werden sie nicht vergessen. Es war mehr als ein Nervenkitzel.

Der Segeltörn ist zu Ende. Schade? Zaghafte Anrufe bei mir. Briefe. Fotos. Selbst Teilnehmer, von denen ich es wirklich nicht erwartet hatte, melden sich. Die einen sind gedanklich noch immer auf See. Martina hat ein gesundes „Atlantik-Baby“ geboren – ein Mädchen. Die Reinfelder würden gern nochmals den Atlantik besegeln. Wolfgang will seine Seglerkappe nicht wieder in den Wind stellen. Und der Münchner Jürgen, der sich an Bord unter Qualen das Rauchen abgewöhnt hatte, raucht wieder. Einige, die vorher absolut nichts mit Segeln zu tun hatten, haben ganz offensichtlich Gefallen daran gefunden. Andernfalls hätte man sie wohl nicht mit Segelboot- und Schulprospekten bepackt auf zwei Bootsmessen gesichtet.

Ich habe alle Teilnehmer und Jürgen Steinhoff, den Initiator des Ganzen, gebeten, persönliche Nachbetrachtungen für dieses Buch zu schreiben. Die meisten haben sich beteiligt. Was sie bereit waren zu geben, steht auf den folgenden Seiten.

Von der Alster aus gesehen

von Jürgen Steinhoff

Genau genommen hat der Törn nach New York und zurück auf der Position 53°37′31″N – 9°59′22″E begonnen. Das ist die Position der Küche unserer Wohnung im Hamburger Stadtteil Groß-Borstel. Wenn ich ein schwieriges Problem habe, marschiere ich dort abends auf und ab und denke nach.

Meist sind es Gliederungen für Reportagen oder knifflige Formulierungen, die mir bei solchen Küchenmärschen durch den Kopf gehen und die dann auf einem Block landen, auf dem meine Frau normalerweise „Kartoffeln“ oder „Klopapier“ für den nächsten

Einkauf notiert. Doch um journalistische Probleme ging es an diesem Abend nicht. Der Verlag Gruner+Jahr, in dem der STERN erscheint, hatte eine renommierte Werbeagentur damit beauftragt, die Leser im Vorfeld des 40. STERN-Geburtstages mit einem Preisausschreiben zu beglücken.

Der Chefredakteur hatte mir morgens mit spitzen Fingern die Präsentationsmappe der Werbeagentur in die Hand gedrückt und unter Aufbietung all seines Charmes gesagt: „Überleg' doch mal, ob du aus dieser Scheiße was Originelles machen kannst." Der Inhalt der Mappe war wirklich zum Weinen. Die „kreative" Idee der Werbeleute: eine Reise für zwei Personen zu den Olympischen Spielen nach Seoul. Die Preisfragen waren samt und sonders Beleidigungen der Intelligenz der Leser und die Teilnahmebedingungen ein glatter Verstoß gegen die Gesetze des lauteren Wettbewerbs. Der Preis selbst, rechnete ich mir aus, hätte ein Viertel dessen gekostet, was die Agentur für ihre jämmerliche Idee haben wollte.

Und überhaupt: ein Preisausschreiben im STERN? Igitt.

Wenn schon Preisausschreiben und wenn schon Reisen, dann mußte es etwas wirklich Einmaliges sein. Zum Beispiel eine Rundreise zu den bedeutendsten Museen Europas in einem Hotelsonderzug mit Schlaf-, Salon- und Speisewagen und allem Drum und Dran, mit dem Kunsthistoriker und STERN-Gründer Henri Nannen als Zugführer. „Das ist nicht schlecht", meinte meine Frau, die am Küchenfenster lehnte, „da reißen sich bestimmt viele drum."

An der Wand neben unserem Küchentisch hängt ein Segelkalender von Wilfried Erdmann. „Spinnen muß erlaubt sein", sagte ich. „Wie wäre denn eine Atlantiküberquerung mit Erdmann?" Der Zeigefinger meiner Frau fuhr nach oben Richtung Stirn. Doch bevor sie mir einen Vogel zeigte, hielt sie inne: „Das kriegst du beim Verlag nie durch."

Am nächsten Morgen präsentierte ich meinem Chefredakteur acht mehr oder weniger verrückte Vorschläge für acht mehr oder weniger verrückte Reisen. Bei dem Vorschlag „Atlantiküberquerung mit Wilfried Erdmann" faßte er sich an den Kopf, sagte: „Wahnsinn" und fragte: „Garantierst du mir, daß es keine Toten gibt?"

Ich habe bis heute keine Ahnung vom Segeln und muß selbst bei so simplen Begriffen wie „Steuerbord“ und „Backbord“ einen Augenblick überlegen, was davon links und was rechts ist. Trotzdem faszinieren mich Segelschiffe und große seglerische Leistungen. Ich kenne viele Bücher über Weltumseglungen oder andere herausragende Törns, auch die von dem Mehrfach-Weltumsegler Erdmann. Im deutschsprachigen Raum war Wilfried Erdmann der einzige, der für diesen waghalsigen Plan infrage kam: Erstens hatte er seine Weltumseglungen vorzuweisen. Und zweitens – wichtig für mich – hatte er jahrelange Erfahrungen im Chartersegeln mit wildfremden Crews. Mit denen war er zwar nie länger als eine Nachtfahrt auf See gewesen, während es bei uns gleich mehrere Wochen sein sollten. Aber auch ein paar Tage auf See können reichen, um aus guten Freunden Todfeinde zu machen. Wir haben oft genug über solche Dramen mit tödlichem Ausgang berichtet.

Das erste, was Wilfried Erdmann bei einem Telefongespräch zu dem geplanten Unternehmen mit jeweils acht Gewinnern nach New York und zurück einfiel, war, daß es so etwas noch nie gegeben habe. Das sei eine seglerische Herausforderung. Er sagte – zögernd – „ja“.

Der Atlantik ist groß. Der Verlag Gruner+Jahr auch. Die Leute, die dort das Sagen haben, sitzen in Büros mit Blick auf die stark besegelte Außenalster und sind zum großen Teil selber Segler. Der Verlagsleiter beispielsweise, der zwar meinem Magazin keine Vorschriften machen kann, der aber den Daumen auf dem Geld hat, sagte: „Nein, viel zu gefährlich.“ Der für die Redaktion zuständige Jurist in der Rechtsabteilung bezeichnete den Plan als „Schnapsidee“ und sträubte sich, einen Vertrag auszuarbeiten. Aber die entscheidenden Leute hatten ja gesagt: der Skipper Erdmann und der Chefredakteur Michael Jürgs. Hilfreicher Zufall: Bei einem Besuch Erdmanns in Hamburg trafen wir auf der Straße vor dem Verlagshaus den Gruner+Jahr-Vorstandsvorsitzenden Gerd Schulte-Hillen, der sich als Fahrtensegler-Fan entpuppte und von dem geplanten Törn fasziniert war.

Zurück auf Position 53°37′31″N – 9°59′22″E an unseren Küchentisch. Dort saßen meine Frau und ich ein paar Tage später mit einer befreundeten Nachbarin zusammen, die von Beruf Frauenärztin und außerdem studierte Psychologin ist. Beiläufig erzählte ich ihr von der bevorstehenden Atlantiküberquerung. Die Frau bekam leuchtende Augen und sagte folgendes: „Darum beneidet euch jeder Psychologieprofessor. Einander fremde Menschen wochenlang auf engstem Raum zusammenzupferchen, ist ein oft beantragtes Feldexperiment. Doch solche Experimente werden grundsätzlich abgelehnt – wegen Inhumanität." Danach hatte ich meine erste schlaflose Nacht.

Die zweite schlaflose Nacht folgte am 11. Juni 1989, dem Tag, als die GATSBY in Cuxhaven abgefahren war. Von der per Auslosung zusammengewürfelten achtköpfigen Crew hatte ich einen guten Eindruck – lauter gesellige, sportliche Leute. Segelanfänger zwar, aber voller Tatendrang. Mit denen würde Wilfried Erdmann es ganz sicher schaffen. Dazu das tolle, geräumige Schiff. Wir begleiteten die GATSBY auf einem Motorboot ein paar Seemeilen elbabwärts. Wie auf Bestellung wehte Ostwind, so daß Erdmann gleich zu Beginn den riesigen Spinnaker setzen ließ. Alles ging bestens. Null Grund also für schlaflose Nächte. Schuld an meiner Schlaflosigkeit in dieser Nacht war Erdmanns Frau Astrid. Die hatte sich, als die GATSBY mit zunehmender Entfernung kleiner und kleiner wurde, in eine Ecke an Deck des Motorbootes gesetzt und still, aber heftig vor sich hingeweint.

Die Seekarte an meine Bürowand gepinnt, den Blick oft auf die Außenalster gerichtet, wo immer mal wieder Jollen kentern, verbrachte ich meine Tage damit, die übrigen Reisen des Preisausschreibens zu managen.

Die erste Nachricht von der GATSBY kam aus der englischen Hafenstadt Poole: alle wohlauf, Stimmung bestens. Gut für meinen Schlaf. Zehn Tage später ging via Astrid Erdmann über einen Amateurfunker Nachricht von den Azoren ein: Angeblich will einer von Bord, Erdmann sauer.

An diesem Abend nehme ich eine Valium, als ich zu Bett gehe. In den nächsten knapp drei Wochen höre ich nichts mehr von der GATSBY. Mit Erdmann ist vereinbart, daß er sich nur in Notfällen meldet. Doch als ich am 15. Juli ins Flugzeug steige, um in New

York die GATSBY und die Gewinner der Rückfahrt in Empfang zu nehmen, ist mir mulmig. Noch immer keine Meldung vom Schiff, das schon längst dicht vor der amerikanischen Ostküste sein muß. Im Flugzeug sitze ich backbords. Und als der Flieger über Boston Richtung New York düst, immer längs der Küste, schaue ich allen Ernstes aus dem Fenster in der verrückten Hoffnung, auf dem Wasser 11 000 Meter unter mir vielleicht die GATSBY zu entdecken.

Im Interconti in Manhattan treffe ich Astrid Erdmann und meinen Kollegen Peter Sandmeyer. Die machen mangels Nachricht auch keine sehr fröhlichen Gesichter. Sandmeyer soll aus den Tagebuchaufzeichnungen der Hinfahrer eine Reportage für den STERN machen.

Der erlösende Anruf kommt von unserem New Yorker Büro: Die GATSBY ist vor der Insel Sandy Hook vor Anker gegangen, 20 Seemeilen vom Ziel entfernt, pünktlich wie ein Liniendampfer. An Bord alles in Butter. Morgen früh fahren wir mit einem Motorboot hin und begleiten sie bis Manhattan.

Was bringt man Leuten mit, die soeben den Nordatlantik mit einem Segelschiff überquert haben? „Frisches, knackiges Obst", bestimmt Astrid Erdmann kategorisch.

Mit Ferngläsern machen wir am nächsten Morgen die Yacht aus, die strahlend weiß in der friedlichen Bucht liegt. Doch so sehr wir auch zählen und je näher wir kommen: An Deck sind nur acht Leute. Neun müßten es sein. „Einer guckt ziemlich grantig", stellt Peter Sandmeyer fest. Und ich finde heraus, daß es sich bei dem neunten Mann, der an Deck fehlt, um Oliver Krummel handelt. Sollte der etwa... Nein, das ist unmöglich, denn die anderen winken und lachen fröhlich, als sie uns entdeckt haben. Schließlich steckt auch Oliver sein verschlafenes Gesicht durch die Luke.

Vor der Skyline von Manhattan, wo wir für ein Farbfoto unseren Spinnaker mit dem rot-weißen Stern hochziehen wollten, weht natürlich der falsche Wind. Doch die acht Gewinner, die in Cuxhaven noch unsicher und steif über das Deck staksten, federn nun elegant und elastisch über die Planken, reagieren blitzschnell bei den Manövern, und schließlich kriegen wir das Foto trotz ständiger Winddrehungen doch noch in den Kasten.

Abschiedsessen. Abschiedsbesäufnis. Abflug der ersten Crew. Erst jetzt erlaubt sich der Skipper, was er sich vorher nicht erlauben konnte: Wilfried Erdmann hängt durch. Er ist fertig. Nicht körperlich, aber mit den Nerven. Hat die Nase gestrichen voll. Immer wieder der Spruch: „Die schlimmste Fracht, die du fahren kannst, ist der Mensch."

Seine Frau, Peter Sandmeyer und ich betreiben einen ganzen Abend lang bei Riesensteaks und Bier seelische Wiederaufrüstung: welch einmalige Leistung er mit dieser Überquerung geschafft habe – und überhaupt. Aber so richtig fängt er sich erst wieder, als er mit seinem Boot allein ist, um es für die Rückfahrt vorzubereiten. Mein Job dabei ist es, ihm die Rückfahrer bis zum letzten Augenblick vom Halse zu halten.

Genau wie seinerzeit die Hinfahrer habe ich auch diese acht Gewinner noch nie gesehen. Mit allen habe ich, wie mit den Hinfahrern auch, korrespondiert, manchmal telefoniert und versucht, mir ein Bild von ihnen zu machen. Als sie in der Empfangshalle des Interconti eintreffen, erkenne ich sie sofort an ihren Jeantex-Segeltaschen. Natürlich sind sie ganz anders als die Leute, die ich mir beim Telefonieren und beim Briefelesen und Briefeschreiben vorgestellt hatte.

Manhattan hin, Manhattan her: Das erste, was sie sehen wollen, ist das Boot. Jedem muß ich ausführlich verklaren, daß das Boot das letzte sei, was er zu sehen bekomme. Der Skipper brauche Ruhe. Weil die Hinfahrer sich trotz ausführlichen Briefwechsels mit Wilfried Erdmann und mir zum Teil völlig falsche Vorstellungen darüber gemacht hatten, was es bedeutet, über den Nordatlantik zu segeln, bitte ich alle zu einem Gespräch ins New Yorker Verlagsbüro und erzähle zwei Stunden lang in allen erdenklichen Variationen immer nur das Eine: Die GATSBY ist nicht das Traumschiff ASTOR, und Wilfried Erdmann ist nicht der Schiffssteward; der Nordatlantik ist kein Dorfteich, und der Gewinn beim Preisausschreiben ist keine Vergnügungsfahrt, sondern ein hartes Abenteuer. Jeder, der merkt, dies ist für ihn nicht das Richtige, hat an der amerikanischen Küste Gelegenheit, auszusteigen und auf unsere Kosten zurückzufliegen. Kapiert? Prost!

Am nächsten Morgen gehen alle an Bord. Sandmeyer, Astrid Erdmann und ich fliegen zurück – über Neuschottland hinweg, über Neufundland hinweg, genau die Rückroute der GATSBY. Ich bin erleichtert. Die Hinfahrt hat geklappt. Auf der Rückfahrt sind ein Kinderarzt, ein Zahnarzt und eine Krankenschwester an Bord. Alle gründlich vom Arzt durchgecheckt und für tauglich erklärt. Jetzt kann nichts mehr schiefgehen. Beruhigt fahre ich mit meiner Familie in Urlaub nach Borkum. Wir wohnen im Appartement eines Restaurants mitten in den Dünen am Strand, das „Sturmeck" heißt.

Gleich am ersten Tag weht ein Wind, der für meine Frau und mich einwandfrei Sturm ist. Der Inhaber der nahegelegenen Strandsauna besitzt einen Windmesser. „Das halten Sie für Sturm?" fragt er staunend und hält seinen Windmesser aus dem Fenster: „Stärke 4, also ein Lüftchen." Sofort ist bei mir das mulmige Gefühl wieder da. Wenn dies hier Stärke 4 ist, was ist dann Stärke 12? Was Stärke 10 ist, hat mir Paul alias Jürgen in New York erklärt: „Wenn du Wache hast und dir einen Löffel Spaghetti in den Mund schieben willst und der Löffel kommt leer an, weil der Wind dir die Spaghetti vor der Nase weggeblasen hat, dann ist Windstärke 10."

Jeden Abend leiht mir der Wirt vom „Sturmeck" sein schnurloses Telefon, damit ich auch nachts erreichbar bin.

Anruf Astrid Erdmann: Alle geplanten Häfen konnten wegen Sturm oder Nebel oder wegen beidem nicht angefahren werden; letzte Chance ist St. John's auf Neufundland. Und dann kommt jener Anruf, seit dem ich ganz sicher weiß, daß schlaflose Nächte länger sind als Kreuzberger Nächte. Die gute Nachricht: GATSBY hat St. John's erreicht. Die weniger gute, aber nicht beunruhigende Nachricht: Dennis von Hoch, der 20jährige Junior der Crew, ist von Bord gegangen. Und dann der Hammer: Martina Zeitz, die Krankenschwester, ist im siebten Monat schwanger.

Sie muß runter vom Schiff, gar keine Frage. „Die braucht nur einmal zu stürzen", sagt meine Frau, „dann hat sie eine Fehlgeburt." Anruf in der Chefredaktion: klarer Fall, sofort von Bord; notfalls Urlaub abbrechen und hinfliegen. Anruf in der Rechtsabteilung: Halt, halt, so einfach ist das nicht; die hat die Reise schließlich gewonnen und damit einen einklagbaren Anspruch. Erneuter Anruf in der Chefredaktion: Soll sie halt klagen, wir zahlen – aber um Himmels willen keine Fehlgeburt oder Schlimmeres. Anruf von Astrid Erdmann: Der Wilfried will Martina an Bord behalten, weil sie mit Geschick und Begeisterung bei der Sache ist. Die Chefredaktion und ich beugen uns ächzend dem Diktat des Kapitäns.

Auf Borkum frischt der Wind auf. Ich fühle mich mit jeder zusätzlichen Windstärke beschissener. Vom Fenster unseres Appartements muß ich mit ansehen, wie die Möwen bei Stärke 10 rückwärts fliegen und wie ein Küstenmotorschiff auf das Borkumer Riff gedrückt wird.

Die erlösende Nachricht kommt am letzten Urlaubstag: GATSBY hat die Insel St. Kilda vor Schottland erreicht; Ausläufer des Hurrikans Dean gut überstanden; an Bord alles wohlauf. Jetzt muß die GATSBY mit der hochschwangeren Martina Zeitz nur noch rund um Schottland und dann, bei den augenblicklichen Windstärken zwischen 6 und 10, diagonal durch die Nordsee. Dann ist es geschafft.

Am 19. August stehen wir wieder an Deck des Motorbootes LUMME in Cuxhaven und fahren der noch nicht gesichteten Yacht entgegen. Die GATSBY kreuzt gegen den Wind. Zum erstenmal sehe ich sie in voller Aktion. Wie ein Messer durchschneidet sie das Wasser. Müßte sie nicht gegen den Wind kreuzen, hätte die LUMME keine Chance, ihr zu folgen. Erdmann läßt die Wimpel der angefahrenen Länder hochziehen: Großbritannien, Portugal (Azoren), USA, Kanada. Als alle im Wind flattern, rauscht die Leine aus. Wilfried Erdmann klettert an dem spiegelglatten, baumstammdicken 23-Meter-Mast hoch und befestigt die Leine wieder. „Das Mastklettern trainiert er an unserem Apfelbaum“, erklärt seine Frau.

Geschafft. Keiner über Bord gegangen. Weder Mord noch Totschlag. Keine Verletzten. Keine Fehlgeburt. Nichts passiert. Nur zweimal über den Atlantik mit zwei Zufallscrews – einmal hin, einmal zurück.

Reisevorbereitung
von Jürgen Schneider

Heike und ich sitzen im Wohnzimmer. Im Fernsehen läuft mal wieder die dritte Wiederholung eines alten Spielfilms. Heike blättert im STERN und findet dort das Preisausschreiben zu seinem 40. Jubiläum. Heike: „Schau mal, lauter Reisen zu gewinnen. Was würde dich denn am meisten interessieren?" Ich überfliege das Angebot der acht Reisen und entscheide mich spontan für die Atlantiküberquerung auf einer Segelyacht mit Wilfried Erdmann. „Das ist doch noch ein richtiges Abenteuer", sage ich zu Heike. Sie ist skeptisch.

Wir entschließen uns, das Rätsel zu lösen. Macht Spaß, weil es mit den üblichen 08/15-Rätseln nicht zu vergleichen ist und der „Rätselonkel" vom STERN sich anscheinend Mühe gegeben hat. „Schnöder Mammon", schreiben wir nach eineinhalb Stunden auf unsere drei Postkarten. Wir hatten uns entschieden, noch je eine Karte für Skilaufen in Colorado sowie für Tennis abzusenden.

Anschließend schwelgen wir in Optimismus. Wir überlegen uns, daß spätestens nächste Woche der Bescheid über unseren Gewinn im Briefkasten liegen muß. Für uns ist es völlig klar, daß wir gewinnen. Nachträglich gesehen, war dieser Optimismus ein Spielchen, das Heike und ich genossen. Natürlich war in der nächsten Woche und auch in der darauffolgenden keine Post vom STERN im Briefkasten.

Heike blieb jedoch hartnäckig. Beim Lösungswort „Dandy" war es endlich soweit.

Um 14.00 Uhr komme ich vom Frühdienst nach Hause und finde das Kuvert mit dem Aufkleber „Sternstunden". Ich lese den Brief und denke: „Das gibt's doch nicht, das kann doch nicht wahr sein. Wir haben tatsächlich gewonnen!" Wir wurden als Gewinner der Reise drei gezogen. „Was ist Reise drei?" denke ich. „Können die denn nicht konkret schreiben?" Ich suche die letzte Ausgabe der Zeitschrift. Wo hat Heike sie wieder hingelegt? Ich finde sie neben dem Bett. Langsam werde ich hektisch, das Preisausschreiben ist nicht zu finden, muß zum Inhaltsverzeichnis. Endlich – Seite 74.

Ich schlage auf und bin völlig fertig. Reise drei ist der Transatlantiktörn. Welch ein Glück! Nach kurzer Besinnung rufe ich sofort bei Heike auf der Arbeit an und teile ihr mit, daß wir uns über das Urlaubsziel 1989 nicht zu streiten brauchen. Ich soll nicht so bescheuert reden; warum ich anrufe, fragt sie mich. Ich sage ihr, was wir gewonnen haben, und nun ist auch sie völlig aus dem Häuschen.

Im Laufe des Nachmittags werden alle Freunde angerufen, die ein Telefon besitzen. Über die Reise selbst machen Heike und ich uns zu diesem Zeitpunkt noch keine großen Gedanken. Wir denken nur an fünf Wochen Segeln, Atlantik und Amerika.

In der nächsten Buchhandlung wird „Die magische Route" von Wilfried Erdmann bestellt, in der er seine Nonstop-Einhand-Weltumseglung beschreibt.

Nun ist der Zeitpunkt eingetreten, sich Gedanken über den Ablauf einer solchen Reise im einzelnen zu machen. In Wilfrieds Reisebeschreibung sind Gefahren und Probleme ausführlich dargestellt. Das ist genau der Punkt, der unsere Euphorie in Skepsis umschlagen läßt. Ich spüre bei Heike Unsicherheit aufkommen. Für mich bedeutet das, jetzt nur keine Angst zeigen, um Heike nicht noch zusätzlich zu verunsichern. Allerdings soll sie schon erfahren, was alles auf uns zukommen kann. Aber dosiert. Eines nach dem anderen.

Weitere Informationen vom STERN folgen in regelmäßigen Abständen. Von Wilfried Erdmann werden wir nun auch direkt über Reiseverlauf, Schiff, Wetter und so weiter informiert. Heike liest seit Wochen in einem Lehrbuch für den Segelschein A, um wenigstens zu wissen, wie so eine Yacht gesegelt wird. Meine persönliche Erfahrung beschränkt sich auf gelegentliches Segeln mit einer Jolle. Das liegt allerdings schon zehn Jahre zurück. Wir sind also völlige Greenhorns auf diesem Gebiet.

Ein Brief vom Veranstalter flattert uns ins Haus. Er beginnt mit der Zeile: „Wollen Sie noch immer über den Atlantik segeln?" Ja, das fragen wir uns jetzt wirklich. Heikes Vater hat Angst um seine Tochter und ist der Meinung, so etwas nicht mal für viel Geld mitmachen zu wollen. Doch wir entscheiden uns definitiv: Wir segeln!

Unsere Vorbereitungen, die sich ausschließlich auf Theoretisches beschränken, forcieren sich nun. Heike ist unglücklich, daß der trockene Stoff in ihrem Lehrbuch einfach nicht bei ihr hängenbleibt. Ich lese überwiegend Reiseberichte von erfahrenen Seglern.

Zur Einstimmung benutze ich unsere zwölf Meter hohe Scheune. „Stell dir vor, Heike, eine so hohe Welle kommt auf dich zu." Sie glaubt nicht, daß Wellen so hoch sein können. Gleichzeitig beschwichtige ich wieder und teile ihr mit, daß es zwar zu solchen Wellen und noch höheren kommen kann, allerdings sind sie natürlich nicht so steil, sondern in der Dünung langgezogen. Das beruhigt sie etwas. Wir stellen später fest, daß diese Spielchen ihr sehr geholfen haben.

Die Zeit vergeht wie im Flug. Wilfried hat es geschafft, die Firma Jeantex als Ausrüster für unser Segelabenteuer zu gewinnen. Dies ist sehr hilfreich, denn es wäre sicherlich schwierig geworden, uns selbst so perfekt einzukleiden.

14 Tage bis zum großen Start. Wir sitzen zu Hause auf einem Berg Segelklamotten und wissen, daß wir pro Person nur etwa 22 Kilogramm Gepäck mitnehmen sollen. Doch allein die Wetterkleidung wiegt gut elf Kilo. Bleiben elf Kilogramm für unsere persönlichen Sachen – zu wenig. Es wird permanent ein- und ausgepackt. Eine Hose weniger bei mir, Heike benötigt kein Kleid auf dem Atlantik. Zur Not werden wir uns in New York neu einkleiden. Das Packen wird schon fast zur Schwerstarbeit. Volle Reisetasche umgehängt, auf die Personenwaage, Körpergewicht abgezogen – und wir haben es geschafft. Knapp über 22 Kilo.

In zwei Tagen geht es los. Zum Schlafen kommen wir kaum noch. Die Aufregung ist einfach zu groß. Wir verbringen den letzten Abend mit ein paar Freunden in unserer Stammkneipe. Am nächsten Morgen Abfahrt um 6.35 Uhr. Jetzt nimmt alles seinen Lauf. Wir freuen uns und sind sehr gespannt auf die Mitsegler.

Medizin an Bord
von Dr. Willy Park

Ich bin gerade bei der Visite auf der Kinderstation, als ich zum Telefon gerufen werde. Am anderen Ende der Leitung ist Redakteur Steinhoff. In Sekundenbruchteilen schalte ich um von Masern auf Transatlantik-Segeltörn mit Wilfried Erdmann. Grund des Anrufes: Die Segelreise wird mit körperlichen Strapazen verbunden sein, daher sollen sich die Teilnehmer vorher einer ärztlichen Untersuchung unterziehen – auf „Herz und Nieren" gecheckt werden. Eine Aufstellung, was zu einer solchen medizinischen Vorsorgeuntersuchung gehört, existiert für ein derartiges Unternehmen nicht. Da mich die Aufgabe reizt, einen Untersuchungsbogen für die Teilnehmer der Transatlantik-Segelreise zu entwerfen, gebe ich meine Zusage. Durch diese Beschäftigung wird in den nächsten Tagen meine Vorfreude erheblich gesteigert.

Meine Überlegungen zu dem ärztlichen Untersuchungsbogen: Es sollten vorbestehende Krankheiten bekannt sein, damit medizinische Vorsorge getroffen werden, zum Beispiel die Bordapotheke nach den jeweiligen Erfordernissen ergänzt werden kann. Den Entwurf bespreche ich mit meinem Freund Rudolph Dick, einem Sportmediziner, und daraus entsteht der ÄRZTLICHE UNTERSUCHUNGSBOGEN FÜR DIE TEILNAHME AN EINER TRANSATLANTIK-ÜBERQUERUNG MIT EINEM SEGELBOOT.

Über die Zusammenstellung der Bordapotheke zerbreche ich mir den Kopf, doch Astrid Erdmann hat schon alles geregelt. Bei meinem Anruf in Goltoft erfahre ich, daß sie die Bordapotheke nach den Richtlinien der Berufsschiffahrt bereits zusammengestellt hat. Trotzdem packe ich in meinen Seesack noch ein paar Antibiotika, einige Mittel gegen Seekrankheit (Ingwer-Pillen, Cinnarizin-Tabletten, Scopolamin-Pflaster), zur Versorgung von Schnitt- und Platzwunden ein Lokalanästhetikum, Desinfektionsmittel, Nahtmaterial und „Nähzeug" sowie zur Behandlung von Verstauchungen und Prellungen Eisspray.

Beim ersten Kennenlernen der Teilnehmer in New York machen alle einen kerngesunden Eindruck. Voraussichtlich keine Arbeit als

Ärztlicher Untersuchungsbogen für die Teilnahme an einer Transatlantik-Überquerung mit einem Segelboot

Trafen oder treffen gegenwärtig eine oder mehrere der folgenden Tatsachen für Sie zu?	Nein	ja	Stichwortartige Erläuterungen
Häufige oder starke Kopfschmerzen			
Schwindel- oder Ohnmachtsanfälle			
Kopf- oder sonstiger Unfall			
Bewußtseinsstörungen oder Bewußtlosigkeit			
Allergie			
Asthma/häufige Bronchitis			
Herzbeschwerden/Herzerkrankungen			
Blutdruck erhöht/erniedrigt			
Magen/Darm/Lebererkrankungen			
Nierenstein(e), Blut im Urin			
Zucker oder Eiweiß im Urin/Diabetes			
Epilepsie/Anfälle			
Nervliche Beschwerden			
Gewöhnung an Medikamente oder Suchtmittel			
Gewöhnung an Alkohol			
Selbsttötungsversuch			
Behandlungsbedürftige Reisekrankheit			
Erkrankungen von Gelenken/Wirbelsäule			
Sonstige Erkrankungen			

Regelmäßige Einnahme von Medikamenten:

Mittel	Grund	von - bis	Dosis

Herz-Kreislauffunktionen	im Liegen	RR /	HF /min
	im Stehen nach 1 Min.	RR /	HF /min
	nach Belastung	RR /	HF /min

Herz - auskultatorisch:

Belastungsdyspnoe: **Zyanose:** **Ödeme:**

Rö. Thorax vom:

Labor:

Urin	Blut		Leuco	SGOT mU	Blutzucker nü. mg %
Ew	Hb	g %		SGPT mU	
Z	Ery	Mio			
	Hb_E	yy			
Sed.					

Die von Dr. Willy Park ausgearbeitete ärztliche Untersuchung entschied über die Teilnahme.

Mediziner unterwegs, so hoffe ich. Gefragt sind Mittel gegen Seekrankheit, insbesondere die Scopolamin-Pflaster, die, hinter das Ohr geklebt, gut drei bis vier Tage wirken – und ein Spritzenbesteck, das – wie sich später herausstellt – nur zum Schmieren der Radnabe des Steuerrades gebraucht wird.

Doch dann die Überraschung: Martina erzählt uns in St. John's, daß sie im siebten Monat schwanger ist. Mir verschlägt's die Sprache; anzusehen, anzumerken war ihr nichts. Nach Schwangerschaft, schießt es mir durch den Kopf, hatte ich in dem Untersuchungsbogen nicht gefragt. Wer rechnet denn mit so was? Eine Entbindung an Bord wäre, wenn keine Komplikationen auftreten, sicherlich machbar. Aber die Versorgung eines frühgeborenen Kindes unter diesen Bedingungen... Schnell verdränge ich den Gedanken, Martina wird es schon schaffen.

Martina und wir anderen haben es geschafft, haben den Transatlantiktörn ohne ernsthafte Verletzungen oder Erkrankungen überstanden. Arbeit im Sinne medizinischer Hilfeleistung gab es für mich keine, aber Sorgen... Dazu die persönliche Erfahrung, welche physischen und psychischen Anstrengungen bei einer solchen Reise auftreten. Im nächsten Untersuchungsbogen werde ich nach Schwangerschaft fragen und sie als Grund für die Nichtteilnahme einstufen.

Danach

von Ulrike Koch

Als wir uns Mitte Juli im Herzen Manhattans von Wilfried und unserer GATSBY verabschiedeten, mischte sich bei mir in den Stolz und die Freude auch Traurigkeit.

Das First-Class-Hotel (vom STERN zur Belohnung), vor allem die Badewanne – auf die ich mich so gefreut hatte – gaben mir das Gefühl, in eine andere Welt zu kommen, ohne daß ich unser Leben auf dem Meer loslassen konnte oder wollte. Am Tag nach unserem Von-Bord-Gehen mußte ich unbedingt noch einmal zum Hafen. Zum letzten Mal das Ruder anfassen, übers Deck gehen, unsere

Kabine aufsuchen, noch einmal den Geruch des Schiffes einatmen (der bei schlechtem Wetter weiß Gott eine Belastung für die Geruchsnerven war). Kurz: mich allein von „meinem" Schiff verabschieden. In Gedanken wünschte ich der nächsten Crew und der GATSBY alles Glück, um gut in Cuxhaven anzukommen.

Nach dem letzten Besuch an Pier 15 ging ich direkt zu Tiffany, um den Kloß im Hals wegzubekommen. Es gelang halbwegs. In diesen fünf Wochen unseres Törns lernte ich, mit ganz neuen Erfahrungen umzugehen. Die Liebe zum Segeln hat sich manifestiert. Wo früher viel mehr Angst war, ist heute viel mehr Erfahrung. Im Schnellkurs hatte ich zu lernen, ein Neuntel eines Ganzen zu sein. Dies fiel mir anfangs sehr schwer. Aber im Umgang mit meinen Berufskollegen habe ich enorm davon profitiert.

Entscheidend war jedoch für mich als Großstädterin, die Natur in dieser Intensität zu erleben. Das Spiel der Farben zwischen Himmel und Meer, zwischen Sonne und Regen, zwischen Flaute und Orkan – und die Freude, wenn Tiere uns begleiteten. Mein Blickwinkel ist seit dieser Zeit ein ganz anderer. Ich nehme mir viel mehr Zeit, alles zu genießen. Wilfrieds Appelle an uns, die Natur so wenig wie möglich zu belasten (mit Abfall, Putzmitteln und anderem) habe ich mit in den Alltag genommen.

Mitgenommen habe ich auch das Fernweh. Als ich danach im November in Afrika Ferien machte und vom Strand aus die Schiffe am Horizont vorbeiziehen sah, wünschte ich mir nichts mehr, als dort draußen zu sein. Wenn es sein müßte, auch bei Regen und Sturm und mit Nachtwache.

Es liegt mir sehr am Herzen, mich bei allen, die zum Gelingen dieser Reise beigetragen haben, zu bedanken, besonders bei der Glücksfee, die meine Karte mit dem Lösungswort gezogen hat.

Angst um die Tiefe meiner Seele

von Wolfgang von Hoch

Sieht man einmal davon ab, daß Stefan Zweig angeblich nur eine einzige Sternstunde gehabt haben soll, so irrt das Menschenkind Wolferl. Was Zweig auf seinen Grabstein geschreibselt bekommen wollte: Hier leider liegen meine Gebeine – wollt', es wären deine. Ich, Wolferl aus Salzburg, sagte zu mir auf 4000 Meter Tiefe im Nordatlantik: Mein letzter Wille – möchte danach mehrfach umgebettet werden.

Außer der Martina Extra dry und dem nackten, aber puren Klaus nur leicht verletzte bis opportune Langweiler an Bord des sich auf 50 Grad Meile um Meile entlangziehenden Bootes namens GATSBY. Fesch oder frech? Was sollte die Frage gewesen sein? Ach so. Ich wollte etwas lernen. Nein, eine Übermittlung fand von WE kaum statt. Wegen des miesen Wetters? Einfach aus Überarbeitung? Ein seltener Typ. Ein wahrer Odysseus des 20. Jahrhunderts. Selfmademan par excellence.

Der Rest war am Kotzen. Trotz NASA-Kreiselkompaß-Kleber hinter den Ohren. Damit meine ich auch Dennis, mein Söhnchen, der noch in New York große Töne spuckte und dann schon in Kanada drei Kreuze schlug, um sich zu verdrücken. Mir war das lieber so. Allen anderen war es nicht recht. Nun genug des Gemosers. Schließlich ging es ja ums Geld. Und zwar um eine ganze Menge. Wieviel Eigentum! Wieviel Aktien! Wieviel Rendite! Das Buch „Die erste Million" wurde zerlesen. Und das, wo du tagelang, ja wochenlang nur das pure Meer um dich hast. Ja, schön und unendlich war die Zeit. Fahrtensegeln, das ist was für Spezialisten, die Fisch und Zwiebeln essen, deren Magen kardanisch aufgehängt ist, nichts für Salzburger Alpinisten, die eine halbe Semmel mit Streusalz als Big-Mac zur Legende entstehen lassen könnten.

Jetzt habe ich wieder Erdkruste und keinen Erdmann unter meinen sonderlichen Reflexen, die man schlicht Füße nennt. Darf also wieder pfeifen.

Pfüdeldiödijawoll!

Nachtwache

von Reinhard Stransky

Der Weckruf sickert allmählich ins Bewußtsein. Langsam tauche ich aus dem Tiefschlaf auf. Draußen pfeift der Sturm, und die Wellen schlagen gurgelnd von außen an die Bordwand. Wo bin ich? Ach ja, auf der GATSBY irgendwo auf dem Nordatlantik zwischen Neufundland und Schottland. 23.40 Uhr – verdammt, schon wieder Zeit zur Wachablösung.

Um die Kameraden nicht zu wecken, suche ich im Dunkeln tastend nach Kleidung und Ausrüstung – Overall, Gummistiefel, Anorak, Mütze, Handschuhe und Sicherheitsgurt. Taschenlampe. Langsam hieve ich mich durch den Niedergang an Deck. Wortkarger Wachwechsel – Kurs, Speed, Wind –, keine besonderen Vorkommnisse. Fock eingerollt. Großsegel gerefft. Dreifach. Hinter dem Ruderrad klinke ich mich an der Sicherheitsleine ein. Der von Steuerbord raum einfallende Sturm bläst die letzte Müdigkeit aus den Knochen. Jetzt heißt es aufgepaßt! Eine viertel Umdrehung am Rad nach jeder Seite reicht, um auf Kurs zu bleiben, sagt die Vorwache.

Von achtern rollen die Wellenberge wie eine schwarze Wand an. Schlagen sie zu? Nein, GATSBY wird hochgehoben und schießt wieder ins nächste Wellental – auf und ab –, eine Achterbahnfahrt mit 15 beruhigenden Tonnen unter den Planken. Dann durchqueren wir ein Gebiet mit Leuchtalgen. Die Gischt leuchtet in fluoreszierendem Weiß – bei der Talfahrt zieht das Schiff im Kielwasser einen glitzernden Teppich hinter sich her, der das Segel aufleuchten läßt. Die schäumenden Wellenkämme ringsum sehen aus, als würden flache Eisblöcke im bewegten Meer schwimmen und darüber das Firmament mit unzähligen Sternen – phantastisch.

Nachtwache macht einen Riesenspaß. Auch wenn es die Hundewache ist.

GATSBY

von Ludwig Krummel

Wenn einer eine Reise tut, dann kann er was erleben!

Für mich hieß das Erlebnis: mit der GATSBY von Cuxhaven nach New York. Eine Vorankündigung, die Erwartungen wachsen läßt. Die GATSBY, konstruiert für einen renommierten Hersteller, ausgewählt für dieses Vorhaben.

In Cuxhaven: die GATSBY und ein übermotiviertes Team. Schon die Besitzergreifung, sprich Belegung der GATSBY zeigt, und es ist allzu menschlich: Jeder versucht, seine liebgewordenen Gewohnheiten mit einzubringen. Das Team sei hier ausgeklammert, es muß dies schon aushalten. Aber was sagt die GATSBY dazu: fünfeinhalb Wochen Traumschiff-Erwartung.

Der Segelalltag tut sein übriges, und so langsam vollzieht sich der Bruch der Erwartungshaltung zu den Gegebenheiten. Die Fragen in bezug auf die GATSBY werden laut gedacht, konkret gestellt:

Warum denn gerade dich, GATSBY, als unser Schiff? Wo ich doch so wenig Platz habe, um all meine Sachen zu verstauen.

Warum läßt du, GATSBY, dich gerade wenn es not tut, nicht besser lüften?

Wo halte ich mich bei dir, GATSBY, in Schräglage richtig fest?

Wo kann ich denn an dir, GATSBY, meine nassen Sachen aufhängen?

Warum stehe ich denn bei dir, GATSBY, draußen total im Freien?

GATSBY, du bekommst den Stallgeruch einer schwimmenden Jugendherberge – Segeleigenschaften allein sind nicht alles.

Mein mitgenommenes Altbier reicht zur Auffüllung des Stimmungspegels nicht immer aus. Fragen an das eigene Selbstverständnis, gerichtet an dich, GATSBY, festgeklammert in stürmischen Rudernachtwachen. Das Leben will es so, daß es nicht immer großer Gesten bedarf, um die Verhältnisse klarzustellen.

Du, GATSBY, bekamst Schützenhilfe von außen in Gestalt einer kleinen Seeschwalbe, uns zugeflogen am Vorabend einer stürmischen Nacht. Vertrauensvoll hingekauert, hat sie sich dir, GATSBY, anvertraut – selbstverständliche Geborgenheit. Einverständnis mit den Gegebenheiten. Zum eigenen Nutzen. Du, GATSBY, ein Mittel zum Zweck. Dem neuen Tag, dem Ziel, das fast schon verdrängt zu sein scheint, entgegen.

Sicherlich ist der Umkehrschluß von: Der Zweck heiligt die Mittel, nicht uneingeschränkt annehmbar. Er baut dir, GATSBY aber jene Brücke, welche die Erinnerung braucht, um Traumschiffkonturen entstehen zu lassen.

Kniffe und Erfahrungen

von Ingolf Idek

Um den Törn zu einem wirklichen Erlebnis zu machen, haben sich einige wenige Crewmitglieder darauf vorbereitet. Auch ich gehörte zu jenen, denn ein Jugendtraum wurde für mich wahr, und den wollte ich mit geschärften Sinnen für alles Seemännische voll auskosten. Ich habe mich daher ein halbes Jahr vorher mit den Fragen, Antworten und der Prüfung des Sporthochseeschiffer-Scheines auseinandergesetzt. Aus diesem Blickwinkel also habe ich vieles Nützliche für mich notiert und wenig Nützliches gedanklich über Bord geworfen.

Daher einige, so hoffe ich, nützliche Beispiele für den Leser: Nachdem wir mehrere Tage im Nebel entlang der nordamerikanischen Ostküste segelten und die Crew immer wieder in der dicksten „Suppe" nach Landgang mit warmer Dusche und T-Bone-Steak verlangte, blieb der Wilfried standhaft, obwohl die Nebelglocken fast wie Kirchenglocken zu uns herüberschallten, und lief wegen des Risikos, auf Felsen zu stranden, nicht in Halifax oder Lunenburg ein. Fazit: Konsequent muß ein Skipper sein, wenn es um die Sicherheit geht.

Als uns der Wind einmal gnädig war und die Nebelschwaden hinwegfegte, hatten wir im Hafen von St. John's die Möglichkeit, Diesel zu bunkern. Bevor jedoch der Verschluß des Einfüllstutzens im herrlichen Teakdeck herausgedreht wurde, kam Wilfried mit einer Pütz Seewasser und feuchtete das Deck rund um den Stutzen an. Effekt: Auch nach ein paar Tropfen Dieselöl war auf dem Teakdeck nichts mehr vom Öl zu sehen.

Wenn es bei irgendeinem Beschlag quietschte, das Ruder schwergängig war, das Großsegel-Vorliek nicht richtig am Mast gleiten wollte, die Nadel nicht richtig durch das Segeltuch stechen wollte, Hände und Lippen spröde und rissig wurden – was mußte her? Natürlich die große Dose mit Vaseline. Nebeneffekt: Es gab nie dunkle Schmierflecken auf hellen Pullovern und Segelhosen.

Was hat sich die Backschaft anfangs geärgert, wenn frühmorgens beim gedeckten Frühstückstisch im Salon unsere GATSBY überholte und der Kaffee die Sitzpolster verfärbte. Auch hier brachte Wilfried Abhilfe: mit zwei feuchten Geschirrtüchern, die er auf dem Tisch ausbreitete.

Sehr haben wir uns über die Segelbekleidung gefreut – ein Geschenk der Firma Jeantex, das gute Dienste tat. Nur die Gummistiefel machten hier und da Probleme, weil besonders bei Nachtwachen die Füße zu „Eisbeinen" auskühlten. Doch auch hier gab es Abhilfe durch das Zeitungspapier an Bord, welches wir in die Stiefel stopften. Wilfried hatte noch bessere Vorschläge, nämlich das Zeitungspapier auch in die Hose zu stecken, unter den Pullover für Rücken und Bauch. Wir waren überrascht von der guten Isolierwirkung durch das Papier. Erkenntnis: Selbst die alten Gewohnheiten unserer Großeltern kommen bei Seglern heute noch gut an.

Die größte Freude an Bord hatten wir mit dem Logspiel, welches interessant, zugleich auch anspruchsvoll war und immer für Spannung und Unterhaltung sorgte. Jeder durfte bis zu einer bestimmten Uhrzeit seine Schätzung zum Etmal abgeben. Der, der am dichtesten dran war, bekam zum Beispiel einen Buchpreis. Unterhaltung: Eine gute Bordbibliothek sowie zwischendurch Buchpreise haben an Bord nie Langeweile aufkommen lassen.

Ich könnte die Liste der gemachten Erfahrungen fortsetzen, doch ich kann nicht alle Tips von Wilfried preisgeben. Vielleicht hat ja der Leser selbst einmal die Möglichkeit, mit einem erfahrenen Weltumsegler auf Törn zu gehen.

Gesamteindruck

von Jürgen Müller

Als wir in New York, Manhattan, an der Wall Street mit der GATSBY festmachten, atmete ich tief durch. Es war geschafft, ein Segeltörn von 4100 Seemeilen lag jetzt hinter uns. Ich war um einige Erlebnisse reicher, die sehr tief wirken werden.

Ich bin zwar kein ausgefuchster Seemann geworden, aber ich weiß jetzt, was Segeln bedeuten kann. Wenn man zum ersten Mal in einen Sturm gerät, die Höhe der Wellen sieht und die Kraft der Natur spürt, bekommt man schon ein flaues Gefühl im Magen. Und dann der Kampf gegen die Seekrankheit, den ich irgendwann gewann. Der Gestank und die Luftfeuchtigkeit unter Deck, die sich bei geschlossenen Luken im Sturm noch verstärkten. Der Kampf mit dem aufgetischten Essen, das im Mund landen sollte und nicht auf der Hose. Die Sucherei nach den Klamotten, die sich im Lauf der Freiwachen nach irgendwohin verteilten. Und dann das Schlafen in dieser verdammten Koje, fast immer auf der Luvseite, somit im Kojensegel in „Ohnmachtslage" hängend. Ergebnis: schlaflose Nächte. Dazu die netten Kleinigkeiten auf der Toilette, die Beine nach oben stemmend, so daß man nicht vom „Pott" fiel. In der Pantry angeseilt, um nicht auf dem Kartentisch zu landen.

Ist Segeln schön? Es bedeutet im Sturm am Ruder stehen und, nur mit einem Auge blinzelnd, die Lage überblicken, weil der Regen wie ein Trommelfeuer auf dein Gesicht schlägt. Eingepickt an der Reling hängen und trotzdem denken: Wenn du über Bord fällst in der Nacht, dann bist du weg. Auch die netten „Kleinigkeiten", die man sich in der Crew vorwirft, weil es mit der Seemannschaft nicht ganz so geklappt hat.

Aber da waren auch die wunderschönen Sonnenuntergänge, stundenlanges Betrachten des Sternenhimmels, die Freude, wie gut die Segel im Wind stehen, wie das Boot durchs Wasser gleitet, der Sonnenschein nach dem Sturm. Außerdem die Landgänge in England und Horta, das Beobachten der Delphine, Wale, Meeresschildkröten. Und vor allen Dingen – das absolute Gefühl der Freiheit.

Diese Eindrücke ließen mich an irgendeiner Theke in New York fragen: „Na, Diana, wollen wir nicht zurücksegeln? Was ist schon schöner als Segeln?"

Essen an Bord

von Oliver Krummel

Gut essen hält Leib und Seele zusammen, so sagt man landläufig.

Ist Essen ein individuelles Bedürfnis, ein kommunikatives Erlebnis, ein gesellschaftliches Ereignis – mit oder ohne Atmosphäre?

Und Liebe? Liebe zum Essen? Liebe zu der, dem, denen, die es angerichtet haben? Oder gar zu jenen, mit denen man zusammen zu essen gedenkt?

Viele Fragen, gestellt an sich selbst. Ort: GATSBY. Dauer: fünfeinhalb Wochen Seereise Cuxhaven–New York.

Ein großer Teil der Gaumengelüste geht schon im Vorfeld verloren: „Wer hat das Essen angerichtet?" Mein Geschmacksempfinden beginnt eine Analyse der Zutaten. Eine Dominanz ist sofort erkennbar: Ob Suppe oder Menü, ob Salat oder Pfannkuchen, ja, selbst ins Eingemachte traut sie sich hinein – die Zwiebel! Sie wird für mich zum Symbol, ragt in Träumen drohend hervor. Die Phantasie in lang werdenden Ruderwachen läßt Geschmackseuphorien freien Lauf. Da wird selbst die Currywurst ohne Zwiebel zur absoluten Gaumenlust gekürt.

Überlegungen und Spekulationen gewinnen freien Lauf: Die Welt ist keine Kugel, nein, sie hat die Gestalt einer Zwiebel! Jedoch eine Analyse, und das ist das Gute an ihr, fordert Lösungen heraus. Also angenommen, die Welt wäre eine Zwiebel, dann betrüge die Strecke Cuxhaven – New York ein Fünftel des Zwiebelumfangs. Ein Fünftel Anteil am Zwiebelumfang verhält sich zu dem Volumen, das ständig in der GATSBY-Küche verarbeitet wird, wie..... Leider gibt es bei der Lösung von Gleichungen oftmals mehrere Unbekannte. Wenn der Koch jedoch meiner Mathematik folgen würde, dann...

Das Lösungsschema für mich habe ich: GATSBY + New York = Zwiebelende oder Ziel. Später läßt sich die eine oder andere Gleichung ja auch ein wenig umstellen, und die Bindung an Lösungsschritte ist nicht vorgeschrieben. Eine Erkenntnis habe ich abgesichert (ersegelt): Eine Scheibe ist die Erde nicht – aber ob nun Kugel, Ellipsoid, Zwiebel...? Mir schmeckt's! GATSBY sei Dank.

Der doppelte Gewinn

von Barbara Gawenda-Park

So hatte ich es mir nicht vorgestellt, nicht diese Eintönigkeit, dieses tägliche Überstehenmüssen. „Wer spricht von Siegen, Überstehen ist alles", dieses Zitat von Rilke trifft im Kern meine Empfindungen während vieler Phasen der Reise.

In meiner Phantasie – vorher – hatte ich Bilder von sportlicher Höchstleistung. Ich sah mich, aktionsgeladen, an Winschen kurbeln, kämpferisch dem Wind und den Wellen trotzen, ich sah ein aktives Bordleben. Statt dessen – tägliche Bordroutine. Zweimal drei Stunden Ruderwache, Kampf mit latenter Übelkeit (kein Essen mochte so richtig schmecken), trotz gemütlicher Kojen keinen Schlaf finden, da die Rollbewegungen des Schiffes dem Körper keine Ruhe gönnten, von aktivem Bordleben keine Spur. Jeder hielt sich bedeckt, hatte mit sich selbst zu tun.

Und das macht man nun freiwillig, fliegt extra mit dem Flugzeug nach New York, um auf so beschwerliche Art wieder zurückzukehren. So sprachen wir oft, wenn wir müde und durchnäßt nachts am Ruder standen. Ein trostloses Abenteuer, würde man denken.

Aber da gab es auch die Vögel, die selbst bei Sturm ruhig und gelassen ihre Kreise drehten und sanft auf den riesigen Wellenbergen landeten. Da gab es die Aufregung und Freude vor einem Landfall. Einen neuen Hafen, ein fremdes Land, und immer die Bewunderung der staunenden Bevölkerung. Und da gab es den 30. Juli und einen kleinen Zettel von Wilfried auf dem Kartentisch: „Es ist Sonntag, wir wollen das Frühstück gemeinsam genießen. Kommt alle, ich lade Euch ein!"

So schlimm war es auch wieder nicht. Man bedenke: Ich segelte und bekam noch Geld dafür.

Dieses und nicht zuletzt die von Astrid eingekochte Marmelade, ihr Fleisch und Obst stellten – manchmal kleine – Höhepunkte dar.

Nach unserer Ankunft, als die ersten Gespräche wieder möglich waren, nach Tagen der Stummheit, die die überstandene Reise zunächst bei mir ausgelöst hatte, empfand ich das „Überstehen" als großen Sieg. Die Segelreise im ganzen steht als großartiges Erlebnis vor mir, das mein Leben auf nicht geahnte Weise bereichert hat.

Wieder Sprechen lernen, Essen lernen, Alltag bewältigen. Nachts wachte ich oft auf, fühlte mich wie in der Koje an Bord, knipste Licht an und las stundenlang Segelbücher, um Schritt für Schritt das Erlebte noch einmal nachzuvollziehen.

Ich bewundere Wilfrieds Mut und Fähigkeiten. Durch seine persönliche Art der Schiffsführung wurde für mich die Reise zum doppelten Gewinn.

7

Pro und Contra

SCHLUSS-FOLGERUNGEN

Mit einem Schiff, das niemand kannte, haben wir wahrlich eine sportliche Höchstleistung vollbracht.

Mit jedem Tag wächst mein Respekt vor dem Mut aller Beteiligten an dem nicht alltäglichen Segeltörn. Die Unwägbarkeiten einer Atlantiküberquerung in dieser Form gingen mir erst Monate später auf. Bei einem Seeunfall als Verantwortlicher vor Gericht zu stehen und mit juristischen Fragen konfrontiert zu werden, ist eine grauenvolle Vorstellung. Ein Crewmitglied über Bord – das wäre nicht nur schlechte Publicity gewesen, sondern weit mehr. So gesehen, akzeptiere ich die negativen Bemerkungen zu den Themen Kommunikation an Bord, Backschaft und anderen Kleinigkeiten. Ganz gewiß wird es so schnell keine ähnliche Reise geben. Sie war für einige mit Sicherheit ein großes Abenteuer, das alle Elemente enthielt: dramatisches Geschehen, Aufregungen, Mißstimmungen, Euphorie und Ängste.

Wie auch immer, es ist alles gutgegangen. Ich kann aufatmen zu Hause. Einen Bericht schreiben. Eine hieb- und stichfeste Abrechnung für den Veranstalter erstellen. Damit, meinte ich, wäre mein Part erledigt. Dann kam der Mauerdurchbruch in Berlin, der mir unter anderem auch unsere Sommerfreiheit, unsere absolute Reisefreiheit klar vor Augen führte.

Ich schnappte meine alten Unterlagen und erlebte die Fahrt noch einmal. Das Wesentliche davon habe ich auf den Seiten zuvor aufgeschrieben. Wobei ich mich bemühte, allen Teilnehmern gerecht zu werden. Auf den folgenden Seiten einige sachliche Ausführungen querbeet.

Chartern

Segelyachten kann man heutzutage überall und in jeder Größe chartern. Kein Problem. Nur wenn man eine Crew von acht und neun Leuten in Einzelkojen unterbringen will, und das in einem schnellen, optisch ansprechenden Schiff, wird's kompliziert. Wenn es dann noch ohne Skipper sein soll, läuft nicht mehr viel. Mit diesen Voraussetzungen werden nämlich nur wenige Charteryachten angeboten. So war unter 20 Angeboten, die mir ins Haus flatterten, nichts Geeignetes. Außen vor blieb das Feld der Luxusyachten mit Schiffsführer, Hosteß und Bootsmann. Im nachhinein gesehen, wäre meine anfängliche Idee, ein Schiff für unsere ungewöhnliche Fahrt über eine Anzeige in der Zeitschrift „Yacht“ zu finden, die richtige gewesen.

An GATSBY kamen wir nur durch Zufall. Der Charterpreis von tausend Mark pro Tag war akzeptabel. Nach 7700 Seemeilen möchte ich sagen: günstig. Was ein vollbesetztes Schiff, das Tag und Nacht gesegelt wird, auszuhalten hat, ist enorm. Die Beanspruchung der Segel, polierten Hölzer, Pumpen, Schoten ist beachtlich. Es tut weh, wenn Pott und Pann bei Seegang durch die Pantry katapultieren, die schweren Karabinerhaken der Sicherheitsgurte gegen Holz und Plastik schlagen, Kaffee und Essen sich über Polster ergießen.

Im Preis sind weder Schlafsäcke, Bettwäsche noch Kopfkissen eingeschlossen. Selbst Geschirrtücher fehlen. Auch gehen Gas und Diesel zu Lasten des Charterers. Das ist üblich. Bei uns kam die Versicherung (Atlantik) noch hinzu.

An Charterschiffen gibt es immer was zu mäkeln. Bei GATSBY war es relativ wenig. Die Reling war mit nur 60 cm Höhe eine Katastrophe, wir haben sie in Cuxhaven gegen eine 75 cm hohe ausgewechselt. Die Tankkapazitäten erwiesen sich im Lauf der Wochen als immer geringer. Aus 880 Litern Wasser wurden 600 und aus 250 Litern Diesel 185. Und letztlich gravierend war die schlechte Belüftung unter Deck bei geschlossenen Luken.

GATSBY war mein siebtes Charterschiff. Diesmal wurden belanglose Dinge nachträglich in Rechnung gestellt. Besser: Man schlägt mögliche Kleinreparaturen gleich auf den Charterpreis.

Nahrung aus der Bilge

Richtige Ernährung auf See ist für die Gesundheit oberstes Gebot. Und gute Verpflegung hilft in der Tat über manche schlechte Stimmung hinweg. Deshalb erschien es mir sehr wichtig, uns für die Atlantiktörns richtig zu versorgen. Eine meines Erachtens recht anstrengende Aufgabe.

EINKAUFSLISTE GATSBY CREW 9 35 TAGE JUNI '89

6 Dos Pulvermilch	5 Pack Zwieback	12 Stck Küchenrollen
72 Stck Müsliriegel	5 Glas Erdnußbutter	25 Rollen Toilettenpapier
10 kg Haferflocken	5 Pack Kartoffelpüree	2 " Frischhaltefolie
6 kg Müsli	36 " Wasser à 1 Ltr	150 Stck Servietten
8 Glas Honig	120 Dos Wasser/Cola	15 Geschirrtücher
5 " Marmelade	40 Ltr. Saft	1 Pack Filterpapier
3 kg Zucker	144 Dos Bier	2 Spülbürsten
9 Dos Kondensmilch	12 Fl Wein	2 Pack Schwammtü.
12 Pack Margarine	6 " Sekt	1 " Kerzen
6 kg Mehl	2 " Rum	Hygienebeutel
6 " Brotbackmischung	4 " Cognac	versch. Waschmittel
12 kg Reis	6 " Campari	Mülltüten
10 kg Nudeln	12 Dos Chili Beans	
10 " Spagetti	24 " Gemüse	FRISCHEINKAUF:
4 Ltr Kochöl	20 " Früchte	15 kg Kartoffeln
4 kg Kaffee	69 Pack Suppen	40 " Zwiebeln
1 kg Instant-Kaffee	18 Dos Fertiggerichte	2 " Knoblauch
10 Dos Keks	12 Dos Tomaten	20 " Obst
12 Stangen Keks	6 " weiße Bohnen	10 " Gemüse
150 Beutel Tee	5 kg Speck	Sowie Wurst, Käse,
2 kg Kakaopulver	5 " Schinken	Butter u. a. Milchpro.
50 Tafeln Schokolade	4 " Hartwurst	
10 kg Trockenobst	15 Pack Pudding	Versch. Gewürze
24 Dos Camembert	3 Glas Brühe	
4 kg Gries	8 " Gurken	v. Astrid eingekocht:
2 kg Rosinen	6 " Oliven	18 Glas Gulasch
10 Dos Würstchen	4 " Mayonnaise	18 " Gehacktes
36 Schalen FKF-Fleisch	4 Fl Ketchup	10 " Apfelmus
15 Glas Leberwurst	3 " Tabasco	8 " Gurken
12 Pack Knäckebrot	6 Pack Kartoffelpuffer	15 " Marmelade
12 " Vollkornbrot	8 " Klöße	Sowie 80 Eier
36 Dos Brot	2 kg Parmesankäse	

Die Proviantliste basiert auf meinen Erfahrungen mit Charterbooten und verschiedenen Weltumsegelungen.

Während meiner ersten beiden Weltumseglungen widmete ich diesem Umstand keine besondere Aufmerksamkeit. Ein Gang durch den Supermarkt, und die Sache war erledigt. Der Proviant bestand damals hauptsächlich aus Dosen: Kondensmilch, Gemüse, Säfte, Fleisch, Früchte und völlig unergiebige Fertiggerichte. Diese „tote" Nahrung machte die Seetage kulinarisch zu einer Einbahnstraße. Gedankenlosigkeit und Geldmangel waren der Grund dafür. So kam es, daß ich mich im Lauf der Jahre vor den Inhalten einiger Lebensmitteldosen ekelte. Corned-beef gehört dazu, Tomatenprodukte und Milch. Einen großen Bogen mache ich um Fleischkonserven, die mit dem Vermerk „Hausmacher" oder „Land" gekennzeichnet sind. Die sind meistens von miserabler Qualität. Darin sind häufig Fleischabfälle und Fettreste zu Brei verarbeitet. Sie geben einem Segler weder Kraft noch optischen Anreiz.

Ich bin sicher, noch nicht die richtige Ernährung für die Hochsee gefunden zu haben. Meine aber, mit den folgenden Produkten nicht schlecht zu liegen: Trockenobst, Haferflocken, Speck, Schinken, Reis, Hartweizennudeln, Zwiebeln, Knoblauch, ungezuckerte und hochwertige Müsli, Nüsse. Ergänzt durch Astrids persönlichen Angriff auf die Supermarkt-Kost: Fleisch, Gemüse und Obst, alles selber in Einmachgläsern sterilisiert. Und mit vielen Landeiern.

Trockenfrüchte von bester Qualität habe ich für Zwischenmahlzeiten eingepackt. Sie sollten außerdem den Stoffwechsel anregen, denn bei mangelnder Bewegung ist an Bord mit schlechter Verdauung zu rechnen. Eingepackt habe ich auch Mengen von Haferflocken. Gedacht zum Frühstück in Form von englischem Porridge – gekocht mit Salz und Wasser. Das war auf beiden Fahrten bei meinen Mitseglern ein Reinfall, aber Semmeln und frisches Brot fehlten eben.

Mein Essen hat in der Regel „Biß". Einige an Bord der GATSBY mochten meine Kost gar nicht. Um uns ausreichend mit Vitamin C zu versorgen, gab es Zwiebeln, Knoblauch und anderes Gemüse halbgar. Fast alle lehnten diese Kost ab. Sie dachten auch nicht an eine Änderung ihrer Eßgewohnheiten. Der Hinweis, Vitaminmangel könne bei einem längeren Seetörn das Befinden beeinträchtigen, wurde nicht ernstgenommen. Multivitamin-Präparate hatte keiner dabei. Unheimlich beliebt waren Süßigkeiten, Gebäck, Puddings, „Energieriegel“. Weiße Nahrung in jeder Form. Erstaunlich, daß so viele, die sonst wenig Bedarf an Süßem hatten, auf See danach lechzten.

Warten auf den Satellitendurchgang

Astronavigation bestand diesmal aus Warten auf den Satellitendurchgang. Die Charterfirma installierte dem Veranstalter zuliebe einen Satelliten-Navigator. Ein ausgezeichnetes Gerät, nicht zuletzt deswegen, weil es die Fahrt ohne Macken durchstand und auch die Spielereien meiner Crew akzeptierte. Jeder, der Seesegeln betreibt, sollte sich überlegen, ob es sich nicht lohnt, einen Sat-Nav anzuschaffen. Ganz gleich, wie man zur Elektronik steht: So ein Gerät, das etwa stündlich, gelegentlich wenigstens alle drei bis vier Stunden, die Koordinaten anzeigt, hat viele Vorteile. Mit Hilfe des Kompasses und des Logs, das die abgesegelten Meilen zählt und die Geschwindigkeit anzeigt, hatten wir so immer eine zuverlässige Position. Kribbeln und haarsträubende Landfälle wie mit der Sextantnavigation entfallen.

Ich nahm meinen Sextanten auf der Atlantikfahrt nur fünfmal in Gebrauch. Erstens, um mein anfängliches Mißtrauen gegenüber der Elektronik abzubauen. Zweitens, um meinen eigenen Navigationscomputer, den „Erdmann-Navigator“, zu kontrollieren. Ein solides Gerät, das nach praktischen Gesichtspunkten und Anforderungen des Fahrtensegelns entwickelt wurde. Basis ist die Beobachtung des Sonnenunterrandes. Es wurden nur Funktionen, die häufig genutzt werden, gewählt und auf jeglichen Ballast zugunsten der Übersicht und einfachen Bedienung verzichtet. Rechner und Programm (für Jahrzehnte) sind zu einem realistischen Preis bei Eckardt & Messtorff, Hamburg, erhältlich.

Es darf nichts passieren!

Des Veranstalters Devise: „Es darf nichts passieren“ hat die Fahrt zeitweise belastet. Weil sich meine Crew mangels Gewohnheit und wegen falscher Einschätzung nicht immer rechtzeitig mit Gurt und Weste versorgte, eckte ich bei manchen mehrfach an. Nun ist „Vorbeten“ meine Sache nicht. Zudem bin ich ein schlechtes Sicherheitsbeispiel. Erst ab etwa 6 Windstärken trage ich einen Lifebelt.

Damit nach menschlichem Ermessen nichts schiefging, besorgte ich für die Fahrt jedem eine brandneue Boleroweste der Firma Secumar. Das ist eine Rettungsweste mit eingearbeitetem Sicherheitsgurt. Die „Bolero“ entsprach allen Anforderungen, war bequem und zuverlässig – das meinte auch die Mehrzahl der Teilnehmer. Ein Nachteil war, daß an Bord keine Strecktaue montiert waren, so daß wir uns recht umständlich mit geflochtenen Strecktauen zum Einpicken – 12 mm stark – behelfen mußten. Dickere konnten wir wegen der Karabinerhaken-Öffnungen nicht benutzen.

Der Austausch der Reling gegen eine höhere erwies sich als wahre Freude. Die vorbeugende Sicherheit kommt bei mir allemal vor Signalraketen, Rettungsinsel und dergleichen. Auch noch vor eine IOR-Boje (Markierungsboje für den Fall des Überbordgehens).

Daß eine wildfremde und unerfahrene Crew mit schwersten Stürmen fertigwerden kann, wenn alle Sicherheitsvorschriften und die Disziplin eingehalten werden, ist für mich eine wichtige Erkenntnis aus dieser Tour.

Grundsätzlich: Zur Segelei gehört auch ein Sicherheitsrisiko. Allgemein wird nämlich Sicherheit in unserer Gesellschaft überbewertet – zum Nachteil anderer, vielleicht wichtigerer Werte, für die es sich lohnt, ein kalkuliertes Risiko und ein wenig Gefahr auf sich zu nehmen.

Umweltschutz an Bord

Ich wollte bei dieser Fahrt mit gutem Beispiel vorangehen. Besorgte ausreichend Mülltüten, verzichtete auf Lebensmittel, die übermäßig in Plastik und Folie eingepackt waren, deckte uns mit umweltverträglichen Spül- und Waschmitteln ein. Doch schon der Anfang war eine Katastrophe: Ich fand ein Dutzend Reinigungsmittel an Bord unter der Spüle – von der schlimmsten Sorte.

Unterwegs handhabten wir das Problem folgendermaßen: In Landnähe ging nichts über Bord, auf See nur Lebensmittelreste, Blech, Papier, Textilien, Zigaretten und Glas. Getränkedosen wurden mit dem Hammer kleingehauen für die Abfalltüten. Einige jedoch konnten sich nicht daran gewöhnen und warfen die Dosen rücklings über Bord. Vermutlich war's keine Absicht, sondern Unbedachtsamkeit. Vergeblich ist die ganze Bemühung natürlich, wenn, wie in Großbritannien, im Hafen weit und breit keine Abfalltonne vorhanden ist.

Gerade an Bord sollten wir peinlichst darauf achten, womit wir unser Schiff reinigen und pflegen.

Was ich nächstes Mal anders machen würde

1. Die Crew vorher – für ein Wochenende – kennenlernen.
2. Eine verläßliche Hilfe mitnehmen, um mehr Zeit für die Gewinner zu haben.
3. Großzügiger proviantieren: Das heißt dann auch, mit Lebensmitteln, die zuviel besorgt wurden, die Fische füttern.
4. Täglich, wenn das Wetter es erlaubt, einen Dämmerschoppen abhalten.
5. Gelegentlich eine Diskussionsrunde an Bord veranstalten.
6. Auf einer halbtägigen aktiven Einweisung (unter Segeln) vom Vercharterer bestehen.
7. Die Crew selber kochen lassen, auch wenn es lange dauert.
8. Reihum die Mitsegler nach Eingewöhnung Skipper für einen Tag sein lassen.
9. Gegen das lähmende Einerlei ein Schiff mit konventionellem Rigg (Stagreiter-Vorsegel und Mastrutscher-Großsegel) wählen, damit es für alle mehr Arbeit an Deck gibt.
10. Kurz vor Ende eines jeden Törns den Teilnehmern eine theoretische und praktische Prüfung anbieten.
11. Eine schwangere Frau würde ich nicht wieder über den Ozean mitnehmen.
12. Für den Fall, daß ich unterwegs „abhanden“ komme: ein Crewmitglied intensiv darauf vorbereiten und einen Wegweiser aufschreiben.

Der Stauraum

Die Schiffe werden zwar Jahr für Jahr komfortabler, schneller und leichter, aber oft genug auf Kosten des Stauraums. Zum Beispiel: Die Bilge ist flach, unter den Kojen liegen die Wassertanks, und wo sich früher unterm Cockpit Backskisten befanden, sind heutzutage zusätzlich Kojen eingebaut. Gerade für eine Langfahrt eignet sich mangels Stauraum eine modern gezeichnete Yacht nicht. Auf GATSBY fehlten diesbezüglich: ein Raum für nasses Ölzeug; in den

Kajüten Fächer für die sogenannten Kleinigkeiten; an Deck im Cockpitbereich Ablagen für den täglichen Bedarf.

Der komplizierteste Teil der Vorbereitung war dann auch das Stauen. Als das ganze Sammelsurium vor dem Schiff lag, konnte ich mir trotz Stauliste nicht so recht vorstellen, wo alles untergebracht werden sollte. Der „Kampf" dauerte zwei Tage. Das gefaltete Zodiac-Schlauchboot kam ins Vorschiff, Tauwerk in das Bar-Schapp, Petroleumlampen wurden gleich montiert, Segeltuch und Nähzeug in meinen persönlichen Schrank, Decken und Ölzeug (Reserve) gleichfalls – und so weiter. Für den Sextanten, mein Werkzeug und viele Ersatzteile fand ich überhaupt keinen Platz. Es lagerte in den ersten Tagen in Kartons im Mittelgang. Arg knapp wurde es für den Proviant. Getränkedosen und Konserven wurden in der rund 20 cm tiefen Bilge versenkt, alles sortiert. Ein Fach für Fleischiges, eines für Obst- und Saftdosen, eines für Suppen. Der gesamte Frühstücksbedarf wurde in einem Schrank in Tischnähe gelagert. Den losen Proviant wie Mehl, Zucker, Tee packte ich meist

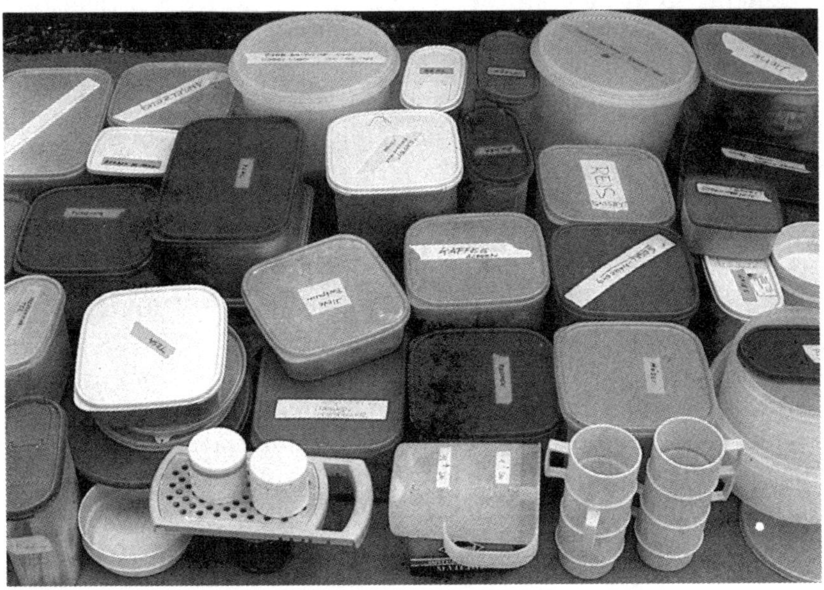

Tupperprodukte eignen sich hervorragend zum Verstauen von Proviant und Zubehör für jede Art von Törn.

in Tupperware. Diese lebensmitteltauglichen Behälter wurden beschriftet, und da ich sie in verschiedenen Größen zur Verfügung hatte, erleichterten sie das Stauen sehr. Dank dieser Dosen sind trotz der vielen „Köche“ an Bord die Pantryschränke sauber und übersichtlich geblieben, und – wichtiger – es ist nichts verdorben. Feuchtigskeitsempfindliche Dinge wie Nähzeug, Fotofilme, Handfunkgeräte, Kassettenrecorder, Dokumente, Medikamente lagerten wie bei mir schon seit Jahren in den wasserdichten Tupperbehältern.

Wetterkleidung

Anfangs segelte ich in Blue-jeans. Die galten damals mehr der Zurschaustellung als der Bewegungsfreiheit, die man gerade an Bord braucht. Dort, wo die Jeans am engsten geschnitten sind, entsteht unweigerlich klebriger Schweiß. Bei Hitze oder naßkaltem Wetter fühlt man sich darin eingezwängt und abgeschnürt.

Ich trage nun nach jahrelangen Erfahrungen auf See in der Regel Kordhosen, eine bis zwei Nummern größer als notwendig. Ebenso halte ich es mit Stiefeln, Schuhen, Pullovern und Ölzeug. Alles wird größer gewählt als erforderlich; das sieht zwar nicht modisch und adrett aus, fördert aber beträchtlich mein Wohlbefinden.

Für die GATSBY-Tour wurden wir alle von einem Hersteller komplett mit Wetterkleidung ausgerüstet – (fast) ohne Gegenleistung. Dieses Entgegenkommen – es ging immerhin um einen Wert von 23.224 Mark für 17 Teilnehmer und mich – möchte ich in keiner Weise in Frage stellen. 15 Gewinner waren mit der Kleidung höchst zufrieden, zum Teil von ihr begeistert. Zu den Parka-Jacken braucht man nicht viel Worte zu verlieren. Sie waren warm, modisch, einfach toll. Die Ölzeug-Overalls (Typ Jeantex Pazifik) waren nicht atmungsaktiv, das heißt, sie waren dauerhaft wasserdicht. Sie hatten außerdem alle Vorteile der um ein Mehrfaches teureren Produkte anderer renommierter Hersteller. Das Grundmaterial ist bei allen ähnlich: gefütterte Kapuze, hoher Kragen, Reißverschluß mit Klettbandleiste, Innentasche. In Brusthöhe umlaufender Sicherheits-Reflexstreifen, Klettverschlüsse an Armen und Beinen; robuste Verstärkungen an exponierten Stellen wie Knie, Gesäß, Ellenbogen.

Und wie sich auf der kaltnassen Rückreise herausstellte, waren sie von hohem Tragekomfort und strapazierfähig. Tip: um den Hals ein Frotteehandtuch stecken! Das ist absolut dicht und warm.

Fotos unterwegs

Achtzig Fotofilme bekam ich mit auf die Reise. Siebzig davon habe ich belichtet. Nur ein einziges Bild nutzte mein Arbeitgeber – gegen Honorar. Da hört Leidenschaft für die Fotografie auf, Leidenschaft zu sein. Gerade weil mein Einsatz hoch war: aus dem Masttopp, von der Nock des Spinnakerbaums, von außenbords, schwimmend, im Liegen, im Sturm und aus vielen anderen Positionen fotografierte ich mit meiner alten, aber robusten Nikon-Kamera samt Wechselobjektiven von 15 bis 300 mm.

Gemeinsam ist meinen Aufnahmen während der Amerikafahrt vor allem eines: Stets suchte ich nicht so sehr das Spektakuläre, sondern das Typische einzufangen. Ich wollte die Crew in den natürlichen Arbeitsabläufen zeigen, um auf diese Weise das Leben an Bord sichtbar zu machen.

Ich arbeitete ausschließlich mit Naturlicht, also ohne künstliche Beleuchtung. Dabei ging es mir nicht so sehr um ein perfekt scharfes Bild, sondern mehr um die natürliche Atmosphäre. Um Meeresvögel abzulichten, rüstete ich mich mit einem Tele-Konverter aus. So erzeugt ein Zweifach-Konverter eine doppelt so große Abbildung. Aus einem durchschnittlichen 200-mm-Tele wird ein schon stattliches 400er. Das Ergebnis war letztlich kläglich, nicht wegen der Technik, sondern weil mir Erfahrung und Zeit fehlten. Aber die Lösung mit einem Konverter, der speziell für ein Objektiv oder eine kleine Anzahl von Objektiven berechnet wurde, stellte mich zufrieden.

Fotos an Deck, bei gutem Segelwetter gemacht, sind häufig blaß. Das übermäßige Licht läßt die Aufnahmen kontrastarm erscheinen. Mit einem Polarisationsfilter (kurz Pol-Filter) kann man dem gegensteuern. Diese Filter, richtig angewendet, können sehr nützlich sein. Sie entdunsten die Ferne, beseitigen unerwünschte Reflexe und tragen zur Farbsättigung bei. Der Pol-Filter nimmt Licht weg – man muß mit einem Verlust von einer bis drei Blendenstufen rechnen. Das macht ihn vor allem für die Mittagszeit brauchbar. Und das Schöne ist, der Filter hat eine Drehfassung. Dreht man ihn vor dem Auge oder vor der Spiegelreflex-Kamera, kann man seine Wirkung genau studieren. Solch ein Filter ist nicht billig, aber da er auf See einfach das bessere Bild macht, lohnt sich allemal, mit dem Pol-Filter an Bord zu experimentieren.

GATSBY, das Schiff *

Aus der Werbung: „Die Baltic 51 wurde für einen kleinen Kreis anspruchsvoller Eigner entworfen, die von ihrem Schiff absolute Perfektion erwarten."

Eine rassige, schöne, schnelle Segelyacht über den Atlantik zu schippern ist, wie eine wohlgeformte Frau immer in Regenkleidung auszuführen. Klingt das negativ? Soll es nicht. Heutige Wetterkleidung kann ja ganz reizvoll sein. Mit dem Vergleich meine ich unser Schiff GATSBY: Mit nur handbreithohem Aufbau segelt dieser Bootstyp rasch – und naß. Daran wäre nichts auszusetzen, würden Gischt und Seen nicht auch ihren Weg durchs geschlossene Deck in die Kajüten finden. Es leckte an allen möglichen und unmöglichen Stellen. Ich akzeptierte das, ohne zu murren. Womöglich deshalb, weil ich vorher Schiffe gesegelt hatte, die richtig leckten. Doch meine Mitsegler rümpften die Nase.

Im nachhinein: GATSBY hatte viele und vor allem wesentliche Pluspunkte: angenehmes und sicheres Seeverhalten, Geschwindigkeitspotential, Manövereigenschaften auf engstem Raum, ein funktionelles Deckslayout, bestens funktionierende Baby-Blake-Toiletten, rundum schöne Linien.

Die Bauausführung: Fiberglas und Balsaholz in Sandwichbauweise im Handauflegeverfahren. Diese Konstruktion garantiert

* s. a. Seite 6

einen festen, leichten und gut isolierten Rumpf. Aber bei Punktbelastung, wie wir sie an der scharfkantigen Tonne in St. Kilda erlebten, ist die äußere Fiberglas-Schicht sofort verformt und eingedrückt.

Die Kajütaufteilung war für unseren Zweck optimal: achtern eine geräumige Viererkabine samt Waschraum. Beidseitig des Mittelcockpits eine Zweierkabine. Das waren die Kojen für meine Mitsegler. Ich bewohnte das Vorschiff. So hatte jeder seine Koje, ohne daß der Salon zum Schlafen einbezogen werden mußte. Ein ganz wichtiges Thema – die Kojen: Sie hatten allesamt eine Länge von mindestens 2 m, waren zwischen 62 und 70 cm breit und mit einfach zu befestigenden Kojensegeln versehen. Die Matratzen hatten einen 10 bis 12 cm dicken Schaumstoffkern.

Das Zentrum des Schiffes (für mich) ist der Kartentisch, und der war schlichtweg zu klein. Ein Dutzend einmal gefaltete englische Seekarten bekam man nur mit Gewürge in die Ablage unter dem Navigationstisch. Ausgelegt war die Navigationsecke mit einem UKW-Sprechfunkgerät (Shipmate), Log, Windmeßanlage, Echolot (alle Brookes & Gatehouse), mit Sat-Nav sowie elektrischer Schalttafel. Trotz großer Feuchtigkeit gerade in diesem Bereich funktionierte die Elektronik immer makellos.

Herzstück der GATSBY war der Salon mit seinem großen, formschönen Tisch: nicht ganz ideal konzipiert, da vor dem Mast, wo es sehr bewegt zugehen kann. Die mattlackierten Teakhölzer waren, wie in Skandinavien üblich, beispielhaft verarbeitet. Aber die edlen, dunklen Hölzer machten den Raum – leider – auch düster.

Der lebenswichtigste Arbeitsplatz – die Pantry: Sie gab uns im Hafen wie auf See die Möglichkeit, für ein vollbelegtes Schiff variantenreich zu kochen. Die Höhe von Anrichte und Spüle erschien allerdings selbst den Kleinsten mit 83 cm zu niedrig. Das führte auch dazu, daß durch die Entlüftungen der Trinkwassertanks, die in der Niro-Spüle mündeten, schon bei normaler Schräglage wertvolles Wasser abfloß. Später, während der Rückfahrt, klebte ich die Rohre mit Leinen-Tesa zu.

GATSBYS Kursstabilität war eine wahre Freude. Wie die Designer das trotz Spatenruder und Kurzkiel hinbekommen haben, ist

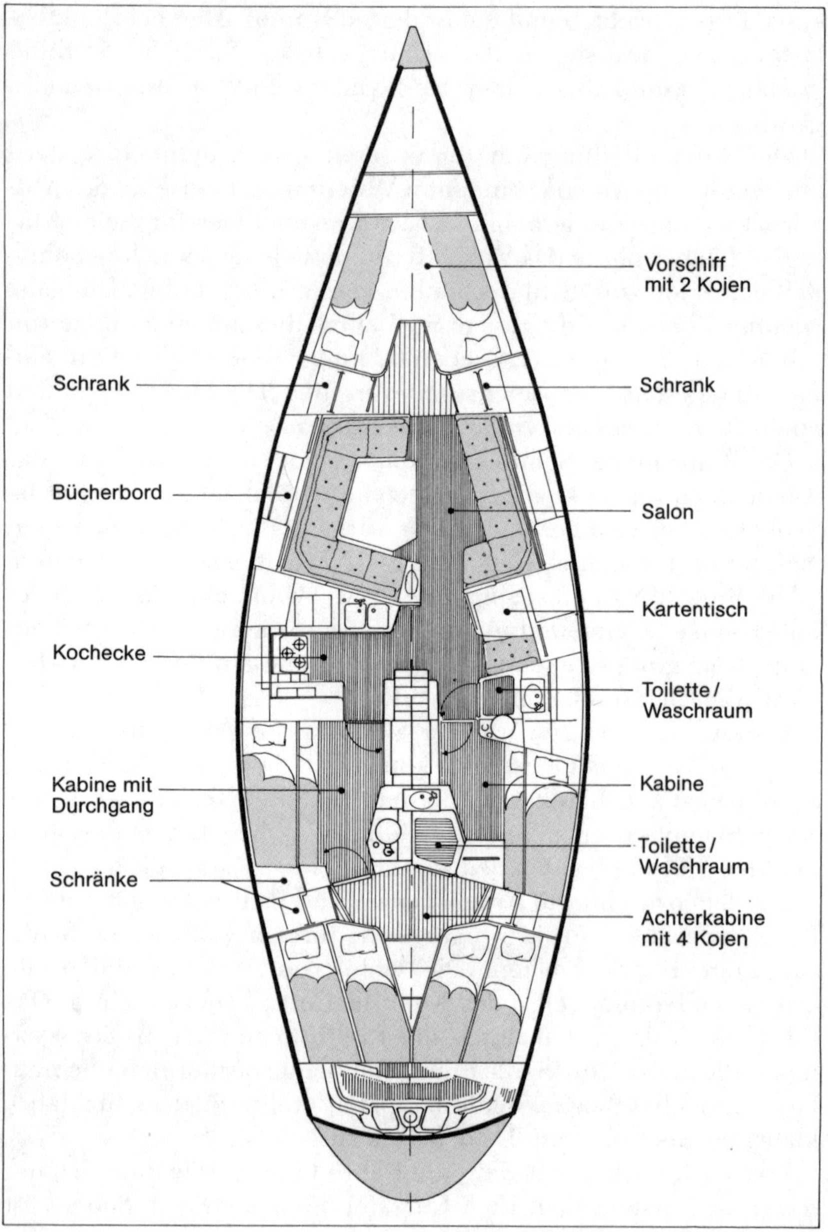

GATSBYS „Innenleben" eignete sich bestens für unsere Reise. Segel wurden im Vorschiff gestaut, Anker in der Vorpiek, Fender, Taue, Schrubber, Petroleum und so weiter in der Achterpiek.

bewundernswert. Sie war auf allen Kursen, selbst bei stürmischem Wetter oder schlecht getrimmten Segeln, gewährleistet. Die Radsteuerung bewegte den Quadranten mit Hilfe von Draht und Umlenkrollen.

Bootsmotoren machen Lärm. Dieser schien uns leise – ein Yanmar-4-Zylinder von 77 hp. Da wir ein handliches Schiff segelten, benutzten wir ihn wirklich nur als Hilfsmotor. Und als solcher bereitete er uns keinerlei Schwierigkeiten. Sicherlich weil ein zuverlässiges Modell installiert war, wir die Maschine trockenhielten, auch schon mal eine Stunde mit voller Leistung fuhren und die Maschine nicht allzu lange bei Schräglage über 20 Grad benutzten. Damit unser Hilfsmotor nicht zum Hilfsfall wurde, achtete ich auf Ölwechsel (alle 50 Betriebsstunden) und neue Filter; beim Treibstofftanken schaltete ich ein feines Sieb vor.

Gatsby besaß ein unkompliziertes Rigg für jedes Wetter – sieht man einmal davon ab, daß der Großbaum zu hoch lag, was sich gerade bei schlechtem Wetter als Nachteil erwies. Wir nutzten alle Vorteile einer Rollfock oder Rollgenua. Das heißt Faulsein! Die Backstagen wurden in der Regel erst ab 3 bis 4 Windstärken gefahren. Die Backstagen griffen so am Mast an, daß man mit doppeltem Bindereff über Stag gehen konnte, ohne das jeweilige Luv-Backstag zu lösen.

Es bleibt die Erkenntnis, daß ich mit Gatsby ein Schiff gesegelt habe, das allen Ansprüchen – abgewogen – gerecht wurde. Ich würde es wieder für die Hochsee nehmen. Wir haben während der gesamten Fahrt keinerlei Hilfe von außen benötigt und weder Mechaniker noch Segelmacher oder sonstwen in Anspruch genommen.

KLEINES GLOSSAR

Abfallen	Kursänderung nach Lee
Anluven	Kursänderung nach Luv
Backstage	Bewegliche Stagen, die den Mast von schräg achtern stützen und das Vorstag steif durchsetzen
Baro	Barometer (Luftdruckmesser)
Brückendeck	Durchlaufendes Deck zwischen Kajütaufbau und Plicht
Coast Guard	Amerikanische Küstenwache
DHH	Deutscher Hochseesportverband „Hansa“, Verein zur Heranbildung des seglerischen Nachwuchses
Echolot	Gerät zur Messung der Wassertiefe durch Schallwellen
Etmal	Von Mittag zu Mittag zurückgelegte Strecke über Grund
Fall	Tau zum Setzen und Niederholen der Segel
Fieren	Nachgeben eines belasteten Endes
Fock	Vorsegel, vor dem Groß
Gebhard, Rollo	Deutscher Weltumsegler und erfolgreicher Segelfilmer
Genua	Den Mast überlappendes, großes Vorsegel
GFK	Abkürzung für glasfaserverstärkten Kunststoff
Groß	Großsegel

Halse	Segelmanöver: mit dem Heck durch den Wind
IOR-Boje	Zwei Meter lange Spiere mit Flagge und Lampe am Ende
Kabellänge	185 m
Kats	Katamarane (Doppelrumpfboote)
Ketsch	Anderthalbmaster, wobei der achtere Mast kürzer ist und innerhalb der Wasserlinie steht
Kicker	Hydraulische Halterung des Großbaums anstelle einer Dirk
Killen	Flattern (Segel)
Knoten	(Geschwindigkeitsmaß) 1 Knoten = 1 Seemeile pro Stunde
Koppeln	Den ungefähren Standort ermitteln (aus gefahrenem Kurs, zurückgelegter Strecke und Zeit)
Lenzrohr	Abflußleitung in der Plicht
Log	Gerät zur Messung der Fahrtgeschwindigkeit
mb	Millibar
Nova Scotia	Neu-Schottland, Halbinsel an der kanadischen Ostküste
Outports	Kleine Fischereihäfen in Neufundland
Patenthalse	Unbeabsichtigtes Übergehen des Großbaums auf einem Vorwindkurs
Pieske, Burghard	Lübecker Weltumsegler auf extremen Routen
Pilot Charts	Statistische Monatskarten, die Durchschnittswerte für Wind, Strom, Temperaturen und ähnliches auf allen Ozeanen angeben
Plicht	Vertiefung im Cockpit
Pos	Mittagsposition
Rigg	Takelage ohne Segel
Rollfock	Vorsegel, das beim Reffen eingerollt wird
Saling	Querstrebe am Mast
Sandwichlaminat	Bootsbaumaterial, bei dem zwischen zwei GFK-Schichten leichtes Kernmaterial (Balsa) eingeklebt wird
Schamfilen	Scheuern von Segeln und Tauwerk
Schenk, Bobby	Münchener Weltumsegler und Fachbuchautor

Schiften	Arbeitende Segel, Spieren u.a. auf die andere Bootsseite bringen
Schoten	Taue zum Einstellen der Segel
Slup	Einmastiges Segelboot mit nur einem Vorsegel
sm	Seemeile (1852 m)
Smeerreep	Talje zum teilweisen Niederholen der Großsegellieken beim Reffen
Sorgleine	Verbindungsleine zur Sicherung gegen Überbordgehen von Crew und Ausrüstung
Spring	Festmacherleine
Stag	Drahttau, das den Mast längsschiffs abstützt
Takling	Gewickelte und genähte Sicherung eines Tampens gegen Ausfransen (mit Takelgarn)
Tiffany	New Yorker Juwelier
Topp und Takel	Vor T.u.T. ablaufen: ohne Segel vor dem Sturm treiben lassen
Tris	Trimarane (Dreirumpfboote)
Vorliek	Vordere Kante des Segels
Wende	Segelmanöver: mit dem Bug durch den Wind